Die Auseinandersetzung der Errungenschaftsbeteiligung in der Rechtsprechung des türkischen Kassationshofs

Studien zum vergleichenden und internationalen Recht -
Comparative and International Law Studies

Herausgeber: Bernd von Hoffmann (†), Erik Jayme, Heinz-Peter Mansel,
Christine Budzikiewicz, Michael Stürner, Karsten Thorn
und Marc-Philippe Weller

Band 209

PETER LANG

Hanswerner Odendahl

Die Auseinandersetzung der Errungenschaftsbeteiligung in der Rechtsprechung des türkischen Kassationshofs

PETER LANG

Bibliografische Information der Deutschen Nationalbibliothek
Die Deutsche Nationalbibliothek verzeichnet diese Publikation in der Deutschen Nationalbibliografie; detaillierte bibliografische Daten sind im Internet über http://dnb.d-nb.de abrufbar.

Zugl.: Köln, Univ., Diss., 2019

Gedruckt auf alterungsbeständigem, säurefreiem Papier
Druck und Bindung: CPI books GmbH, Leck

D 38
ISSN 0930-4746
ISBN 978-3-631-81833-6 (Print)
E-ISBN 978-3-631-82567-9 (E-PDF)
E-ISBN 978-3-631-82568-6 (EPUB)
E-ISBN 978-3-631-82569-3 (MOBI)
DOI 10.3726/b17104

Peter Lang – Berlin · Bern · Bruxelles · New York ·
Oxford · Warszawa · Wien

Diese Publikation wurde begutachtet.

www.peterlang.com

Unseren Enkelkindern
Laura, Neah, Johann und Charlotte
und allen, die von
Frieden, Freiheit und Gerechtigkeit träumen

Danksagung

Die Rechtswissenschaftliche Fakultät der Universität zu Köln hat die vorliegende Arbeit im Wintersemester 2019/2020 als Dissertation angenommen. Die Untersuchung berücksichtigt die Literatur und Rechtsprechung bis Ende 2018, wichtige Neuerscheinungen und Rechtsprechung bis Juli 2019 wurden ergänzt.

Ich danke meinem Doktorvater Prof. Dr. Heinz-Peter Mansel für die Aufforderung, mich in diesem Umfang mit dem Thema zu beschäftigen und für die nachfolgende Unterstützung.

Ich danke Frau Prof. Dr. Barbara Dauner-Lieb für die zügige Erstellung des Zweitgutachtens und die Hinweise bei der Disputation.

Ich danke Prof. Dr. Hilmar Krüger für Wegweisungen und Ermutigungen beim Start in die Beschäftigung mit dem türkischen Familienrecht.

Ich danke Frau Prof. Dr. Şükran Şıpka für die vielen Veranstaltungen seit dem Jahre 2005, auf denen ich die meisten der wichtigen Anstöße zum vorliegenden Thema erhalten habe.

Ich danke dem Vorsitzenden Richter Ömer Uğur Gençcan für Hinweise und Ermutigungen.

Ich danke Prof. Dr. Heinz Hausheer und Prof. Dr. Thomas Geiser für ihre Hinweise.

Ich danke Rechtsanwältin Dr. Hayriye Yerlikaya-Manzel und Ass. jur. Kaya Gerçek für das kritische Lesen des Manuskripts.

Ich danke Gözde Hatipoğlu für die Hilfe bei der Erstellung der Zusammenfassung in türkischer Sprache.

Inhaltsverzeichnis

Abkürzungsverzeichnis

ABD	Zeitschrift der Anwaltskammer Ankara
AUHFD	Zeitschrift der Juristischen Fakultät der Universität Ankara
AÜEHFD	Zeitschrift der Juristischen Fakultät der Atatürk Universität Erzincan
BGB	deutsches Bürgerliches Gesetzbuch
BGE	Entscheidung des schweizerischen Bundesgerichts
DEÜHFD	Zeitschrift der Juristischen Fakultät der 9.-September-Universität Izmir
E.	Aktenzeichen, Grund-Nr.
EGBGB	deutsches Einführungsgesetz zum BGB
EÜHF	Juristische Fakultät der Erciyes Üniversitesi Kayseri
FamPra	Die Praxis des Familienrechts, Bern
FamRZ	Zeitschrift für das gesamte Familienrecht
FuR	Zeitschrift Familie und Recht
HD	Zivilsenat des Kassationshofs
IBD	Zeitschrift der Anwaltskammer Istanbul
IPRax	Zeitschrift für die Praxis des Internationalen Privatrechts
IPRG	türkisches IPR-Gesetz von 2007, s. u. H. IV.
İTÜSBD	Zeitschrift der Sozialwissenschaftlichen Fakultät der Ticaret-Universität Istanbul
K.	Urteils-Nr.
kazancı	Kazancı Datenbank
KÜİİBFD	Zeitschrift der Fakultät für Wirtschafts- und Verwaltungswissenschaft der Universität Kırklareli
legal	Legal Datenbank
m.	madde (Artikel)
m.o.w.	mehr oder weniger
OR	türkisches Schuldrechtsgesetzbuch
r.g.	resmî gazete, türkisches Amtsblatt
TBBD	Zeitschrift der Vereinigung der Rechtsanwaltskammern der Türkei
TKM	türkisches Zivilgesetzbuch von 1926
TMK	türkisches Zivilgesetzbuch von 2001, s.u. H. I
U.	Urteil
uyap	Datenbank der türkischen Justiz
YHD	Yasa Hukuk Dergisi

YKD	Zeitschrift der Entscheidungen des Kassationshofs
YÜHFD	Zeitschrift der Juristischen Fakultät der Yeditepe-Universität
ZErb	Zeitschrift für die Steuer- und Erbrechtspraxis
ZGB	schweizerisches Zivilgesetzbuch von 1908 s.u. H.II.

A. Vorbemerkung

Die güterrechtlichen Wirkungen der Ehe unterliegen aus Sicht des bisherigen deutschen Kollisionsrechts insbesondere dann türkischem Recht, wenn beide Eheleute bei Eheschließung türkische Staatsangehörige waren, oder wenn sie mit unterschiedlicher Staatsangehörigkeit in diesem Moment ihren gewöhnlichen Aufenthalt in der Türkei hatten. Diese Verweisung wird im Allgemeinen angenommen (Art. 15 EGBGB, Art. 15 IPRG).[1] Die Anknüpfung ist unwandelbar.

Auf die Problematik von Art. 15 II des türkischen IPR-Gesetzes (evtl. gespaltenes Statut) soll in einem Exkurs am Ende dieser Arbeit eingegangen werden.[2]

Auf dem Gebiet der monografischen und kommentarartigen Literatur zum Familienrecht hat sich die Lage in der Türkei – insbesondere unter dem Einfluss von Gençcan – in den letzten 10 Jahren wesentlich gebessert. Zuvor gab es einerseits fast nur Lehrbücher, die sich sehr punktuell mit der Rechtsprechung auseinandersetzten, und andererseits Rechtsprechungssammlungen, in denen Urteile grob sortiert chronologisch aneinandergereiht waren.[3] Hinzugekommen ist nun der Typ des Handbuchs, in dem in einer guten Systematik die Thematik einzelner Bereiche des Familienrechts umfassend behandelt wird – unter Wiedergabe

---

1 S. Naumann, S. 345; Odendahl 2009, S. 569–571. Am 28.7.2016 ist die Verordnung (EU) 2016/1103 des Rates zur „Durchführung einer Verstärkten Zusammenarbeit im Bereich der Zuständigkeit, des anzuwendenden Rechts und der Anerkennung und Vollstreckung von Entscheidungen in Fragen des ehelichen Güterstands" v. 24.6.2016, in Kraft getreten. ABl EU v. 8.7.2016, L 183/1 http://eur-lex.europa.eu/legal-content/DE/TXT/HTML/?uri=CELEX:32016R1103&qid=1471077811223&from=DE. Die kollisionsrechtlichen Regelungen gelten für Ehen, die nach dem 29.1.2019 geschlossen wurden. Die VO gilt z.Zt. in Belgien, Bulgarien, Deutschland, Finnland, Frankreich, Griechenland, Italien, Kroatien, Luxemburg, Malta, die Niederlande, Österreich, Portugal, Schweden, Slowenien, Spanien, die Tschechische Republik sowie Zypern (http://eur-lex.europa.eu/legal-content/DE/TXT/PDF/?uri=CELEX:32016D0954&qid=1469519481172&from=EN). Aus der Anwendung wird sich in vielen Fällen ergeben, dass deutsche und türkische Gerichte im Güterrecht unterschiedliches Recht anwenden werden (s. Odendahl 2018, S. 453). (Siehe dazu zuletzt: Anatol Dutta, Europäische Güterrechtsverordnungen und deutsche Durchführungsgesetzgebung, FamRZ 2019, 1390).

2 S.u. G.

3 Gençcan spricht hier vom „Friedhof der namenlosen Rechtsprechung" (Gençcan 2019, S. 5).

der Kassationshofsrechtsprechung in Textauszügen (zum Güterrecht: Gençcan, Şıpka/Özdoğan, Uluç, Karamercan, Kırmızı, Mortaş).

Weiterhin gering ist die Neigung der akademischen Literatur, sich mit der Rechtsprechung auseinanderzusetzen. Wenn z.B. Midyat in seiner Dissertation von 2017 über die ehebedingte Zuwendung nach Art. 227 TMK („Mehrwertanteil") auf 171 Textseiten immerhin 51 Entscheidungen des Kassationshofs zitiert, ist dies schon relativ viel. Mit den o.g. Handbüchern, die die Praxis darstellen, setzt er sich nicht auseinander. Dabei ist es sicher verdienstvoll, dass er intensiv mit 36 verschiedenen schweizerischen Quellen (in Französisch und Deutsch) arbeitet, dies verdeutlicht aber auch die Relationen der Gewichtung in der akademischen Literatur. Die akademische Diskussion kreist weitgehend in sich.

Weiterhin fehlen fast vollständig Quellen für die erstinstanzlichen Urteile, aus denen allein sich der gesamte Sachverhalt erschließen würde, diese wurden bislang äußerst selten veröffentlicht.[4]

Weiter fehlen im Bereich des Familienrechts die Fachzeitschriften, die es in anderen Rechtsgebieten schon gibt.

Stark an Bedeutung gewonnen haben die drei wichtigen Internetportale zur türkischen Kassationshofs-Rechtsprechung:

- Legal Datenbank (zit.: legal)
  - o http://legalbank.net/
- Kazancı Datenbank (zit.: kazancı)
  - o http://www.kazancı.com/kho2/ibb/giris.htm
- Datenbank der türkischen Justiz (zit.: uyap)
  - o https://karararama.yargitay.gov.tr/YargitayBilgiBankasiIstemciWeb/

auf die dann für diese Arbeit auch zurückgegriffen wurde.[5] Dabei wurde eine Datei mit mehr als 2000 güterrechtlichen Entscheidungen (auf über 4000 Seiten) des seit März 2009 für güterrechtliche Streitigkeiten zuständigen 8. Zivilsenats des Kassationshofs erstellt und für die vorliegende Fragestellung ausgewertet.

Im folgenden nicht näher bezeichnete Urteile sind solche dieses Senates. Parallelfundstellen wurden weitgehend – ohne Anspruch auf Vollständigkeit – aufgenommen, weil die Portale legal und kazancı nur für Abonnenten zugänglich sind, und weil ein ungefährer Eindruck vom Umfang der Datenbanken vermittelt werden soll.

---

4 Einige erstinstanzliche Urteile finden sich bei Karamercan und Mortaş.

5 Yarayan (S. 1147) spricht unzutreffend von einer „überschaulichen Anzahl von Rechtsprechung des Kassationshofs".

Wie aus den o.g. Zahlen ersichtlich, sind die Kassationshofsentscheidungen in der Regel sehr kurz. Insbesondere Entscheidungen, mit denen Rechtsmittel abgewiesen wurden, enthalten keine inhaltliche Begründung, so dass ich sie in die o.g. Datei nicht einmal aufgenommen habe. Auch dem Rechtsmittel stattgebende Entscheidungen, die fast sämtlich rückverweisende Entscheidungen sind, enthalten meist nur einige Sätze der Begründung. Dementsprechend schwierig ist die Auswertung bzw. Bewertung.

Bis zur tatsächlichen Einführung der Berufungsgerichte im Sommer 2016[6] bestand ein im Wesentlichen zweistufiges Instanzensystem: Zuständig in erster Instanz sind die Familiengerichte[7] (aile mahkemeleri) – und dort, wo sie nicht eingerichtet wurden, die Zivilgerichte, denen ihre Aufgaben übertragen wurden.

Gegen deren Urteile war die Revision (temyiz) gegeben, die zum Fachsenat des Kassationshofs führte. Dieser konnte das Urteil bestätigen (onama) oder kassieren (bozma). (Die Möglichkeit zur Bestätigung unter Korrektur wird selten genutzt.) Gegen diese Entscheidungen wurde (sehr oft missbräuchlich) der früher noch mögliche Berichtigungsantrag wegen offensichtlicher Unrichtigkeit gestellt, über den der Senat selbst entschied – gelegentlich ebenso missbräuchlich stattgebend.[8]

Die Kassation führt zur Rückverweisung an das gleiche Gericht. Dieses konnte nun der Auffassung des Senats folgen und anders entscheiden – oder mit anderer Begründung die gleiche Entscheidung treffen (uyma). Hiergegen gab es wieder die Revision.

Es konnte sich aber auch offen gegen die Haltung des Senats stellen (direnme). In diesem Fall führte die Revision zum Großen Zivilsenat, welcher dann entweder das erstinstanzliche oder das Urteil des Fachsenats bestätigte.[9] Der Große Zivilsenat kann daneben aber auch zur weiteren Aufklärung zurückverweisen.

Bei einem dauerhaften Konflikt zwischen verschiedenen Senaten kann das Plenum des Kassationshofs zu einer Rechtsprechungsvereinheitlichungsentscheidung einberufen werden. Dieser bildet dann ggf. einen Rechtssatz mit bindender Wirkung.[10]

6 Die gesetzliche Regelung für die Berufungsgerichte gibt es seit 2011.

7 Şıpka 2004, S. 855.

8 S.u. G VIII 2 zu U.v. 22.10.2015, E. 2014/23308, K. 2015/18783, kazancı.

9 S. unten E. III. 2.

10 Im Güterrecht wäre hier nur die unten erwähnte Entscheidung vom 7.10.1953 (E. 1953/8, K. 1953/7, legal, kazancı) relevant.

B. Einleitung

I. Die Entwicklung des türkischen Ehegüterrechts

1. Rechtslage vor dem 1.1.2002

Das jetzige türkische Ehegüterrecht gilt seit dem Inkrafttreten des neuen Zivilgesetzbuches (Gesetz Nr. 4721, TMK) am 1.1.2002.

Zahlreiche der heute geschiedenen Ehen wurden vor dem 1.1.2002 geschlossen. Auch viele der gegenwärtig versterbenden Personen waren seit vor dem 1.1.2002 verheiratet. Daher gelten für diese Ehen mangels Güterrechtsvertrags unter den Beteiligten zwei verschiedene Güterstände (Art. 10 des Einführungsgesetzes, Gesetz Nr. 4722).

Für die Zeit vor dem 1.1.2002 gilt der Güterstand der Gütertrennung nach dem türkischen ZGB (Gesetz Nr. 743, TKM) von 1926. Bei der Übernahme des schweizerischen Zivilrechts gehörte die Einführung der Gütertrennung als gesetzlichem Güterstand zu den drei wesentlichen bewussten Abweichungen.[11]

Güterrechtliche Ansprüche im weiteren Sinne ergeben sich für diesen Zeitraum nur aus der bis heute noch relevanten Rechtsprechung zur schuldrechtlich begründeten ehebedingten Zuwendung.

Zunächst gab es Versuche, die ehebedingte Zuwendung auf der dinglichen Ebene zu behandeln. Die Zuwendung sollte eine Eigentumsposition begründen, bei Grundstücken ggf. das Grundbuch zu korrigieren sein. Noch heute werden solche Klagen erhoben, diese werden von der Rechtsprechung ebenso regelmäßig abgewiesen unter Hinweis auf eine Entscheidung des Großen Senats für Rechtsprechungsvereinheitlichung vom 7.10.1953.[12]

---

11 Hirsch, S. 44. In dem 1981 erschienenen Werk von Hirsch wird die Rezeption des schweizerischen Zivilrechts durch die junge türkische Republik detailliert dargestellt und in einen rechtssoziologischen Rahmen gestellt. Die Entwicklung der letzten Jahre in der Türkei gibt dem Text eine spezielle Aktualität. Das Herangehen, mittels rechtlicher Normen die gesellschaftliche Realität verändern zu wollen, wird bei Hirsch positiv dargestellt, aber auch in seiner Problematik im Einzelnen gezeigt.

12 E. 1953/8, K. 1953/7, legal, kazancı, s.a. Uluç, S. 158–160. Noch am 7.10.2010, 3.6.2014 und 20.12.2017 musste der 8. Senat z.B. Klagen abweisen, weil der/die Kläger/in nur die Grundbuchberichtigung, nicht hilfsweise Schadensersatz gefordert hatte (E. 2017/12828, K. 2017/17207, zit.n. Kırmızı, S. 412f.; E. 1991/10244, K. 1991/11885, YKD 91,180, legal; E. 2010/2112, K. 2010/4571, zit.n. Özuğur, S. 666f.). S.a. Şıpka/Özdoğan 2017, S. 56–59; Uluç S. 1000f. Die Anträge folgen einer überholten Rechtsprechungsvereinheitlichungsentscheidung vom 5.2.1947 (s. Midyat 2017, S. 153).

Der Kassationshof hat daraufhin zur Begründung eines schuldrechtlichen Anspruchs aus Zuwendung zunächst verschiedene Ansätze gewählt,[13] seit etwa 2000 kann man aber von einem eigenen Rechtsinstitut sprechen. Dieses wird als weitgehend identisch mit der in Art. 227 neuen TMK kodifizierten ehebedingten Zuwendung angesehen.[14]

Die ehebedingte Zuwendung nach altem Recht wird auch aus Praktikabilitätsgründen beim Familiengericht geltend gemacht,[15] obwohl dies der sonstigen Handhabung der gesetzlichen Zuständigkeitsregelung widerspricht.[16] Eine getrennte Behandlung wäre natürlich insbesondere bei laufenden Zuwendungen vor und nach dem 1.1.2002 sehr schwierig.[17]

2. Exkurs: Die ehebedingte Zuwendung nach altem Recht

Schon zur Zeit der Geltung des alten Rechts hat Öztan das von der Rechtsprechung entwickelte Institut des „Zuwendungsbeitrags" in einer deutschen Veröffentlichung vorgestellt.[18]

---

13 Dargestellt bei Yavuz, S. 1087–1114.

14 Şıpka 2011, S. 213; Şıpka/Özdoğan 2017, S. 559f.; Gençcan 2018, z.B. S. 523; Gençcan 2019, z.B. S. 951; Uluç, S. 140, 176; Mortaş, S. 11, 141–245; Kılıçoğlu 2016, S. 11–19; Mehmet Demir, S. 296 m. w. H.; Großer Zivilsenat, U.v. 18.6.2008, E. 2008/2-432, K. 2008/444, legal, s.a. Mortaş, S. 151–153, Fn 323, Şıpka/Özdoğan 2017, S. 559f., Midyat 2017, S. 158, Kırmızı, S. 113–115; www.turkhukuksitesi.com/serh.php?did=139; 8. Zivilsenat, U.v. 23.12.2013, E. 2013/22517, K. 2013/19647, zit.n. Özuğur, S. 587; U.v. 12.9.2013, E. 2013/2355, K. 2013/11674, kazancı, s.a. Özuğur, S. 596f., Şıpka/Özdoğan 2017 S. 544; U.v. 1.11.2011, E. 2012/4855, K. 2012/5599, zit.n. Özuğur, S. 657f.; U.v. 8.10.2009, E. 2009/2233, K. 2009/4654, zit.n. Özuğur, S. 697; Ertaş, S. 919. Kritik an der Gleichsetzung findet sich bei Dural/Öğüz/Gümüş (S. 223 Rn 1146).

15 Großer Zivilsenat, U.v. 26.3.2014, E. 2013/8-640, K. 2014/386, legal, kazancı, s.a. Gençcan 2018, S. 788–790.

16 Şıpka/Özdoğan 2017, S. 541–543. Die Regelung der wechselseitigen Verbindlichkeiten nach Art. 226 TMK wird nicht als familienrechtliche Angelegenheit im Sinne der Zuständigkeitsvorschriften angesehen.

17 Şıpka/Özdoğan 2017, S. 609–615, Kırmızı, S. 118f.

18 Öztan 1999, S. 330–333:
„3. Rückabwicklung ehebezogener Zuwendungen
Unter ehebezogenen Zuwendungen versteht man nur diejenigen, die ausschließlich oder hauptsächlich um der Ehe willen gemacht werden, und deren Hauptzwecke die Aufrechterhaltung der ehelichen Gemeinschaft ist. Diese Zuwendungen haben keine spezielle schuldrechtliche Rechtsgrundlage, sondern eine causa eigener Art. Eine Rückabwicklung nach den Regeln des Gesellschafts- oder Auftragsverhältnisses oder nach Schenkungsrecht scheidet damit regelmäßig aus.

a) Ungerechtfertigte Bereicherung

In Betracht kommt zunächst eine Rückabwicklung nach den Regeln der ungerechtfertigten Bereicherung. Diese finden grundsätzlich dann Anwendung, wenn vertragliche Nichterfüllungsansprüche oder ein vertragliches Forderungsrecht nicht bestehen. Ein vertraglicher Anspruch schließt eine ungerechtfertigte Bereicherung aus (Fn 12: Eren, Fikret, Borçlar Hukuku c.III., S. 11).

Nach Art. 61 Satz 2 türkOR besteht ein Anspruch aus ungerechtfertigter Bereicherung, wenn der Rechtsgrund einer Leistung unwirksam ist oder später wegfällt oder wenn der mit der Leistung bezweckte Erfolg nicht eintritt. Art. 61 Satz 2 türkOR setzt für den letzteren Fall nicht voraus, dass der Erfolg als Bedingung für die Leistung vereinbart wurde. Vielmehr genügt es, wenn der Leistende eine Zweckbestimmung trifft, und der Empfänger durch die Annahme zu verstehen gibt, dass er diese billigt (Fn 13: BGHZ 44,321).

So hat der 2. Senat des Kassationsgerichtshofs im folgenden Fall einen Bereichungsanspruch bejaht (Fn 14: 2. ZIVILSENAT v. 30.01.1996, Hauptnr. 95/13255, Entscheidungs Nr. 96/996, nicht veröffentlicht.): die Ehefrau hatte den im Interesse der Familie liegenden Autokauf ihres Mannes mit eigenen finanziellen Mitteln unterstützt. Nach der Scheidung beanspruchte sie die Hälfte des Kaufpreises des Autos. Der Kassationsgerichtshof lehnte einen Anspruch auf die Hälfte des Verkehrswertes ab und sprach ihr nur den Betrag zu, den sie beim Erwerb des Autos geleistet hatte.

Der Kassationsgerichtshof hielt sich auch in einem weiteren Fall streng an die Regeln des Bereicherungsrechts (Fn 15: 2. ZIVILSENAT v. 27.04.1993, Hauptnr. 93/4005, Entscheidungsnr. 93/4294 -Anmerkung des Verfassers: veröffentlicht bei legal und bei Gençcan 2002, S. 609) Die Klägerin behauptete, der Beklagte habe ein Grundstück mit Mitteln erworben, die sie ihm zum Erwerb des Grundstückes überlassen habe. Der Kassationsgerichtshof entschied, dass die Klägerin nur das von ihr hingegebene Geld oder Wertersatz fordern könne.

In einem dritten Fall (Fn 16: 2. ZIVILSENAT v. 07.03.1994, Hauptnr. 94/1752, Entscheidungsnr. 94/2466 -nicht veröffentlicht – Anmerkung des Verfassers: veröffentlicht bei legal und bei Gençcan 2002, S. 609) hatte die Ehefrau ihrem Ehemann Schmuckstücke überlassen. Nach dem Scheitern der Ehe verlangte sie diese wieder heraus. Der Senat hat angenommen, dass hier eine ungerechtfertigte Bereicherung vorliege und ausgesprochen, dass die Schmuckstücke in Natur herauszugeben seien bzw. dass Wertersatz in Geld zu leisten sei.

b) Ansprüche aus einem familienrechtlichen Vertrag

Seit 1994 verzichtete der Kassationsgerichtshof auf die Anwendung der bereicherungsrechtlichen Vorschriften und schließt die Gesetzeslücke im Wege echter Rechtsfortbildung. Der Kassationsgerichtshof fasst die ehebezogenen Zuwendungen nunmehr als einen familienrechtlichen Vertrag auf, dessen Rechtsgrund der Fortbestand der Ehe ist. Der 2. Senat hat diesbezüglich ausgesprochen, dass bei Scheitern Ehe eine den Umständen des Einzelfasses angemessen Rückabwicklung der ehebezogenen Zuwendungen über die Grundsätze des Wegfalls der Geschäftsgrundlage vorzunehmen ist (Fn 17: 2. ZIVILSENAT v. 06.05.1996, Hauptnr. 96/3929, Entscheidungsnr. 96/4727 – nicht veröffentlicht).

Der „Zuwendungsanteil“ (katkı pay) aus dieser ehebedingten Zuwendung alten Rechts ist seitdem ein fester Bestandteil des türkischen Ehegüterrechts.

Der Senat hat ausgeführt, zwischen den Ehegatten sei als Grundlage der Zuwendung stillschweigend ein familienrechtlicher Vertrag geschlossen worden. Der Beklagte hafte gemäß Art. 98 türkOR auf das positive Interesse. Sei die Höhe des Schadens nicht konkret nachweisbar, habe der Richter Art. 41 türkOR anzuwenden.
In einem anderen Fall (Fn 18: Großer Zivilsenat v. 02.04.1997, Hauptnr. 97/2 –7, Entscheidungsnr. 97/286 – nicht veröffentlicht) lebten die Ehegatten im gesetzlichen Güterstand der Gütertrennung. Der Beklagte hatte im eigenen Namen, aber mit Hilfe eines von der Klägerin aufgenommenen Kredits, ein Grundstück erworben. Nach der Scheidung der Ehe verlangte die Klägerin entweder die Übertragung eines Miteigentumsanteils an dem Grundstück oder einen geldwerten Ausgleich. Das Landgericht bewertete den Beitrag der Klägerin als Darlehen. Der Kassationsgerichtshof nahm dagegen einen stillschweigend abgeschlossenen Vertrag an. Er stützte sich dabei auf die Grundsätze vom Wegfall der Geschäftsgrundlage und leitete daraus die Haftung des Beklagten her. Nach Treu und Glauben könne die Beibehaltung der bestehenden Eigentumsverhältnisse der Klägerin nicht zugemutet werden.
In einem Fall aus dem Jahre 1997 (Fn 19: Großer Zivilsenat v. 12.03.1997, Hauptnr. 96/2–925, Entscheidungsnr. 96/192 -nicht veröffentlicht – Anmerkung des Verfassers: veröffentlicht bei legal und bei Gençcan 2002, S. 209) hatte der Ehemann ein Grundstück mit Hilfe der ihm von der Klägerin überlassenen Schmuckstücke erworben. Die Ehefrau hatte die Zuwendungen in der Erwartung eines besseren ehelichen Lebensstandards gemacht. Nach dem Scheitern der Ehe verlangte sie einen Miteigentumsanteil am Grundstück oder Schadensersatz. Der Kassationsgerichtshof entschied hier auf Schadensersatz. Für die Höhe dieses Anspruchs sei der Verkehrswert des Grundstücks zum Zeitpunkt der Klageerhebung zugrunde zu legen.
In einer weiteren Entscheidung (Fn 20: *Großer Zivilsenat v. 09.10.1996, Hauptnr. 96/2 – 406, Entscheidungsnr. 96/672 – nicht veröffentlicht) ging der Große Senat wiederum von der Lehre vom Wegfall der Geschäftsgrundlage aus. Die Ehegatten lebten im Güterstand der Gütertrennung. Der Ehemann hatte mit Hilfe großzügiger finanzieller Mittel seiner Frau ein Haus erworben. Die Ehefrau hatte ihre Schmuckstücke hergegeben, um den Erwerb der Familienwohnung zu ermöglichen. Die Wohnung war auf den Namen des Ehemannes eingetragen worden. Nach dem Scheitern der Ehe erklärte die Frau, sie habe die Hilfe zum Erwerb der Wohnung unter der Bedingung geleistet, dass sie Miteigentümerin werde. Sie verlangte einen Miteigentumsanteil oder Geldersatz. Der Kassationsgerichtshof entschied auf Geldzahlung und forderte für die Feststellung der Höhe die Gesamtwürdigung der Umstände. Die Frau habe die Mittel zugewendet, um Miteigentümerin des Grundstücks zu werden und nicht, um sie später zurückzuerhalten. Der Richter habe daher den Verkehrswert des Grundstücks im Zeitpunkt der Klagerhebung zugrunde zu legen.“*

In der Rechtsprechung verschmilzt dieses Institut zunehmend mit der ehebedingten Zuwendung nach neuem Recht (Art. 227 TMK).[19] Selbst Gençcan, der die Unterschiede zum Mehrwertanteil nach Art. 227 deutlich aufzeigt, behandelte die alte und die neue Zuwendung bis zur 5. Auflage seines Handbuchs im gleichen Kapitel, wo er dann die Unterschiede bei den einzelnen Aspekten darstellte.[20] In der 6. Auflage wird die Zuwendung nach altem Recht in einem besonderen Kapitel behandelt.[21]

Uluç bringt seine Position – gestützt auf Kılıçoğlu – knapp auf den Punkt:

> *„Der Mehrwertanteil des TMK/Gesetz Nr. 4721 ist die Kodifizierung des Begriffes des Zuwendungsanteils im alten TKM.“*[22]

Mortaş[23] sieht nur einen begrifflichen Unterschied zwischen der Zuwendung alten und neuen Rechts und behandelt beides im gleichen Kapitel.

Kılıçoğlu[24] scheint von einem im Grunde einheitlichen Rechtsinstitut auszugehen und zieht die gesetzliche Definition des Art. 227 TMK zum Verständnis der Zuwendung nach altem Recht heran.

Der große Zivilsenat spricht in einem Urteil vom 18.6.2008[25] davon, dass bei Geltung alten Rechts eine Lücke bestanden habe, die der Kassationshof geschlossen hat. Hieraus sei nun eine Gesetzesnorm geworden.

Dieses Verständnis drückt sich auch darin aus, oder wird dadurch gefördert, dass die Klagen auf Zuwendungsanteil im Gegensatz zu anderen schuldrechtlichen Forderungen unter den Eheleuten vor den Familiengerichten behandelt werden.[26]

Deutliche Kritik an dieser Gleichsetzung äußern Dural/Öğüz/Gümüş.[27]

Die Bedeutung des Rechtinstituts lässt sich auch daran ermessen, dass der Begriff „katkı pay“ auf 3800 Seiten güterrechtlicher Entscheidungen des 8. Senats im Schnitt etwa ein Mal pro Seite vorkommt.

---

19 Şıpka 2011, S. 213. Siehe unten B.III.

20 Gençcan 2018, S. 658–691.

21 Gençcan 2019, S. 738–807.

22 Uluç, S. 140.

23 Mortaş, S. 11, 141–245.

24 Kılıçoğlu 2016, S. 11–19.

25 E. 2008/2–432, K. 2008/444, legal, s.a. Mortaş, S. 151–153, Fn 323.

26 Z.B. U. d. 8. Senats v. 23.12.2013, E. 2013/22517, K. 2013/19647, s.a. Özuğur 2015, S. 587; U.v. 12.9.2013, E. 2013/2355, K. 2013/11674, kazancı, s.a. Özuğur 2015, S. 596f.; U.v. 1.11.2011, E. 2012/4855, K. 2012/5599, s.a. Özuğur 2015, S. 657f.; U.v. 8.10.2009, E. 2009/2233, K. 2009/4654, s.a. Özuğur 2015, S. 697.

27 Dural/Öğüz/Gümüş, S. 219 Rn 1142.

Es ist bis in die jüngste Zeit aktuell, weil (auch in der Türkei) heute noch zahlreiche Ehen durch Scheidung oder Tod enden, die lange vor dem 1.1.2002 geschlossen wurden. Dies soll an einigen neueren Beispielen gezeigt werden:

So wurde in einem am 18.12.2018 vom 8. Senat entschiedenen Fall die Ehe 1984 geschlossen, die Scheidung erfolgte im Jahre 2010.[28]

Auch in einer Entscheidung vom 10.12.2018[29] ging es um eine Zuwendung nach altem Recht; die Ehe war 1996 geschlossen, die Scheidung 2011 beantragt worden.

Am 29.3.2017 behandelte der 8. Senat die Verzinsung einer solchen Forderung aus Zuwendungsanteil.[30]

In einer Entscheidung des 8. Senats vom 21.3.2017[31] ging es um die Zuwendung unter Eheleuten, die 1987 geheiratet hatten, in einen Kooperativanteil, der bereits 10 Jahre vor der Scheidung veräußert worden war. Da der Verblieb des Vermögens nicht nachgewiesen werden konnte, schied ein Anspruch aus.

In dem vom 8. Senat am 14.3.2017[32] entschiedenen Fall hatten die Eheleute 1989 geheiratet. Eine Zuwendung zum Erwerb einer Immobilie im Jahre 1990 und eines Kooperativanteils im Jahre 1993 konnte nicht nachgewiesen werden.

In dem am 9.3.2017[33] vom 8. Senat entschiedenen Fall hatten die Eheleute 1977 geheiratet und lebten seit 1996 getrennt. Der Güterrechtsstreit war seit 2007 anhängig. Es ging darum, die Zuwendung der Ehefrau aus ihrem Erwerbseinkommen in den 1990 erworbenen Kooperativanteil zu ermitteln.

Von 155 geprüften güterrechtlichen Entscheidungen des 8. Zivilsenats aus den ersten vier Monaten des Jahres 2019 befassten sich 34 (auch) mit der ehebedingten Zuwendung nach altem Recht.[34] Sie beziehen sich also auf Vorgänge, die vor mindestens 17 Jahren abgeschlossen wurden.

---

28 E. 2016/14170, K. 2018/20411, uyap.

29 E. 2016/18502, K. 2018/19972, uyap.

30 E. 2017/10304, K. 2017/4599, uyap.

31 E. 2015/13760, K. 2017/3962, legal.

32 E. 2016/19291, K. 2017/3535, legal.

33 E. 2015/10577, K. 2017/3312, legal.

34 (Sämtlich bei uyap) U.v. 18.4.2019, E. 2018/15674, K. 2019/4285; U.v. 11.4.2019, E. 2018/14363, K. 2019/4286, E. 2018/15763, K. 2019/4000 u. E. 2018/14295, K. 2019/4002; U.v. 2.4.2019, E. 2017/11836, K. 2019/3562; U.v. 1.4.2019, E. 2018/12828, K. 2019/3467; U.v. 27.3.2019, E. 2019/479, K. 2019/3303 u. E. 2016/21531, K. 2019/3301; U.v. 18.3.2019, E. 2017/30, K. 2019/2837; U.v. 13.3.2019, E. 2017/14831, K. 2019/2605 u. E. 2017/1638, K. 2019/2606; U.v. 12.3.2019, E. 2018/13790, K. 2019/2561; U.v. 11.3.2019, E. 2018/219, K. 2019/2481; U.v. 7.3.2019, E. 2018/1314, K. 2019/2387; U.v.

„Katkı pay“ wäre streng genommen zu übersetzen mit „Anteil des Beitrags“. Der Blick geht immer von den bei Ende der Ehe (bzw. am 1.1.2002) bestehenden Vermögensgegenständen aus. Geprüft wird dann der Beitrag, den der andere Ehegatte zum aktuellen Vermögensstand geleistet hat.[35]

a) *Arbeit als Zuwendung*

Beachtlich ist die Entwicklung der Rechtsprechung zur Frage, was als Zuwendung gilt.

Entwickelt hat sich die Rechtsprechung an den Fällen, in denen die Ehefrau aus ihrem ererbten Vermögen, aus den Hochzeitsgeschenken (Schmuck) usw. Zuwendungen in das Vermögen des Mannes getätigt hat.

Gegenstand weiterer Erörterung war dann die Frage, wie sich die Arbeitstätigkeit der Ehefrau und ihr Arbeitseinkommen auswirken.

In einem Urteil vom 26.12.1978[36] hatte der 2. Senat entschieden, dass die Arbeit der Frau auf dem Feld des Mannes ihre Pflicht nach Art. 151 TKM sei, diese Arbeit begründe keine Gesellschaft, ein Ersatzanspruch ergebe sich daraus nicht.

Schon im Urteil vom 25.10.2001[37] hat der 2. Senat dann aber die Feldarbeit der Frau mitberücksichtigt – neben ihrer Erwerbstätigkeit durch Teppichknüpfen.

Die Feldarbeit war auch in neuerer Zeit, nämlich am 7.6.2012[38], 11.4.2013[39] und 15.6.2015[40] noch einmal Gegenstand von Entscheidungen des 8. Senats mit positivem Ergebnis. Im letzteren Fall hatte sich die Tätigkeit der Ehefrau in

28.2.2019, E. 2017/9606, K. 2019/2100; U.v. 27.2.2019, E. 2018/14598, K. 2019/2022; U.v. 26.2.2019, E. 2017/2344, K. 2019/2014; U.v. 20.2.2019, E. 2017/501, K. 2019/1688; U.v. 13.2.2019, E. 2017/4334, K. 2019/1407; U.v. 12.2.2019, E. 2016/19048, K. 2019/1310 u. E. 2016/21775, K. 2019/1309; U.v. 11.2.2019, E. 2016/20437, K. 2019/1294; U.v. 6.2.2019, E. 2018/12706, K. 2019/1066 u. E. 2016/21649, K. 2019/1057, legal; U.v. 24.1.2019, E. 2016/20331, K. 2019/802; U.v. 23.1.2019, E. 2016/19800, K. 2019/737, E. 2016/16564, K. 2019/736, E. 2016/19275, K. 2019/735, E. 2016/20673, K. 2019/773, E. 2016/20532, K. 2019/771, legal u. E. 2018/15632, K. 2019/772, legal; U. v. 9.1.2019, E. 2018/15278, K. 2019/140, E. 2016/19978, K. 2019/147 u. E. 2016/19482, K. 2019/145, legal.

35 Gençcan 2019, S. 760–793; Uluç, S. 162–164; Kılıçoğlu 2016, S. 11–15.

36 Zit.n. İnal 1998, S. 586.

37 E. 2001/13249, K. 2001/14664, legal.

38 E. 2012/233, K. 2012/5451, zit.n. Özuğur 2015, S. 624f.

39 E. 2012/10700, K. 2013/5425, zit.n. Mortaş S. 160–162 Fn 333.

40 E. 2014/6094, K. 2015/13213, legal, kazancı, s.a. Karamercan 2018, S. 592f., Karamercan 2019, S. 602–603.

dem Erwerb von zwei Parzellen und Großvieh niedergeschlagen, sie erhielt über 15.000 TL.

Wegweisend war das Urteil des Großen Zivilsenats vom 19.3.2003, der mit folgender Begründung eine Entscheidung des 2. Senats vom 28.1.2002[41] bestätigte:

„Die Frau hat erklärt, sie habe während der Ehe ständig im gleichen Betrieb gearbeitet und habe ihren Schmuck zur Verfügung gestellt als gemeinsame Ausgabe für die ihm gehörenden Immobilien, und fordert die Hälfte des Werts der Immobilien des Mannes. Der beklagte Mann erklärte, wegen der Schwangerschaft und Betreuung zweier Kinder könne von einer dauernden Mitarbeit nicht die Rede sein. Den Schmuck habe sie bei der Trennung mitgenommen und zum Erwerb der Läden keinen Beitrag geleistet. Die erste Instanz hatte die Klage abgewiesen mit der Begründung, die Klägerin hätte nicht den Beweis einer Vereinbarung geführt, dass sie an dem Gewinn des Geschäfts beteiligt sein solle, die Frau sei ohnehin verpflichtet, den Mann nach Kräften zu unterstützen, es gebe keinen Beweis für eine Gesellschaft, auch sei die Hergabe des Schmucks nicht bewiesen.

Der Fachsenat hat das Urteil aufgehoben mit der Begründung, aus der Beweisaufnahme ergebe sich, dass die Frau ständig im Geschäft bei der Herstellung von Kuchen und Eis mitgearbeitet habe.

In dem Rechtstreit geht es darum, ob die Arbeit der Frau im Betrieb des Mannes als durchgehend zu bewerten ist, und ob dies nach Art. 151 TKM zu bewerten ist.

In der maßgeblichen Zeit galt Art. 151 TKM, nach welcher die Eheleute einander zu Loyalität und Unterstützung verpflichtet sind. (Beweisaufnahme:) Es muss als erwiesen angenommen werden, dass die Frau vor und nach der Geburt nach ihren Kräften im Betrieb des Mannes mitgearbeitet hat.

Im vorliegenden Fall haben die Parteien 1987 geheiratet, 1988 und 1991 wurden die beiden Kinder geboren. Im Jahre 2000 wurden die Parteien geschieden. 12–13 Jahre waren sie verheiratet. Es wurden während des Zusammenlebens auf den Namen des Beklagten gekauft: 1/3 –Anteil an dem Laden in Marmara Ereğlisi am 2.1.1991 und ¼-Anteil an dem Laden in Izmir-Konak.

Nach den Angaben der Zeugen und den allgemein in unserem Land vorherrschenden gesellschaftlichen Gewohnheiten ist festzustellen, dass die Klägerin im Laden ihres Ehemannes in der Werkstatt zur Herstellung von Eis und Kuchen gearbeitet hat, dass sie ihrem Mann einen materiellen Beitrag geleistet hat mit dem Gedanken, dass die während der Ehe erworbenen Güter ihr und ihren Kindern zukünftig einen Nutzen bringen würden, dass allerdings die Immobilien auf ihren Ehemann eingetragen wurden. Es wäre daher erforderlich gewesen, nach Feststellung dieses Beitrags der Klägerin zum Erwerb der Immobilien nach Maßgabe der Verhältnisse bei Klageerhebung der Klage … stattzugeben bezüglich des halben Werts der Immobilienanteile des Beklagten.“[42]

41 Zit.n. Gençcan 2002, S. 280.
42 Zit.n. Tutumlu 2005, S. 1185.

b) *Beitrag zum Familienunterhalt als Zuwendung*

Besonders bedeutsam ist schließlich die Rechtsprechung zu der Frage, wie sich ein Erwerbseinkommen der Ehefrau auf die (auf schuldrechtlicher Basis begründete) güterrechtliche Auseinandersetzung auswirkt.

Nach Art. 152 des ZGB von 1926 (TKM, Gesetz Nr. 743) war die Frau i.d.R. nicht verpflichtet, einen finanziellen Beitrag zum Familienunterhalt zu leisten. Dies war allein die Aufgabe des Mannes, der ihr ursprünglich auch die Erwerbstätigkeit untersagen durfte. Nur im Falle der Erwerbsunfähigkeit des Mannes konnte eine Beitragspflicht der Frau entstehen.[43] Die Rechtsprechung stellt hier darauf ab, ob der Ehemann nach Art. 190 TKM einen Beitrag der Frau gefordert hatte.[44] Ohne einen solchen Antrag sei nicht von einer Beitragspflicht der Ehefrau auszugehen.

Dadurch entstand in vielen Fällen eine Konstellation, in der die Ehefrau aus dem Erlös ihrer Erwerbstätigkeit einen Beitrag zu den Haushaltskosten leistete, am Ende der Ehe das Vermögen der Eheleute aber allein auf den Ehemann registriert war.

Für diese Fälle fand die Rechtsprechung die Lösung, dass das Einkommen der Ehefrau, soweit es nicht für private Zwecke ausgegeben worden war, als Beitrag zum Erwerb des Vermögens angesehen wurde.

Jede Art von Erwerbstätigkeit wird hier berücksichtigt.[45]

Diese löst dann die oben beschriebene Erstattungspflicht aus. Wenn der Erwerb, z.B. einer Immobilie ausschließlich wegen der Erwerbstätigkeit der Ehefrau möglich, und die Immobilie vor dem 1.1.2002 schuldenfrei war, steht damit der Wert der Immobilie der Ehefrau zu – wobei die Rechtsprechung Korrekturen nach Billigkeitsgesichtspunkten erlaubt.[46]

---

43 Uluç, S. 127.

44 U. d. Großen Zivilsenats v. 23.5.2001, E. 2001/2–433, K. 2001/445, legal, kazancı; U. d. 8. Zivilsenats v. 7.2.2017, E. 2015/21498, K. 2017/1289, kazancı, uyap; U.v. 29.6.2015, E. 2013/19913, K. 2014/6060, legal, kazancı; U.v. 14.10.2014, E. 2014/14397, K. 2014/18285, legal, kazancı, uyap; U.v. 29.1.2013, E. 2012/10273, K. 2013/941, kazancı, uyap, s.a. Şıpka/Özdoğan 2017, S. 589; U.v. 21.2.2012, E. 2012/396, K. 2012/983, zit.n. Özuğur 2015, S. 648f.; U.v. 13.12.2011, E. 2011/5886, K. 2011/6964, legal, uyap, s.a. Şıpka/Özdoğan 2017, S. 590; U.v. 15.1.2010, E. 2009/3121, K. 2010/114, legal; U.v. 13.12.2011, E. 2011/5886, K. 2011/6964, uyap, s.a. Şıpka/Özdoğan, S. 517, Uluç, S. 134–136; U.v. 7.6.2012, E. 2011/7469, K. 2012/7469, zit.n. Uluç, S. 136–138; U. d. 2. Senats v. 5.2.2008, E. 2007/5907, K. 2008/996, legal, s.a. Uluç, S. 138f.

45 Uluç, S. 167.

46 Z.B.: 8. Zivilsenat, U.v. 21.3.2017, E. 2015/13760, K. 2017/3962, legal; U.v. 15.12.2016, E. 2015/6542, K. 2016/16999, uyap; U.v. 8.12.2016, E. 2015/8882, K. 2016/16785, uyap;

Dabei geht der Familienrichter wie folgt vor: Zunächst ermittelt er die Einkünfte der Eheleute zwischen Eheschließung und faktischer Trennung (längstens bis zum 31.12.2001). Sodann beauftragt er einen Gutachter, der anhand der Einkünfte der Beteiligten und deren Konsumverhaltens eine Feststellung dazu zu treffen hat, welche Beträge aus dem Erwerbseinkommen der Ehefrau einen (indirekten) Beitrag zu der entsprechenden Anschaffung geleistet haben.

Der 8. Senat formuliert dies so:[47]

> *„Sofern ein konkreter Antrag gestellt ist, muss das Gericht entweder den Parteien eine Frist einräumen, um Urkunden über ihre Tätigkeiten und die Einkünfte vorzulegen oder es muss von den entsprechenden Stellen Urkunden anfordern. Der Sparbetrag eines jeden Ehegatten ist zu ermitteln auf der Grundlage der Einkommensunterlagen, indem die Gesamteinnahmen addiert werden, nach sozialem Status und Berufslaufbahn für jeden die persönlichen Ausgaben bestimmt werden, den persönlichen Ausgaben die zu tätigenden Haushaltsausgaben nach Familiengröße hinzugerechnet werden – unter Berücksichtigung der Unterhaltsverpflichtung des beklagten Ehemannes…nach Art. 152 TKM/ Gesetz Nr. 743 – und diese Gesamtausgaben eines jeden dann von den Einnahmen eines jeden abgezogen werden. Aus dem Verhältnis der Sparbeträge der Eheleute ergibt sich das Zuwendungsverhältnis (katkı oranı). Dies wird dann multipliziert mit dem Verkehrswert der Immobilie zum Zeitpunkt der Rechtshängigkeit.“*[48]

Der Große Zivilsenat urteilt entsprechend.[49]

Für den Fall der Erwerbstätigkeit der Ehefrau wird dieses Rechenmodell auch von Gençcan befürwortet.[50]

U.v. 29.11.2016, E. 2015/7188, K. 2016/16285, legal, uyap; U.v. 15.1.2010, E. 2009/3121, K. 2010/114, legal; U.v. 26.1.2010, E. 2009/5496, K. 2010/272, kazancı; U.v. 5.4.2010, E. 2009/4501, K. 2010/1591, legal; U.v. 25.1.2011, E. 2010/5612, K. 2011/343, legal, s.a. Şıpka/Özdoğan 2017, S. 573; U.v. 15.11.2011, E. 2011/6618, K. 2011/5865, kazancı; U.v. 29.11.2011, E. 2011/5676, K. 2011/6406, legal; U.v. 25.6.2012, E. 2012/4651, K. 2012/6139, legal; U.v. 14.1.2013, E. 2012/5183, K. 2013/38, kazancı, uyap, s.a. Şıpka/Özdoğan 2017, S. 326; U.v. 15.1.2013, E. 2012/9640, K. 2013/230, kazancı, uyap; U.v. 22.1.2013, E. 2012/9627, K. 2013/591, kazancı, uyap; U.v. 28.1.2013, E. 2012/6254, K. 2013/818, kazancı, uyap; U.v. 29.1.2013, E. 2012/10273, K. 2013/941, kazancı, uyap, s.a. Şıpka/Özdoğan 2017, S. 589.

47 U.v. 27.6.2011, E. 2010/6537, K. 2011/3729, kazancı.

48 Gemeint ist die Rechtshängigkeit des Güterrechtsverfahrens.

49 Z.B. U.v. 5.11.2014, E. 2013/8–1014, K. 2014/843, legal, kazancı, s.a. Özer Deniz, S. 77; U.v. 17.10.2012, E. 2012/8–471, K. 2012/717, legal, s.a. Özer Deniz, S. 77.

50 Gençcan 2019, S. 957f. unter Hinweis auf U. des 8. Senats vom 9.6.2009, E. 2009/1273, K. 2009/2997.

In dem oben erwähnten am 9.3.2017[51] vom 8. Senat entschiedenen Fall hatten die Eheleute 1977 geheiratet und lebten seit 1996 getrennt. Der Güterrechtsstreit ist seit 2007 anhängig. Es ging darum, die Zuwendung der Ehefrau aus ihrem Erwerbseinkommen in den 1990 erworbenen Kooperativanteil zu ermitteln.

In einem vom 8. Senat am 10.7.2014[52] entschiedenen Fall hatten die Eheleute 1992 geheiratet und waren auf Antrag von 2003 im Jahre 2011 geschieden worden. Es ergab sich ein Zuwendungsverhältnis nach Gutachten von 60 %. Erstinstanzlich zugesprochen wurden 40 %. Dies wurde aufgehoben, da die Ehefrau aber nur eine hälftige Beteiligung gefordert hatte, sollte diese zu gesprochen werden.

Diese Rechtsprechung ist in der Literatur auf Kritik gestoßen.

Öğüz[53] geht davon aus, dass nach der o.g. Rechtsprechungsvereinheitlichungsentscheidung vom 7.10.1955 ein Auftragsverhältnis gefordert werden müssen, welches aus einem Beitrag der Ehefrau zu den Haushaltskosten nicht geschlossen werden könne.

Diese Kritik teilt Kılıçoğlu[54], nach ihm gilt der Beitrag der Ehefrau zu den Haushaltskosten nicht dem Ehemann und seiner Vermögensbildung.

Zur Stützung der entwickelten Rechtsprechung weist aber die überwiegende Literatur darauf hin, dass nur mit einer solchen Argumentation der „innerhalb der vier Wände“ abgewickelte Beitrag der arbeitenden Ehefrau berücksichtigt werden könne.[55]

c) *Aufenthalt außerhalb der Türkei und Anpassung*

Wenn man mit der türkischen Rechtsprechung den Beitrag der Ehefrau zu den Haushaltskosten vor dem 1.1.2002 als überobligatorisch und dann folgend als Zuwendung ansieht, stellt sich die Frage, ob dies auch bei Aufenthalt beider Parteien im Ausland, etwa in Deutschland gilt.

Der Kassationshof macht keinen Unterschied zwischen einem Aufenthalt der türkischen Ehefrau im Ausland oder in der Türkei:

Im Urteil vom 30.4.2014[56] forderte der Große Zivilsenat eine Berücksichtigung von Art. 152 bezüglich der 20-jährigen Erwerbstätigkeit im Ausland – unter

51 E. 2015/10577, K. 2017/3312, legal.

52 E. 2013/15169, K. 2014/14697, legal, kazancı, uyap, s.a. Özuğur 2015, S. 556f.

53 Kılıçoğlu 2016, S. 304.

54 Kılıçoğlu 2016, S. 12.

55 z.B. Mortaş, S. 237; Şıpka/Özdoğan 2015, S. 464.

56 E. 2014/8-48, K. 2014/554, legal, s.a. Mortaş, S. 236; Karamercan 2018, S. 593–599, Karamercan 2019, S. 595–601.

Zugrundelegung einer tatsächlichen Vermutung für den Zuwendungscharakter ihrer Einkünfte.

In einem am 16.3.2016[57] vom 8. Senat entschiedenen Fall hatten beide Eheleute nach Heirat 1988 und vor 2001 in Deutschland gearbeitet, von ihrem Ersparten einen Kooperativanteil in der Türkei erworben und aus dem Verkauf dieses Anteils hatte der Ehemann 2004 den Kauf einer Eigentumswohnung finanziert. Ein Sachverständiger hatte den Zuwendungsanteil der Ehefrau mit 25 % bewertet.

Sehr ähnlich war die Lage in einem vom 8. Senat am 3.3.2016[58] entschiedenen Fall: Die Eheleute hatten 1971 geheiratet, der Ehemann hatte 1989 in der Türkei einen Kooperativanteil und 1999 Immobilien erworben. Gearbeitet hatten beide in Deutschland.

Am 7.10.2015[59] entschied der 8. Senat in einem Fall von Eheleuten, die 1969 geheiratet hatten und 2001 geschieden worden waren. Das Gericht 1. Instanz hatte nach dem Verhältnis der Einkünfte der in Deutschland lebenden Eheleute einen Zuwendungsanteil von 37 % errechnet. (Das Einkommen des Ehemannes war etwa doppelt so hoch wie das der Ehefrau gewesen.) Dies wurde vom Senat mit Mehrheit aufgehoben, weil die Unterhaltspflicht des Ehemannes nach Art. 152 TKM dabei nicht ausreichend berücksichtigt worden war.

Der Entscheidung des Senats vom 30.6.2015[60] lag ein von Fall von Eheleuten zugrunde, die 1970 geheiratet hatten und 2010 geschieden worden waren. Beide hatten in Deutschland gearbeitet. Für die Zeit bis 1.1.2002 hatte die erste Instanz einen Zuwendungsanteil der Ehefrau von 30 % angenommen, was vom Senat nicht beanstandet wurde.

Bei Ford in Deutschland hatte die Ehefrau gearbeitet, deren Fall vom 8. Senat am 30.3.2015[61] im gleichen Sinne entschieden wurde. Sie hatte 1958 geheiratet und war 2011 geschieden worden. Sie hatte vom Arbeitgeber auch 1997 eine Abfindung von ca. 68.000 DM erhalten.

Mit der Entscheidung des 8. Senats vom 3.3.2015[62] wurde zum dritten Mal im gleichen Verfahren eine erstinstanzliche Entscheidung aufgehoben, weil der Zuwendungsanteil falsch berechnet worden war. Beide Eheleute hatten in Deutschland gearbeitet, und ein Gutachter war – aus Gründen, die aus der

---

57 E. 2014/23914, K. 2016/4775, legal, kazancı, uyap.
58 E. 2015/22109, K. 2016/3833, legal, kazancı, uyap.
59 E. 2014/9623, K. 2015/17609, legal, uyap.
60 E. 2015/4832, K. 2015/14247, legal, uyap.
61 E. 2013/21831, K. 2015/7178, legal, s.a. Şıpka/Özdoğan 2017, S. 578.
62 E. 2014/17692, K. 2015/5365, legal, kazancı.

Entscheidung nicht ersichtlich sind – zu einem Zuwendungs„anteil" von 202 % gekommen.

Der Entscheidung des Senats vom 4.7.2014[63] lag der Fall von Eheleuten zugrunde, die 1976 geheiratet hatten und 2013 geschieden worden waren. Sie hatten in Deutschland gearbeitet. Bei der Zuwendungsberechnung legte der Senat wiederum Art. 152 TKM zugrunde.

Bei dem der Entscheidung vom 27.6.2014[64] zugrundeliegenden Fall hatten die Parteien 1988 geheiratet und eine ihrer Immobilien im Jahre 1991 erworben. Für diese Immobilie forderte der Senat die Berechnung des Zuwendungsanteils auf der Grundlage von Art. 152 TKM.

So auch im Urteil vom 23.5.2014[65]: hier mahnte der Senat eine Berechnung nach Art. 152 TKM an. Die Eheleute hatten 1978 geheiratet und von 1978 bis 2006 in Deutschland gearbeitet.

Schon kurz nach Übergang der Zuständigkeit für Güterrechtssachen an den 8. Senat entschied dieser am 29.9.2009[66], dass auf die Berechnung der Anteile Art. 152 TKM anzuwenden sei. Die Eheleute hatten 1970 geheiratet und waren auf Antrag vom Jahre 2003 im Jahre 2007 geschieden worden. Sie hatten in Deutschland gearbeitet und zwischen 1996 und 2000 in der Türkei Immobilien erworben.

Auch in einer Entscheidung vom 19.10.2009[67] hat der 8. Senat über die Forderungen einer Frau zu entscheiden, die 1974 geheiratet hatte und 2001 geschieden worden war. Sie hatte 1978 bis 1994 in Deutschland gearbeitet. Der Senat hat die Anwendung von Art. 152 auf die Bewertung dieser Einkünfte gefordert.

In einer Entscheidung vom 28.1.2010[68] hatte der 8. Senat die Anwendung von Art. 152 auf die Einkünfte einer Ehefrau gefordert, die in der Ehe seit 1979 in Österreich gearbeitet hatte.

Auch im Urteil vom 27.6.2011[69] hatte der 8. Senat die Berechnung des Zuwendungsanteils bei einem in Deutschland arbeitenden Ehepaar den gleichen Regeln unterworfen wie bei Aufenthalt in der Türkei. Das Paar hatte 1985 geheiratet und war 2006 in Duisburg-Hamborn geschieden worden. Die in Deutschland belegenen Immobilien waren durch Notarvertrag auseinandergesetzt worden, zu der

63 E. 2013/12998, K. 2014/14150, legal, kazancı, uyap, s.a. Özuğur 2015, S. 572–574.
64 E. 2014/11936, K. 2014/13697, legal, kazancı.
65 E. 2013/12865, K. 2014/12865, legal.
66 E. 2009/2727, K. 2009/4319, zit.n. Özuğur 2015, S. 706f.
67 E. 2009/2417, K. 2009/4998, zit.n. Özuğur 2015, S. 691f.
68 E. 2009/2092, K. 2010/314, zit.n. Mortaş, S. 240f.
69 E. 2010/6537, K. 2011/3729, kazancı.

weiter beabsichtigten Regelung zu den in der Türkei gelegenen Immobilien war es nicht gekommen.

Eine Forderung aus Zuwendungsanteil aufgrund Erwerbstätigkeit in Deutschland war auch Gegenstand eines Urteils des 8. Senats vom 28.2.2012.[70] Allerdings kam es hier nicht zur Sachentscheidung, weil zunächst der Umfang der Rechtskraftwirkung des Urteils des AG Siegburg vom 04.03.2010 (322 F 108/07) zu prüfen war.

Der Entscheidung des 8. Senats vom 3.7.2012[71] lag ein Fall zugrunde, in welchem die Eheleute 1979 geheiratet und von 1997 bis 2005 zusammen im Ausland gearbeitet hatten. Im Jahre 2010 erfolgte – nach Antrag von 2005 – die Scheidung. Hier sollten nach Auffassung des Senats die Einkünfte der Eheleute unter Berücksichtigung von Art. 152 TKM in die Berechnung einbezogen werden.

Bei der Entscheidung des 8. Senats vom 15.11.2012[72] ging es um einen Fall, in welchem die Eheleute 1974 geheiratet und bis 1982 zusammen in Deutschland gelebt hatten. Im Jahre 2010 erfolgte die Scheidung. Auch hier sollten nach Auffassung des Senats die Einkünfte der Eheleute unter Berücksichtigung von Art. 152 TKM in die Berechnung einbezogen werden.

Im Urteil von 6.6.2013[73] ist der 8. Senat sogar so weit gegangen, aus dem Verhältnis zwischen dem Einkommen des Ehemannes und den getätigten Baumaßnahmen herzuleiten, dass die Angaben der Ehefrau über ihren Beitrag zu den Haushaltsausgaben zutreffen. Ihre Angabe, in Deutschland schwarz gearbeitet zu haben, entspräche der Lebenserfahrung.

Schwarzarbeit in Deutschland wurde in der Entscheidung des 8. Senats vom 3.2.2014[74] ebenfalls nicht als Hinderungsgrund für die Annahme einer Zuwendung angesehen. Die Parteien hatten 1967 geheiratet und waren 2011 geschieden worden. Der Senat verwies auf Art. 152 TKM.

Ähnlich lag der vom Senat am 8.10.2013[75] entschiedene Fall. Die Eheleute hatten 1972 geheiratet und waren 2003 geschieden worden. Die Ehefrau hatte bis 1993 in Deutschland gearbeitet.

---

70 E. 2011/7702, K. 2012/1241, mitgeteilt v. Ö.U. Gençcan, legal, s.a. Şıpka/Özdoğan 2017, S. 406, Uluç, S. 636f., Mortaş S. 384f.

71 E. 2012/4569, K. 2012/6676, zit.n. Özuğur 2015, S. 623.

72 E. 2012/2475, K. 2012/10534, legal, s.a. Şıpka/Özdoğan 2017, S. 325, Karamercan 2018, S. 605f., Karamercan 2019, S. 607f.

73 E. 2012/12349, K. 2013/8549, legal, kazancı, s.a. Mortaş, S. 243, Özuğur 2015, S. 599f.

74 E. 2013/24112, K. 2014/1465, legal, kazancı, s.a. Karamercan 2018, S. 606f., Karamercan 2019, S. 608f.; Şıpka/Özdoğan 2017, S. 579.

75 E. 2013/11000, K. 2013/14461, legal, kazancı, uyap, s.a. Şıpka/Özdoğan 2017, S. 616, Uluç, S. 460.

So hatte zuvor auch der 2. Senat entschieden: Um Urteil vom 8.2.2007 wurde die Anwendung von Art. 152 gefordert zugunsten einer Ehefrau, die in den Niederlanden gearbeitet hatte.[76]

Ebenso hatte der 2. Senat für den Fall eines Aufenthalts in Dänemark entschieden.[77]

Seit dem 1.9.1986 gilt allerdings in Deutschland schon aufgrund des geänderten EGBGB[78] die Anknüpfung des Ehegattenunterhalts (vor Scheidung oder Trennung) an das Recht des Aufenthalts.[79] Diese Regelung orientierte sich am HUÜ von 1973, welches für Deutschland aber erst am 1.4.1987 in Kraft trat.[80] Zuvor wurde die gegenseitige Beistandspflicht teilweise dem Ehewirkungsstatut nach Art. 14 EGBGB unterworfen,[81] das wäre im vorliegenden Fall türkisches Recht.

Die wechselseitige Beistandspflicht dürfte unterhaltsrechtlich zu qualifizieren sein.

Es handelt sich um eine Verpflichtung, die auf der familiären Beziehung beruht, sie dient der laufenden Bedarfsdeckung und ist der Höhe nach an Bedarf und Leistungsfähigkeit orientiert.[82]

Danach wäre der Beitrag einer türkischen Ehefrau in Deutschland ab dem 1.9.1986 kein überobligatorischer Beitrag und würde keine Forderung aus Zuwendungsanteil auslösen. (Bei Aufenthalt beider Ehegatten in Deutschland kommt es auf den Vorbehalt nach Art. 15 HUÜ nicht an.)

Aus dieser Konstellation ergibt sich aber ein Anpassungsbedarf.

Im Rahmen dieses Exkurses soll hierauf nur kurz eingegangen werden.

Das deutsche wie das türkische Rechtssystem wollen die Ehefrau (hier mindestens die erwerbstätige) am Vermögenszuwachs des Mannes teilhaben

---

76 E. 2006/11431, K. 2007/1437, legal.

77 U.v. 3.12.2007, E. 2006/21669, K. 2007/16819, legal; s. weiterhin U.v. 5.2.2001, E. 2000/16402, K. 2001/1850, zit.n. Gençcan 1017, S. 927; sowie U.v. 8.7.2002, E. 2002/8364, K. 2002/9131, zit.n. Gençcan 217, S. 927.

78 BGBl 1986 I 1142.

79 Henrich, S. 841.

80 Für die Türkei war das HUÜ schon am 1.11.1983 in Kraft getreten – und gilt bis heute. Vorbehalte hatten beide Länder nach Art. 15 erklärt für den Fall des Beklagtenaufenthalts im gemeinsamen Heimatland (https://www.hcch.net/en/instruments/conventions/status-table/?cid=86).

81 Staudinger-von Bar, Kommentar zum BGB, 12. Aufl. Berlin 1992, Rn 116 zu Art. 14 EGBGB, a.A. OLG Nürnberg IPRax 1982,159 (m. Anm. D.H.), FamRZ 1982,275.

82 S. Staudinger-Mankowski, Rn 26 zu Art. 1 HUP; Erman-Hohloch, Rn 2 zu Art. 1 HUP; MüKo-Staudinger, Rn 9 zu Art. 1 HUP.

lassen. Im deutschen Recht hätte sie einen Anspruch auf Zugewinnausgleich. Im türkischen Recht erhält sie einen schuldrechtlichen Ausgleich dafür, dass sie überobligatorisch erwerbstätig war, ihre Einnahmen zu den Familienausgaben beigetragen haben, und dadurch Vermögensbildung ermöglicht wurde. Es liegt also ein Fall des Normenmangels vor. Daher wäre zu ermitteln, welche Rechtsordnung der Ehefrau im konkreten Fall den geringeren Anspruch zugesteht.[83] Dieser wäre der Frau zuzugestehen.

d) Der zu ersetzende Schaden

Das oben aufgezeigte Berechnungsmodell zielt auf das positive Interesse.

Die Rechtsprechung erwähnt daneben aber auch immer wieder das negative Interesse, so der Große Zivilsenat in Urteilen vom 23.12.1992[84], 28.9.94[85], 9.10.1996[86], 2.4.1997[87], 2.7.1997[88], 07.06.2000[89] und 04.05.2005[90] als auch der 8. Senat in Urteil vom 15.04.2014[91].

Wegen der Wertsteigerung der betr. Immobilien und der Inflation hat das negative Interesse möglicherweise neben dem positiven praktisch keine Rolle gespielt.

e) Beweiserleichterungen

Die Anforderungen an die Beweisführung der klagenden Ehefrau sind in den letzten 25 Jahren schrittweise erleichtert worden.

Dies zeigt sich zum Beispiel in der Entscheidung des Großen Zivilsenats vom 18.9.1996[92]. Der Große Senat bestätigt darin das Urteil des Landgerichts Kayseri vom 28.2.95 unter Aufhebung des Urteils des 2. Senats vom 6.12.95.

---

83 S. z.B. Dannemann, S. 325–332; Staudinger-Dörner, Rn 748–751 zu Art. 25 EGBGB; Staudinger-Mankowski, Rn 376–382 zu Art. 15 EGBGB, Staudinger-Looschelders, Einleitung zum IPR Rn 1232–1276, Staudinger-Mansel, Rn 987 zu Art. 43 EGBGB.

84 Zit.n. Gençcan 2002, S. 245.

85 E. 1994/2–47, K. 1994/564, legal, YKD 94,1895, s.a. Gençcan 2002, 228, Özer Deniz, S. 76.

86 E. 1996/2–406, K. 1996/672, legal, s.a. Inal 98, S. 594, Gençcan 2002, 216.

87 E. 1997/2–7, K. 1997/286, legal.

88 E. 1997/2–366, K. 1997/624, legal.

89 E. 2000/2–959, K. 2000/972, legal, kazancı.

90 E. 2005/13–289, K. 2005/306, legal, kazancı.

91 E. 2014/4452, K. 2014/7254, legal, kazancı.

92 E. 1996/2–498, K. 1996/595, legal.

Der 2. Senat hatte ausgeführt, die Klägerin habe den Beweis nicht führen können, dass die Klägerin nicht nur den Erlös aus dem Verkauf des Schmucks dem Beklagten übergeben habe, sondern dass dieser auch zum Kauf der Immobilien und des Fahrzeugs verwendet worden sei. Demgegenüber hat der Große Senat den geführten Beweis als ausreichend angesehen im Sinne der grundlegenden Entscheidung des Großen Senats für Rechtsvereinheitlichung vom 7.10.53 (Nr. 7/8). Der 2. Senat habe anerkannt, dass die Leistungen der Klägerin zu gemeinsamen Zwecken hätten verwendet werden sollen. Der Beklagte habe diese Vereinbarung gebrochen. Er sei daher zur Zahlung von Schadensersatz verpflichtet. Auf Grund der Lage des Falles könne der Schaden nicht im Einzelnen beziffert werden. Der Richter müsse den Schaden daher nach Art. 42 des türkischen Schuldrechtsgesetzbuches (Obligationsrechtsgesetzbuch, BK[93]) schätzen. Dabei sei der zentrale Gesichtspunkt, die Wirkung der Vermögensminderung bei der Klägerin auszugleichen. Dazu muss der Richter den Vermögensstand der Klägerin jeweils mit oder ohne Realisierung der Vereinbarung unter den Parteien kennen. Hierzu wird er sich eines Sachverständigen bedienen. Danach wird er den Sachverhalt nach Plausibilität und Lebenserfahrung bewerten. Daher widerspreche das Urteil des Landgerichts Kayseri nicht den Grundsätzen des Rechts.

Seit etwa 2013 muss nun die Ehefrau nur noch mit Hilfe irgendwelcher Beweismittel ihre Erwerbstätigkeit und ihr Gehalt beweisen. Sodann obliegt es dem Ehemann, zu beweisen, dass entweder sein Vermögen aus anderen Quellen stammt, oder dass die Ehefrau ihr Einkommen für private Zwecke ausgegeben hat.[94]

Mit Urteil vom 19.6.2014[95] hat der 8. Senat des Kassationshofs ein Familiengerichtsurteil vom 28.2.1013 aufgehoben. In den Haushalt einfließendes Einkommen der Ehefrau vor dem 1.1.2002 gelte als Zuwendung. Wurde in dieser Zeit Vermögen gebildet, muss der Ehemann ggf. beweisen, dass dies aus einer anderweitigen Quelle (hier: Zuwendung seiner Mutter) herrührt.

Somit ist deutlich, dass der Kassationshof erhebliche Anstrengungen unternimmt, um wenigstens für die erwerbstätige Ehefrau günstige güterrechtliche Lösungen zu finden; dem gegenüber geht der nicht vermögende oder arbeitende Teil (i.d.R. die Hausfrau) nach altem Recht weitgehend leer aus.[96]

---

93 Gesetz Nr. 6098 v. 11.1.2011, r.g. v. 4.2.2011 Nr. 27836.

94 Z.B. 8. Senat, U.v. 6.6.2013, E. 2012/12349, K. 2013/8549, legal, kazancı, s.a. Mortaş, S. 243.

95 E. 2013/13147, K. 2014/12817, uyap, www.baroturk.com.

96 Moroğlu Yargıtay, S. 320, Moroğlu Kadınlar, S. 103.

3. Übergangsregelung

Für die Zeit ab dem 1.1.2002 gilt der gesetzliche Güterstand der Errungenschaftsbeteiligung, soweit kein dies abweichend regelnder Güterrechtsvertrag geschlossen wurde.[97]

Das Vermögen der Eheleute, das sie am 31.12.2001 besaßen, wird wie voreheliches Vermögen im Sinne dieses Güterstandes behandelt.[98]

Der Gesetzentwurf hatte noch eine Rückwirkung vorgesehen, wurde aber insoweit nicht eingebracht.[99] Dies führte zu heftiger Kritik in der Öffentlichkeit, weil die große soziale Problematik nicht nur seit Jahrzehnten bekannt war, sondern auch schon seit Mitte der 60er Jahre in Gesetzentwürfen angegangen worden war.

Aus dem gleichen Grund kam es dann auch zu einer Vorlage an das Verfassungsgericht wegen der Ungleichbehandlung von Alt- und Neuehen aufgrund der fehlenden Rückwirkung und wegen fehlender Rücksicht auf den Schutz der Familie. Das Verfassungsgericht wies die Vorlage nicht nur ab, sondern führte auch aus, dass der Gesetzgeber eine Rückwirkung nicht hätte anordnen dürfen.[100]

Die Haltung des Verfassungsgerichts wird in weiten Teilen der Literatur geteilt.[101]

Die Eheleute hatten allerdings die Möglichkeit, durch Ehevertrag den neuen Güterstand auch für die Vergangenheit zu vereinbaren.

Eine gewisse Rückwirkung liegt aber darin, dass der neue Güterstand ab dem 1.1.2002 für alle bestehenden Ehen gilt. Dies konnte nur durch Abschluss eines Ehevertrages verhindert werden. Dieser Aspekt der Rückwirkung hat dann noch einmal eine Rolle gespielt in der Verfassungsgerichtsentscheidung vom 14.12.2016[102]. Auf Vorlage des 5. Familiengerichts Kayseri bestätigte das Verfassungsgericht die Wertung der Erträge aus Eigengut als Errungenschaft in Art. 219 Abs. 2 Zif. 4[103] gegen den Einwand, dass damit auch indirekt Regelungen bezüglich Dispositionen über voreheliches Vermögen getroffen wurden

---

97 Gesetz über das Inkrafttreten und die Anwendung des TMK, Ges. Nr. 4722 v. 3.12.2001, Art. 10, s.u. H. III.

98 S. z.B. Özer Deniz, S. 40f.; Şeker 2006, S. 146; Gençcan 2018, S. 410; Gençcan 2019, S. 568.

99 Zeytin 2017, S. 100.

100 Urteil vom 18.9.2008, E. 2006/37, K. 2008/141, r.g. Nr. 27089 v. 23.12.2008, legal.

101 Ertaş, S. 916f.; Kılıçoğlu 2016, S. 199–206 m.w.H.; Kılıçoğlu 2014, S. 301f.; a. A. Şıpka 2006, S. 13f.

102 E. 2016/36, K. 2016/187, legal, s.a. Karamercan 2018, S. 83f., Karamercan 2019, S. 85f.

103 S.u. B.IV.

(Minderheitsvotum Kaleli). Die Regelung wurde u.a. als verfassungsmäßig angesehen, weil die Ehegatten insoweit eine (einvernehmliche) Modifikationsmöglichkeit hatten.

II. Die Grundzüge der Errungenschaftsbeteiligung im Vergleich zum Zugewinnausgleich

1. Die Übernahme der schweizerischen Errungenschaftsbeteiligung

Die türkische Errungenschaftsbeteiligung sollte nach Meinung der vorbereitenden Kommission zunächst nur ein Wahlgüterstand sein. Sie strebte als gesetzlichen Güterstand die „Gütertrennung mit Aufteilung" (paylaşmalı mal ayrılığı) an,[104] die schließlich Wahlgüterstand wurde. In der vorangehenden Legislaturperiode lag dem Parlament noch der Entwurf nach den Vorstellungen der Kommission unter Leitung von Professor Akıntürk vor.[105] Der Justizminister Türk setzte sich dann aber in der nächsten Legislaturperiode mit der Orientierung am schweizerischen gesetzlichen Güterstand durch.[106]

Die Normen stellen – mit Abweichungen – eine Übersetzung der entsprechenden schweizerischen Normen dar, auf welche in der Gesetzesbegründung[107] allgemein und für die einzelnen Bestimmungen ausdrücklich Bezug genommen wird.[108] Die Rezeption des schweizerischen ZGB soll aber keine Rezeption des schweizerischen Rechts darstellen.[109] Soweit es um die gesetzgeberischen Grundabsichten geht, ist es daher legitim, sowohl bezüglich der Schweiz als auch der Türkei von einem einheitlichen Güterstand der Errungenschaftsbeteiligung zu sprechen, von dem im Folgenden zunächst ausgegangen wird.

---

104 S.u. C., Büyüktanır 1998, S. 50; Büyüktanır 2002, S. 107; ausführlich Kılıçoğlu 2016, S. 68–74; Şeker 2006, S. 164–167; Akıntürk/Ateş, S. 146 Fn 6.

105 Akıntürk/Ateş, S. 182 Fn 26.

106 Gençcan 2019, S. 293. Eine Darstellung der Entwürfe und der türkischen Diskussion in deutscher Sprache findet sich bei Şeker 2006, S. 164–178. S.u. C.

107 Zit.n. Başöz/Çakmacı, S. 749.

108 S.a. Gençcan 2019, S. 289f.; Mortaş, S. 4; Uluç, S. 289; Kaçak, S. 48; Uysal, S. 10f.

109 Zeytin 2017, S. 32. Auf eine allgemeine Betrachtung der Rezeption muss hier verzichtet werden, es sei nur auf das Werk von Hirsch aus dem Jahre 1981 verwiesen, der den Prozess als Zeitzeuge dokumentiert und als Rechtssoziologe analysiert hat.

2. Gemeinsamkeiten von Errungenschaftsbeteiligung und Zugewinngemeinschaft

a) Bei bestehender Ehe

Während im deutschen Ehegüterrecht eine nur nach allgemeinen Billigkeitsgrundsätzen beschränkte Vertragsfreiheit gilt, sieht das schweizerische und mit ihm das türkische Recht zwar einerseits die Wahl zwischen sehr verschiedenen Güterständen vor, sieht aber die Modifikation des gesetzlichen Güterstands als Ausnahme, die jeweils an eine gesetzlich im Einzelnen eröffnete Möglichkeit geknüpft ist.[110] Dieser engen Sicht der Dispositionsfreiheit entspricht, dass in diesen Rechtsordnungen alle Einigungen über Scheidungsfolgen der richterlichen Genehmigung bedürfen (Art. 184 TMK).[111]

Grundlage beider Güterstände – der Zugewinngemeinschaft und der Errungenschaftsbeteiligung – ist der Wunsch nach einem Ausgleich des in der Ehe erreichten Vermögenszuwachses. Der maßgebliche, aber nicht alle Konstellationen erfassende Gedanke ist dabei, dass im Rahmen der familiären Arbeitsteilung der wirtschaftliche Erfolg des einen Ehegatten auch durch die Unterstützung des anderen möglich geworden ist.[112]

In einem gewissen Kontrast[113] zum Ziel des Vermögensausgleichs steht zunächst die Grundlage und Ausgangsposition beider Güterstände:

Während bestehender Ehe herrscht weitgehend eine Gütertrennung. Jeder Ehegatte wirtschaftet weitestgehend für sich selbst (§§ 1363f. BGB, Art. 201 Abs. 1 ZGB, Art. 223 Abs. 1 TMK[114]).

---

110 Öztan 2015, S. 404–407; Şeker 2006, S. 87–97, 315f.; Gençcan 2018, S. 92f., 106–109; Gençcan 2019, S. 124–130; Zeytin 2017, S. 56–60; Anıl/Taner, S. 35–37; Karamercan 2018, S. 47–50.

111 Öztan 2015, S. 737; Uysal, S. 6.

112 Die schweizerische Literatur spricht insoweit von einer Handlungs- und Konsumgemeinschaft. Daneben wird dort auch von einer Schicksalsgemeinschaft gesprochen (Nachweise bei Şeker 2006, S. 62–65). Letzterer Aspekt ist aber gerade bei der Errungenschaftsbeteiligung weniger ausgeprägt. Auch Gençcan spricht von einer Lebens- und Schicksalsgemeinschaft als Grundlage des Güterstandes (Gençcan 2018, S. 1200, Gençcan 2019, S. 1598), ebenso Zeytin (2017, S. 37, 39), vgl. a. Anıl/Taner S. 98, Acabey 2002, S. 15, Sturm, S. 755.

113 Öztan (2015, S. 435) sieht die Gütertrennung im Widerspruch zu der bei der Auseinandersetzung zu Tage tretenden Verflechtung der Vermögen der Eheleute.

114 S. z.B. Uluç, S. 476–512.

Insbesondere bilden beide Güterstände keine gemeinsame Vermögensmasse der Ehegatten.[115]

Hier ergeben sich aber schon Unterschiede bei den Grenzen des getrennten Wirtschaftens:

In der Errungenschaftsbeteiligung gilt die gesetzliche Vermutung für das Miteigentum an den Gegenständen im Eigentum der Ehegatten (Art. 200 Abs. 2 ZGB, Art. 222 Abs. 2 TMK[116]). Sehr große Bedeutung hat diese Vermutung nicht, weil sie bei vielen wertvollen Gegenständen ggf. durch die Register- bzw. Grundbucheintragung widerlegt werden kann.

Das deutsche Recht kennt bei den Scheidungsfolgen eine Miteigentumsvermutung für Haushaltsgegenstände (§ 1568b Abs. 2 BGB), sowie umgekehrt für die Dauer des Zusammenlebens eine Vermutung des Alleineigentums des Schuldner-Ehegatten zugunsten der Gläubiger (§ 1362 Abs. 1) und eine Vermutung des Alleineigentums bezüglich der dem persönlichen Gebrauch dienenden Gegenstände (§ 1362 Abs. 2).

In beschränktem Umfang gibt es auch Verfügungsbeschränkungen, nämlich bei der Zugewinngemeinschaft für Verfügungen über das Gesamtvermögen (§1365 BGB) und über Haushaltsgegenstände (§1369 BGB). Nach §1353 Abs. 1 Satz 2 BGB muss ein Ehegatte, der gegen den anderen vermögensrechtliche Ansprüche durchsetzen will, auf die für ihn durch die Ehe gebotenen Pflichten Rücksicht nehmen, dies kann z.B. auch einer Teilungsversteigerung entgegengehalten werden. Verfügungsbeschränkungen gibt es in der Errungenschaftsbeteiligung bezüglich der Miteigentumsanteile (Art. 201 Abs. 2 ZGB[117], Art. 223 Abs. 2 TMK[118]), sowie im schweizerischen und türkischen Ehewirkungsrecht für solche über die Rechte an der Ehewohnung (Art. 169 ZGB[119], Art. 194 TMK[120]). Nach schweizerischem und türkischem Ehewirkungsrecht kann der Richter weitere Beschränkungen anordnen (Art. 178 ZGB[121], Art. 199 TMK[122]). Allerdings kann auch während bestehender Ehe die Aufhebung der Eigentümergemeinschaft verlangt werden (Art. 651 ZGB, Art. 698 TMK[123]).

---

115 Acabey 2007, S. 493; Öztan 2015, S. 435.

116 Şeker 2006, S. 211; Öztan 2015, S. 456.

117 Dehm, S. 47.

118 S. z.B. Şıpka/Özdoğan 2017, S. 178–181; Şeker 2006, S. 218f.; Schaal, S. 175.

119 Dehm, S. 50.

120 S. z.B. Şeker 2006, S. 226f.; Şıpka/Özdoğan 2017 S. 646–649; Zeytin 2017, S. 104; Schaal, S. 176.

121 Vgl. Dehm, S. 73.

122 S. z.B. Şıpka/Özdoğan 2017, S. 20f.; Şeker 2006, S. 222–228; Zeytin 2017, S. 103.

123 Öztan, S. 459; Şeker 2006, S. 220.

Während bestehenden Güterstandes kennen beide Güterstände keine güterrechtlich begründeten Forderungen unter den Eheleuten. Eine Ausnahme bildet die Forderung aus ehebedingter Zuwendung nach Art. 207 ZGB bei Veräußerung des durch die Zuwendung begünstigten Gegenstandes. Diese Regelung wurde in Art. 227 TMK nicht übernommen.

Beide Güterstände enden jeweils mit dem Tod, bzw. mit der Scheidung oder Aufhebung der Ehe, wobei für die Berechnung auf die Einleitung des Verfahrens abgestellt wird (Art. 225 TMK, § 1384 BGB). Abweichend kann der Güterstand auch durch Vereinbarung (Art. 187 ZGB, 208 TMK) oder gerichtliche Entscheidung beendet werden (Art. 185 ZGB, Art. 206 TMK[124]).

b) *Bei Ende des Güterstandes*

Der Ausgleich bei Beendigung des Güterstandes unterscheidet sich in Form und Umfang besonders stark in den Fällen, in denen die Ehe durch Tod endet. § 1371 Abs. 1 BGB sieht im Regelfall vor, dass sich der Erbteil des überlebenden Ehegatten um 1/4 erhöht. Damit findet der Ausgleich pauschal und dinglich statt.

Die Errungenschaftsbeteiligung wird demgegenüber zwischen dem überlebenden Ehegatten und der Erbmasse so auseinandergesetzt wie unter Lebenden (Art. 204 Abs. 1 ZGB, Art. 225 Abs. 1 TMK)[125]. Die güterrechtlichen Verbindlichkeiten belasten ggf. die Erbmasse.[126] Dies führte im Erbfall in der Türkei oft zu zwei getrennten gerichtlichen Verfahren,[127] seit 2015 berechnet der Kassationshof aber wieder den Erbanteil im güterrechtlichen Verfahren mit.[128] Eine Besonderheit gilt insoweit, als der überlebende Ehegatte schon güterrechtlich – unabhängig von den erbrechtlichen Ansprüchen -unter Anrechnung auf seinen Beteiligungsanspruch das Eigentum oder ein Nutzungsrecht an der

---

124 Şıpka/Özdoğan 2017, S. 2–11.

125 In der Schweiz wurde gleichzeitig mit der Änderung des Güterechts die erbrechtliche Stellung des überlebenden Ehegatten erheblich gestärkt (Hegnauer, S. 322, Sturm, S. 759).

126 Näf-Hofmann, S. 330–333, Sturm, S. 759. Für den Kassationshof grundlegend: U.v. 24.6.2014, E. 2014/5192, K. 2014/13289, kazancı, uyap, s.a. Özkan, S. 1640, 1684; ausführlich der Beitrag von Şenocak.

127 Şıpka/Özdoğan 2017, S. 494; Zeytin 2017, S. 271; Uluç, S. 1475–1485.

128 Şıpka/Özdoğan 2017, S. 490f., Gençcan 2018, S. 883f.; Gençcan 2019, S. 1188; Karamercan 2018, S. 472–481, Karamercan 2019, S. 466–478. S.a. 8. Zivilsenat, U.v. 13.3.2019, E. 2017/14831, K. 2019/2605, uyap.

Ehewohnung und dem Hausrat verlangen kann (Art. 219 Abs. 1, 3 ZGB, Art. 240 Abs. 1, 3 TMK[129]).

Unter Lebenden dagegen sehen beide Güterstände einen Ausgleich grundsätzlich in Geld vor, also nur ausnahmsweise eine Realteilung. Die Errungenschaftsbeteiligung sieht hier ergänzend – gegen Entschädigung – eine Zuweisung von Miteigentumsanteilen vor (Art. 225 Abs. 2 ZGB, Art 226 Abs. 2 TMK[130]). Der TMK kennt darüber hinaus ein Wahlrecht des Ausgleichsschuldners auf Ersatz der Geldleistung durch Eigentumsübertragung (Art. 239 Abs. 1 TMK[131]). Der Zugewinnausgleich kennt von Gesetzeswegen eine dingliche Leistung im Härtefall. Die Vorschrift führt aber ein Schattendasein (§ 1383 BGB).

Entscheidend – und im Grenzbereich auch immer Gegenstand von Kontroversen – ist aber der Umfang des Vermögens, der vom Ausgleich erfasst bzw. nicht erfasst wird.

Beide Güterstände gehen dabei für die Auseinandersetzung von dem Vermögen aus, welches die Ehegatten jeweils bei Einleitung des Scheidungs- oder Eheaufhebungsverfahrens (bzw. Tod oder Übergang in einen anderen Güterstand) haben (§ 1375 BGB, Art. 207 ZGB, Art. 228 Abs. 1 TMK).

Ein wichtiger Unterschied besteht allerdings darin, dass in der Errungenschaftsbeteiligung, die bei Ende des Güterstandes vorhandene Vermögensmasse nach dem Zeitpunkt der Auseinandersetzung bewertet wird (Art. 214 Abs. 1 ZGB, Art. 235 Abs. 1 TMK s.u. B. II. 3).

Die Errungenschaftsbeteiligung kennt eine ausdrückliche Vermutung für die Zuordnung des Vermögens zur „Errungenschaft“, an der – im Gegensatz zum „Eigengut“ – ein Beteiligungsanspruch besteht (Art. 200 Abs. 3 ZGB, Art 222. Abs. 3 TMK[132]). Die Errungenschaft ist die Gütermasse des jeweiligen Ehegatten, die die Grundlage für die sich (aus dem Wertzuwachs[133] ergebende)

---

129 Acabey 2002 S. 23, Öztan 2015, S. 545; Şeker 2006, S. 296; Şıpka/Özdoğan 2017, S. 503–515; Gençcan 2018, S. 357–383; Gençcan 2019, S. 542–553; Zeytin 2017, S. 338; Uluç, S. 1441–1474 mit ausführlicher Darstellung des Verhältnisses zur erbrechtlichen Regelung in Art. 652 TMK; ebenso Karamercan 2018, S. 412–435, Karamercan 2019, S. 466–478.

130 Şeker, S. 311- 314; Mortaş, S. 95; Şıpka/Özdoğan 2017, S. 181f.; Zeytin 2017, S. 274; Karamercan 2018, S. 396–412, Karamercan 2019, S. 387–404.

131 Şeker 2006, S. 295. 8. Zivilsenat, U.v. 12.3.2019, E. 2018/13790, K. 2019/2561, uyap. S.a. unten D. VI.

132 Öztan, S. 457; Şıpka/Özdoğan 2017, S. 423–428.

133 Schweizerisch: „Vorschlag“; Figen-Saltaş: „Überschusswert“ (S. 44), ebenso Malkoç/Han (S. 351).

Ausgleichforderung des anderen Ehepartners bildet. Allerdings besteht die gleiche Vermutung auch für die Zuordnung der Schulden. Insoweit spricht in der Errungenschaftsbeteiligung also eine Vermutung für eine bestimmte Senkung der Ausgleichspflicht.

Im deutschen Recht entspricht dem prozessual die Beweispflichtigkeit der Seite, die sich auf ein den Ausgleichsanspruch minderndes Anfangsvermögen beruft. Hier liegt also im Vergleich der Güterstände für die Aktiva ein Gleichlauf der Beweislast vor. Bei den Passiva muss nach beiden Ordnungen jeder Ehegatte seine Schulden bei Ende des Güterstandes beweisen, die Zuordnungsvermutung nach Art. 209 ZGB/Art. 230 TMK beseitigt für die Errungenschaftsbeteiligung ein Problem, welches beim Zugewinnausgleich nicht besteht, weil er im Endvermögen kein „Eigengut" kennt.

Grundsätzlich gemeinsam ist beiden Güterständen, dass ein Vermögen, welches bei Beginn des Güterstandes bestand, oder welches später unentgeltlich hinzuerworben wurde, den Ausgleich mindern soll. Es ist nicht Errungenschaft, sondern Eigengut (Art. 198 ZGB, Art. 220 TMK). Eigengut ist die Gütermasse jedes Ehegatten, die nicht dem Ausgleich unterliegt. Den Zugewinn mindert es als Anfangsvermögen (1374 BGB).

Die Rechtsanwendung in allen drei Rechtsordnungen geht weitgehend ähnlich in die Richtung, dass Zuwendungen unter den Ehegatten in der Regel nicht als unentgeltlich in diesem Sinne zählen.[134] Nur ausnahmsweise wird eine

134 Z.B. hat der Große Zivilsenat am 4.11.2015 entschieden, dass für die Annahme einer schenkweisen Zuwendung unter Ehegatten besondere Anzeichen vorliegen müssen, ansonsten eine ehebedingte Zuwendung vorliegt (E. 2013/2418, K. 2015/2406, legal, s.a. Gençcan 2018, S. 637–640; Gençcan 2019, S. 933–936), Akçin 2016, S. 197–200; ebenso U.v. 23.10.2018, E. 2017/1614, K. 2018/1550, uyap; U.v. 25.5.2016, E. 2014/1113, K. 2016/633, legal, s.a. Midyat 2017, S. 56f.; U.v. 23.10.2018, E. 2017/1614, K. 2018/1550, uyap; 8. Senat, U.v. 9.4.2019, E. 2017/1613, K. 2019/419, uyap; U.v. 19.3.2019, E. 2017/15193, K. 2019/2858, uyap; U.v. 6.3.2019, E. 2017/11464, K. 2019/2311, uyap; U.v. 13.2.2019, E. 2017/2636, K. 2019/1408, uyap; U.v. 20.9.2017, E. 2015/19690, K. 2017/11131, legal, s.a. Kırmızı, S. 450–452; U.v. 17.1.2017, E. 2015/8956, K. 2017/353, legal, uyap, s.a. Kırmızı, S. 471f.; U.v. 13.01.2014, E. 2012/23110, K. 2014/33, legal, IBD 2015,389, s.a. Özuğur, S. 585–587; U.v. 28.02.2017, E. 2017/1343, K. 2017/2693, legal, uyap, s.a. Şıpka/Özdoğan 2017 S. 321f., Kırmızı, S. 430–432; U.v. 18.9.2012, E. 2012/875, K. 2012/7570, zit.n. Özuğur, S. 615f.; U.v. 20.3.2012, E. 2012/980, K. 2012/2007, legal, s.a. Özuğur, S. 639f. Hierzu weiter Öztan, S. 475; Mortaş, S. 171–176, 216–232, Karamercan 2018, S. 513–518, Karamercan 2019, S. 510–518; Gençcan 2018, S. 264–267, 632–640; Gençcan 2019, S. 922–936. Einige Entscheidungen des 8. Senats haben allerdings auch geringere Anforderungen an die

Schenkungsabsicht anerkannt. Die Errungenschaftsbeteiligung kennt für den Normalfall dieser Zuwendungen eine gesetzliche Regelung in Art. 206 ZGB, Art. 227 TMK (s.u. B. III.).

Verschiedene Posten werden nach dem BGB nicht dem Anfangsvermögen hinzugerechnet und unterliegen damit dem Ausgleich,[135] werden aber in der Errungenschaftsbeteiligung als Eigengut qualifiziert:

Verbliebene Beträge aus Schmerzensgeldzahlungen zählen als Eigengut (Art. 198 Nr. 3 ZGB, Art. 220 Nr. 3 TMK[136]). Zum Eigengut werden gerechnet Beträge aus Kapitalabfindungen von Versorgungseinrichtungen oder für den Verlust der Erwerbsfähigkeit mit dem Teil, der anteilig der erwarteten Lebenszeit nach Beendigung der Ehe zugerechnet wird (Art 207 Abs. 2 ZGB, Art. 228 Abs. 2 TMK).[137] Wurde während bestehender Ehe ein Pensionsbonus (emekli ikramiyesi) gezahlt, rechnet der 8. Senat diese nunmehr auch insoweit zum Eigengut, soweit sie durch Tätigkeit vor der Ehe (oder vor dem 1.1.2002) erwirtschaftet wurde.[138] Weiterhin sind Gegenstände,

---

Annahme einer Schenkung gestellt, z.B. U.v. 2.5.2013, E. 2012/12534, K. 2013/6396, zit.n. Uluç, S. 919; U.v. 19.9.2013, E. 2013/2353, K. 2013/12657. zit.n. Uluç, S. 1192f. (jeweils mit Minderheitsvoten). Bei einigen dieser Entscheidungen hat man den Eindruck, als sollten mit den als Schenkungen qualifizierten Zuwendungen des erwerbstätigen Mannes an die nicht erwerbstätige Ehefrau die Ungleichgewichte der bis 2001 bestehenden Gütertrennung kompensiert werden. Bei anderen Entscheidungen geht die -auch in Minderheitsvoten ausgetragene- Auseinandersetzung um die Qualifikation der Zurverfügungstellung eines PKW durch den Ehemann an die Ehefrau (U.v. 19.11.2013, E. 2013/13087, K. 2013/16975, legal, uyap, s.a. Uluç, S. 1185–1187, Şıpka/Özdoğan 2017, S. 334f., dort weitere Hinweise; U.v. 18.11.2013, E. 2013/5208, K. 2013/16834, zit.n. Uluç, S. 1187f). Für die Schweiz: Hausheer/Geiser/Aebi-Müller, S. 250 Rn 12.87, S. 298, Rn 14.17. Für Deutschland: Bergschneider-Röfer, S. 515, Rn 5.361.

135 Zur Kritik an den engen Kriterien für den „privilegierten Erwerb" s. Bergschneider-Wolf, S. 219, Rn 4.284f. Für eine Billigkeitskorrektur im Zugewinnausgleich bei der Abfindung eines Querschnittsgelähmten OLG Stuttgart U.v. 29.03.2001, FamRZ 2002, 100.

136 Gençcan 2018, S. 269; Gençcan 2019, S. 403.

137 S. hierzu unten D. I. 5.

138 U.v. 24.12.2009, E. 2009/3542, K. 2009/6402, kazancı, s.a. Şıpka/Özdoğan 2017, S. 118, 121–123; Uluç, S. 312f. U.v. 8.10.2013, E. 2013/8608, K. 2013/14459, legal, kazancı, s.a. Şıpka/Özdoğan 2017, S. 302, 351, Mortaş, S. 79. Der zugrunde liegende Gedanke erinnert an den deutschen Versorgungsausgleich. Es ist aber nicht nachvollziehbar, dass sowohl die vor der Ehe entstandenen, als auch die für die Zeit nach der Ehe bestimmten Teile der Abfindung vom Ausgleich ausgeschlossen sein sollen. Diese

die der persönlichen Nutzung dienen, Eigengut (Art. 198 Nr. 3 ZGB, Art. 220 Nr. 3 TMK[139]).

Beide Güterstände lassen es unberücksichtigt, wenn ein Ehepartner während der Zeit des Güterstandes einen Verlust erwirtschaftet: ein negativer Zugewinn bleibt (auch nach neuem Recht) unberücksichtigt (§ 1373 BGB), ebenso ein Wert des Wertzuwachses unter null (schweizerisch: Rückschlag), also ein negativer Wertzuwachs (Art. 210 Abs. 2 ZGB[140], Art. 231 Abs. 2 TMK).

Beide Güterstände berücksichtigen (nunmehr[141]) beim Ausgleich den Umstand, dass während der Ehe voreheliche Schulden abgetragen wurden. Bei der Errungenschaftsbeteiligung entsteht hierdurch i.d.R. eine Ersatzschuld des Eigenguts an die Errungenschaft, welche die Errungenschaft vergrößert (Art. 209 ZGB, Art. 230 TMK). Im reformierten Zugewinnausgleich wird auch ein negatives Anfangsvermögen berücksichtigt (§ 1374 Abs. 3 n.F. BGB).[142]

Beide Güterstände sehen vor, dass Werte, die in illoyaler Weise dem Vermögen entzogen wurden, dem aufzuteilenden Vermögen hinzugerechnet werden. In der Errungenschaftsbeteiligung werden die Werte hinzugerechnet, die innerhalb der letzten Zeit (1 Jahr Art. 229 TMK[143], 5 Jahre Art. 208 ZGB) aus der Errungenschaft unentgeltlich zugewendet wurden, oder die in Schmälerungsabsicht abgegeben wurden (Art. 208 ZGB, Art. 229 TMK[144]). Das BGB erwähnt des Weiteren noch die Verschwendung als Hinzurechnungsgrund (§ 1375 Abs. 2 BGB).[145]

Bei Zugewinnausgleich erhöhen (seit der Reform von 2009[146]) solche Beträge die Ausgleichsforderung auch über das bei Ende des Güterstandes vorhandene Vermögen hinaus die mögliche Forderung, die ansonsten hierauf begrenzt ist (§ 1378 Abs. 2 BGB).

Beide Güterstände gehen (mangels anderweitiger Vereinbarung) von der Halbteilung aus, der Zugewinnausgleich durch hälftige Teilung der Differenz

---

Rechtsprechung steht im Übrigen im klaren Widerspruch zur Massenzuweisung nach Art. 219 Abs. 2 Nr. TMK.

139 Gençcan 2018, S. 239–241; Gençcan 2019, S. 361.

140 Näf-Hofmann, S. 327f.

141 Zur Reform von 2009 s. Bauer, S. 217.

142 Vgl. zur Kritik der deutschen Rechtslage vor der Reform: Dehm, S. 91f.

143 Gençcan 2018, S. 1159 Fn 1607; Gençcan 2019, S. 1550; Uluç, S. 1051 mit Hinweis auf die amtliche Begründung, s.a. Başöz/Çakmacı, S. 192.

144 Gençcan 2018, S. 1161; Gençcan 2019, S. 1554; Zeytin 2017, S. 231–242.

145 Dazu Sturm, S. 756 m.w.H.

146 Kritisch Bauer, S. 218.

der Zugewinne (§ 1378 Abs. 1 BGB), die Errungenschaftsbeteiligung durch Verrechnung der jeweils hälftigen Beteiligungsansprüche (Art: 214 ZGB, Art. 236 Abs. 1 TMK).

Für die Bestimmung des Anspruchs auf Zugewinnausgleich gibt es eine besondere Billigkeitsklausel (§ 1381 BGB), für die Beteiligung am Wertzuwachs wurde hierauf in der Schweiz ausdrücklich verzichtet.[147] Das ZGB kennt nur die allgemeine Billigkeitsklausel des Art. 2.[148] Der Kassationshof lehnt eine Senkung des Beteiligungsanspruchs nach Billigkeitsgesichtspunkten ab.[149] Nach dem TMK kann der Anspruch auf Beteiligung ganz abgelehnt werden, die Ausgleichspflicht sich also sogar umkehren, wenn die Ehe wegen Angriffs auf das Leben oder Ehebruchs geschieden wurde (Art. 236 Abs. 2 TMK[150]). Dies führt in Ausnahmefällen zu unterschiedlichen Ergebnissen in den drei Rechtsordnungen.

Im Falle der (rechtskräftigen) Scheidung enden beide Güterstände mit der Rechtshängigkeit des Scheidungsverfahrens (Art. 204 Abs. 2 ZGB, Art. 225 Abs. 2 TMK[151]). Nach §§ 1384,1318 BGB wird der Bewertungsstichtag „vorgezogen".[152]

Als Zwischenergebnis kann somit festgehalten werden, dass beide Güterstände bei der Auseinandersetzung unter Lebenden in vielen Fällen zum rechnerisch gleichen Ausgleich führen, insbesondere, wenn weder voreheliches Vermögen, noch unentgeltliche Zuwendungen oder Schmerzensgeldzahlungen, Erwerbsunfähigkeitsabfindungen und Gegenstände des persönlichen Gebrauchs in Betracht kommen.

---

147 Dehm, S. 9.

148 Der schweizerische Gesetzgeber fürchtete in einer besonderen Billigkeitsklausel ein zu großes Unsicherheitselement (Sturm, S. 758). Tatsächlich bereitet die Anwendung von § 1381 BGB gewisse Schwierigkeiten, die Rechtsprechung ist „sehr kasuistisch" (Bergschneider-Bergschneider, S. 235ff., Rn 4.342ff).

149 U.v. 14.11.2014, E. 2013/17841, K. 2014/20912, legal, kazancı, uyap, s.a. Karamercan 2018, S. 911, Karamercan 2019, S. 926.

150 Şeker 2006, S. 268f.

151 Mortaş, S. 124, dies gilt auch für ausländische Scheidungsverfahren, wenn das Urteil später in der Türkei anerkannt wurde (z.B. U.v. 20.10.2009, E. 2009/3629, K. 2009/5010 zit.n. Kırmızı 2012, S. 57f).

152 Bergschneider-Wolf S. 198, Rn 4.225.

3. Der Zeitfaktor: der Bewertungsstichtag[153]

Wie oben erwähnt, gehen beide Güterstände für die Auseinandersetzung von dem Vermögen aus, welches die Ehegatten jeweils bei Einleitung des Scheidungs- oder Eheaufhebungsverfahrens (bzw. Tod oder Übergang in einen anderen Güterstand) haben (§ 1375 BGB, Art. 207 ZGB, Art. 228 Abs. 1 TMK).

Ein wichtiger Unterschied besteht aber darin, dass in der Errungenschaftsbeteiligung, die bei Ende des Güterstandes vorhandene Vermögensmasse nach dem Zeitpunkt der Auseinandersetzung bewertet wird (Art. 214 Abs. 1 ZGB, Art. 235 Abs. 1 TMK s.u. B. II. 3).

In der Zugewinngemeinschaft wurde demgegenüber die Fixierung auf den Stichtag des Endes des Güterstandes mit der Reform von 2009 eher gestärkt.[154] Hier greift zum Schutz des Ausgleichsschuldners nur die Kappungsgrenze des § 1384 BGB ein, die verhindert, dass bei unverschuldetem Vermögensschwund der Schuldner insgesamt mit Schulden aus der Auseinandersetzung geht.

Solange mit einem festen Stichtag operiert wird, wirft die Bewertung von Vermögensgegenständen mit sehr volatilem Wert (wie Aktien) Probleme auf. Die Errungenschaftsbeteiligung hat hier den Vorteil, dass wenigstens nicht nach Werten geurteilt wird, die zum Entscheidungszeitpunkt als abwegig erscheinen. Ob in der Zugewinngemeinschaft über § 1381 nach Billigkeitsgesichtspunkten korrigiert werden kann, ist nicht endgültig geklärt.[155]

Die Schweiz ist hier bewusst einen anderen Weg gegangen und hat sich am Vorgehen bei der Erbauseinandersetzung orientiert.[156]

Auch in der türkischen Literatur wird auf die Parallelität zur Erbauseinandersetzung verwiesen.[157]

Diesen Bezug nimmt auch Kılıçoğlu[158] auf, um dann zu betonen, dass die Regelung bei langer Verfahrensdauer dem Schutz des Ausgleichsberechtigten diene. Dieser Gedanke unterstellt den nominellen Wertgewinn als Regelfall.

Liegen die Einleitung des Scheidungsverfahrens und der Abschluss des Güterrechtsverfahrens zeitlich weit auseinander, und hat sich der Wert eines

---

153 In früheren Bewertungen hat dieser Gesichtspunkt noch keine Rolle gespielt, z.B. Odendahl 2006, S. 115.

154 Bauer, S. 57.

155 Bergschneider-Bergschneider, S. 239, Rn 4.355.

156 BK-Hausheer/Aebi-Müller Rn 1 zu Art. 214; Hausheer/Geiser/Aebi-Müller, S. 282 Rn 12.167–169; Näf-Hofmann, S. 283 Rn 977; BGE 121 III 154.

157 Gençcan 2019, S. 1447; Uluç, S. 1255; Şeker 2007, S. 1786.

158 Kiliçoğlu 2016, S. 137.

Gegenstands in dieser Zeit (real oder nominell) stark verändert, kann dies als unbillig erscheinen, insbesondere, wenn eine Seite in dieser Zeit allein bestimmte Lasten getragen oder auf die Sache getätigt hat.[159]

In der Schweiz wird das Nominalprinzip kaum hinterfragt.[160] Sturm schreibt dazu:

> *„Das Problem des Währungsverfalls wird in unserem Zusammenhang überhaupt nicht gesehen. Vielleicht will man es auch nicht sehen! Logischerweise müßte es aber genau so gelöst werden wie in Deutschland.“*[161]

Näf-Hofmann[162] erwähnt den Fall, dass eine ererbte Kuh zum Eigengut gehört, das Kalb aber nach Ende des Güterstands geboren wird und damit nicht zur Errungenschaft gehört. Aufwendungen zur speziellen Versorgung der Kuh im Hinblick auf die Geburt des Kalbes sollen aber eine Ausgleichsschuld der Errungenschaft gegen das Eigengut begründen.

Auch hier gibt es also den Gedanken, dass Aufwendungen nach Ende des Güterstandes zulasten der Errungenschaft berücksichtigt werden müssten, der sich in der Schweiz aber wohl nicht durchgesetzt hat.

Dabei legt der Kassationshof Wert auf den Aspekt, dass die Wertbestimmung für die bei Ende des Güterstands vorhandenen Güter nach dem Zustand erfolgt, den sie bei Ende des Güterstands hatten.[163]

Der Vorteil eines evtl. Wertgewinns im Laufe der Verfahrensdauer wird für den Ausgleichsberechtigten allerdings dadurch gemindert, dass seine Forderung erst ab dem Zeitpunkt der Auseinandersetzung verzinslich ist (Art. 218 Abs. 2 ZGB, Art. 239 Abs. 3 TMK). Nichtsdestoweniger liegt hier wohl ein Grund für eine besondere Bewertung der Restschulden, die unten unter E. III. 3. b. erörtert wird.[164]

---

159 Z.B. Reparaturen, s. z.B. U.v. 6.10.2016, E. 2016/15251, K. 2016/13161, kazancı, uyap, s.a. Karamercan 2018, S. 383, Karamercan 2019, S. 374.

160 Neuerlich BG Entscheid vom 27.1.2017, FamPra 2017, 534.

161 Sturm, S. 756.

162 Näf-Hofmann, S. 280 Rn 968. Nachvollziehbar ist das nicht, weil weder Kuh noch Kalb etwas mit der Errungenschaft zu tun haben. Denkbar wäre umgekehrt eine Ersatzforderung der Errungenschaft gegen das Eigengut. Auch dies wäre aber eine problematische Relativierung des Stichtagsprinzips.

163 U.v. 17.5.2017, E. 2015/14031, K. 2017/7265, legal, s.a. Gençcan 2018, S. 1101, Gençcan 2019, S. 1432f. bez. eines Grundstücks; U.v. 17.1.2017, E. 2015/9371, K. 2017/365 zit.n. Karamercan 2018, S. 383, Karamercan 2019, S. 374.

164 Die türkische Rechtsprechung lässt den Kredit mit allen Kreditraten, sowohl die in der Zeit des Güterstandes gezahlten, als auch die noch ausstehenden an der konjunkturellen Wertenwicklung des angeschafften Gutes teilhaben. Der Wertanteil, der anteilig

4. Hauptunterschied: Die Zuweisung des konjunkturellen Wertzuwachses

Die Unterschiede zwischen den Güterständen sind im Wesentlichen eine direkte oder indirekte Folge der sehr unterschiedlichen Behandlung des Vermögens, welches in den Bereich von Anfangsvermögen bzw. Eigengut gehört.

Der Zugewinnausgleich wählt hier ein relativ einfaches Verfahren, dessen Einfachheit auch ein wesentlicher Grund für seine Einführung war:[165] Das Anfangsvermögen wird von Anfang an als Bilanz der Werte der einzelnen Vermögensgegenstände konstituiert (§§ 1374f BGB). Diese „Anfangsbilanz" wird für den Ausgleich der „Schlussbilanz" gegenübergestellt.

Die einzige Korrektur besteht nach der Rechtsprechung des BGH darin, dass zur Ermittlung des realen Wertgewinns der Wert des Anfangsvermögens nach der Kaufkraftentwicklung indexiert wird.[166]

Alle anderen wertverändernden Faktoren wirken sich auf den Zugewinnausgleich aus. Damit ist die Zugewinngemeinschaft tendenziell stärker eine „Schicksalsgemeinschaft" als die Errungenschaftsbeteiligung.[167]

Hier kommen also der Wunsch nach einer vereinfachten Abwicklung und ein Gestus der Großzügigkeit zusammen.

Diese Großzügigkeit führt natürlich in bestimmten Konstellationen zu Problemen. Wenn bei einer unentgeltlichen Zuwendung ein Wertgewinn oder Wertverlust des Gegenstandes von vorneherein feststeht und auch gewollt ist, besteht die Neigung, diesen Aspekt herauszurechnen (etwa bei einem zum täglichen Gebrauch bestimmten PKW[168] oder einem mit Nießbrauch belasteten Grundstück[169]). Während ansonsten Korrekturen über Analogie abgelehnt werden, wird hier die Annahme einer der Zuwendung innewohnenden Besonderheit als Vehikel für die Billigkeitskorrektur benutzt.[170]

---

auf die noch nicht gezahlten Raten entfällt, zählt zum Eigengut. Dementsprechend hat das Eigengut eine Ausgleichsforderung gegen die Errungenschaft nach Art 230 TMK (s.u. E. III 3. b).

165 Dehm, S. 35, 39, vgl. Sturm, S. 756.

166 S. z.B. BGH FamRZ 1974, 83, 85; FamRZ 1987, 791; FamRZ 2015, 1268. Staudinger-Thiele, Rn 41 zu § 1374.

167 S.a. Odendahl 2006, S. 115. Die Kritik an dieser Großzügigkeit scheint aber nicht aufzuhören (s. Bergschneider-Wolf, S. 202 Rn 4.238f).

168 BGH FamRZ 2017, 191.

169 BGH FamRZ 2015, 1268, s. Bergschneider-Wolf, S. 192, Rn 4.208.

170 Vgl. Staudinger-Thiele, Rn 47 zu § 1374.

Insbesondere wegen der Nichtberücksichtigung eines negativen Zugewinns – und insbesondere wiederum vor 2009, als noch negative Anfangs- und Endvermögen unberücksichtigt blieben – stellen und stellten sich Probleme nach ehebedingten Zuwendungen.[171] In Ausnahmefällen mussten diese außerhalb des Zugewinn-Systems gelöst werden, was natürlich zu Unsicherheiten führte.[172] Wann nach der Rechtsprechung der Verweis auf den Ausgleich des Zugewinns zu unerträglichen und damit korrekturbedürftigen Ergebnissen führt, wird der beratende Anwalt seiner Mandantschaft selten halbwegs seriös voraussagen können.

Die Errungenschaftsbeteiligung wählt einen völlig anderen Weg mit dem Institut des Eigenguts. Dieser Weg war auch in Deutschland erwogen, aber verworfen worden.[173] Heute gehört er zum Standardrepertoire deutscher Notare für Eheverträge für die Fälle, in denen die Gegenstände des Anfangsvermögens ganz aus dem Ausgleich herausgehalten werden sollen.[174]

Schon nach altem schweizerischen Recht[175] bestand das Bedürfnis, der Ehefrau das von ihr eingebrachte Vermögen zu erhalten, auch für den Fall, dass es sich z.B. durch Verschleiß, Verkauf und Ersatzkauf bei Ende der Ehe nicht mehr in natura auffinden lässt. Von einem konjunkturellen Wertgewinn dieser Vermögensgegenstände sollte der Ehemann im Übrigen nicht profitieren. Hierbei dürfte es sich um den Kerngedanken handeln, der die beiden Güterstände unterscheidet.

Das Bedürfnis, den anderen Ehegatten nicht am konjunkturellen Wertgewinn des vorehelichen Vermögens teilhaben zu lassen, führte damals und führt jetzt bei der Errungenschaftsbeteiligung dazu, dass eine stoffliche Betrachtung in den Vordergrund tritt.[176]Zu keinem Zeitpunkt verwandeln sich die Vermögensgegenstände des „Anfangsvermögens“ in einen Bilanzwert.[177] Soweit sie oder

---

171 S. hierzu unten B.III.

172 S. z.B. Weinreich, S. 1893; Bergschneider-Röfer, S. 516f., Rn 5.365, S. 528, Rn 5.400.

173 Dehm, S. 39 unter Hinweis auf BT-Drucks. 2/224, S. 44f.

174 S. z.B. Rieck, S. 42; Langenfeld, S. 12. Allgemein zur Problematik s. Dauner-Lieb Eheverträge.

175 Die Auseinandersetzung hiermit ist auch in die deutsche Diskussion eingeflossen (Dehm, S. 39, 120 unter Hinweis auf BT-Drucks. 1/3802, S. 58).

176 Dehm, S. 32.

177 „Die Eigengutsmasse ist nicht vorschlagsbildend und daher grundsätzlich nicht zu bewerten. Es empfiehlt sich aber, die Gegenstände als Eigengutsmasse aufzuführen, um anschaulich zu machen, dass alle Vermögenswerte und Schulden entweder der Errungenschaft oder dem Eigengut zugeordnet worden sind.“ (Näf-Hofmann, S. 319).

ihre Surrogate bei Ende des Güterstandes noch vorhanden sind, bleiben sie im Eigengut ausgesondert und nehmen nicht am Ausgleich teil. Ihre Wertentwicklung wirkt sich daher nicht per se auf den Ausgleich aus.[178] Einer Indexierung bedarf es somit insoweit nicht.

> *„Die Bildung der zwei Vermögensmassen erschöpft sich in dem Zweck, den Vorschlag*[179] *zu ermitteln, der sich im frankenmäßigen Wert der Errungenschaft niedergeschlagen hat. Dabei ist zu berücksichtigen, dass die Zuordnung der in Art. 197/198*[180] *genannten Aktiven zu der einen oder anderen Vermögensmasse lediglich einen einzelnen Schritt bei der Bildung der Errungenschaftsmasse darstellt, hängt doch deren frankenmäßiger Wert ebenso von den Schulden ab, die ihr zu belasten sind, wie von den Ersatzforderungen gegen das Eigengut und solchen des Eigengutes gegen die Errungenschaft.“*[181]
> *„Die Errungenschaft lässt sich als das Vermögen definieren, welches nicht Eigengut ist.“*[182]

Hierzu ist allerdings zu präzisieren, dass die Erträge des Eigenguts zur Errungenschaft zählen (Art. 197 Nr. 4 ZGB, Art. 219 Nr. 4 TMK).

In Art. 197 ZGB, Art. 219 TMK werden verschiedene Vermögenswerte der Errungenschaft zugerechnet, die Aufzählung ist aber nicht abschließend.[183]

Der grundlegende Gedanke der Errungenschaftsbeteiligung ist, dass der jeweils andere Ehegatte keinen Beitrag zur konjunkturellen Wertentwicklung des Eigenguts geleistet hat.[184] Er soll daher nicht – wie beim Zugewinnausgleich – davon profitieren.[185]

Der Weg zu diesem durchaus legitimen Ziel hat einen hohen Preis.

Das erste Opfer sind diejenigen, die zwar ihr z.B. voreheliches oder ererbtes Vermögen nachweisen können, nicht aber die Surrogationskette oder die sonstige Zuwendung bis ins Vermögen (eines der Ehegatten) bei Ende des Güterstandes (Art. 198 Nr. 4 ZGB, Art. 220 Nr. 4 TMK).[186] Im Zugewinnausgleich hätten sie ein einsetzbares Anfangsvermögen, in der Errungenschaftsbeteiligung aber

---

178 Dehm, S. 32.

179 TMK: Wertzuwachs

180 ZGB, entspr. Art. 219/220 TMK.

181 Näf-Hofmann, S. 303.

182 Näf-Hofmann, S. 304 unter Hinweis auf Hegnauer/Breitschmid, so auch Hausheer/Geiser/Aebi-Müller, S. 231, Rn 12.10.

183 Z.B. Acabey 2007, S. 501f. m.w.H.

184 Näf-Hofmann, S. 156.

185 Näf-Hofmann, S. 326f.

186 Sturm (S. 758) übertreibt hier die Kritik insofern, als er die Möglichkeit eines solchen Nachweises als quasi unmöglich behandelt. Er sieht den Ehegatten, der sein Eigengut für das Familienwohl einsetzt, generell als Opfer der Regelung.

kein nachweisbares Eigengut. Soweit natürlich noch Unterlagen aus der Steuererklärung vorhanden sind, lassen sich die Nachweise führen.

Zur Trennung der Bereiche von Beteiligung und Nichtbeteiligung werden bei jedem Ehegatten zwei Gütermassen gebildet (Errungenschaft und Eigengut), insgesamt gibt es also vier Gütermassen – bezogen auf den Zeitpunkt des Endes des Güterstandes! Sie sind sämtlich Teil des „Endvermögens". „Anfangsvermögen" und „Eigengut" sind daher Begriffe mit einem ähnlichen Bezug in Ursprung und Zweck. Stofflich und betragsmäßig müssen sie aber nicht viel miteinander zu tun haben.

Unterschiede zum Zugewinnausgleich können sich hier schon bei der Berücksichtigung von Schulden aus Anschaffungskrediten ergeben. Die türkische Rechtsprechung lässt den Kredit mit allen Kreditraten, sowohl die in der Zeit des Güterstandes gezahlten, als auch die noch ausstehenden an der konjunkturellen Wertenwicklung des angeschafften Gutes teilhaben. Der Wertanteil, der anteilig auf die noch nicht gezahlten Raten entfällt, zählt zum Eigengut.[187]Dementsprechend hat das Eigengut eine Ausgleichsforderung gegen die Errungenschaft nach Art 230 TMK.

Die eigentliche Schwierigkeit ergibt sich – wie sich daran zeigt – aus den Bewegungen unter den vier Gütermassen während der Dauer der Ehe. Wenn die konjunkturellen Wertentwicklungen konsequent aus dem Ausgleich herausgerechnet werden sollen, müssen nämlich alle Bewegungen nachvollzogen werden:

Leistet eine Gütermasse dabei einen Beitrag zu einer anderen, nimmt sie damit an deren Wertentwicklung teil. Die Wertentwicklung des begünstigten Vermögensgegenstands wirkt sich somit anteilig auf den Beitrag und damit auf die Gütermasse aus, aus der er kommt.

Bei Bewegungen unter den Gütermassen des gleichen Ehepartners geschieht dies durch den Ausgleich, dabei wird die Wertentwicklung – auf oder ab – mitvollzogen (Art. 209 ZGB, Art. 230 Abs. 3 TMK). Es besteht somit eine „variable Ausgleichsforderung"[188] unter den Gütermassen des gleichen Ehegatten. Die Gütermasse, aus der der Beitrag geleistet wurde, erhöht sich um eine Ausgleichsforderung an die andere Gütermasse, die sich am Anteil der Zuwendung am aktuellen Wert des begünstigten Gegenstands bemisst. Die Ausgleichsforderung

---

187 Hinweise bei Mortaş, S. 294f.; Karamercan 2018, S. 714–726, Karamercan 2019, S. 712–722. S.u. E III 2 b.

188 Zur Kritik am Begriff „Forderung" s. Sturm, S. 756f.

belastet dementsprechend die Gütermasse, zu der der begünstigte Gegenstand gehört.[189]

Demgegenüber ist die Ausgleichsforderung, die sich daraus ergibt, dass eine Gütermasse die Schulden der anderen begleicht (Art. 209 Abs. 1 ZGB, Art. 230 Abs. 1 TMK), keine variable Ausgleichsforderung. Die Forderung nimmt nicht an der Wertentwicklung des begünstigten Gegenstandes teil.[190]

III. Die ehebedingte Zuwendung

Eine „ehebedingte Zuwendung“ kommt im BGB ausdrücklich nur in der sehr beschränkten Form des Vorausempfangs nach § 1380 vor.[191]

Demgegenüber stellt sie in der Errungenschaftsbeteiligung ein eigenes Institut dar, welches wegen seiner Bedeutung hier ausführlicher dargestellt werden soll.

Bei Bewegungen unter den Gütermassen der Ehegatten untereinander (ehebedingte Zuwendung) wird dabei problematischer Weise[192] – anders als bei der Bewegung unter den Gütermassen des gleichen Ehegatten – nur eine positive Wertentwicklung mitvollzogen (Art. 206 Abs. 1 ZGB, Art. 227 Abs. 1 TMK mit abweichender Formulierung s.u. D.I.4.).[193]

Das lässt sich so formulieren, dass der Zuwendungsempfänger auf das positive Interesse, mindestens aber auf das negative Interesse haftet.

Wohl wegen der Beteiligung an der positiven Wertentwicklung wird die Regelung im Schweizerischen als „Mehrwertanteil“ (frz.: Part à la plus-value, ital.: Partecipazione

al plusvalore) bezeichnet. Dem entspricht der im Türkischen verwendete Begriff „değer artış payı“[194].

---

189 Näf-Hofmann, S. 378; Hausheer/Geiser/Aebi-Müller, S. 242–248 Rn 12.5612.69; Öztan 2015, S. 463, Şıpka/Özdoğan 2017, S. 238–245.

190 „Die klassische Ausgleichsforderung“ s. z.B. Karamercan 2018, S. 699f., Karamercan 2019, S. 700–702. Die türkische Rechtsprechung berücksichtigt dies nicht bei den Restschulden aus Anschaffungsdarlehen (s.u. E. III. 4.b).

191 Staudinger-Thiele, § 1380, insbes. Rn 18.

192 Hausheer/Geiser/Aebi-Müller (S. 251 Rn 12.92) geben als Begründung für diese Regelung an, „dass sich ein Ehegatte zur Mitfinanzierung vielfach mehr oder weniger gezwungen sieht“.

193 Öztan 2015, S. 469; Şıpka/Özdoğan 2017, S. 276.

194 Im Entwurfsstadium fand sich noch der für die Zuwendung nach altem Recht verwendete Begriff „katkıdan doğan hak“ (Recht aus Beitrag).

Als Zuwendung im Sinne von Art. 206 ZGB, Art. 227 TMK gilt ein Beitrag zum Erwerb, der Bewahrung und Verbesserung eines Vermögensgegenstandes des anderen Ehegatten.

Bei Wertverlust des begünstigten Gegenstands steht der zuwendende Ehegatte also so da wie eine Bank, die einen zinslosen Kredit gegeben hat. Abgeschwächt werden die Folgen dessen durch die fehlende Indexierung, bei einem Wertverlust kann nämlich nur der Nennbetrag gefordert werden.[195]

Die ausdrückliche Regelung der ehebedingten Zuwendung in Art. 206 ZGB/ Art. 227 TMK ist eine indirekte Folge der Aussonderung der konjunkturellen Wertentwicklung. Dass damit gegenüber der deutschen diesbezüglichen Praxis wesentlich mehr Rechtssicherheit geschaffen wird, ist ein mehr als erwünschter Nebeneffekt.[196]

Soweit eine Wertsteigerung des begünstigten Gegenstandes nicht konjunkturell begründet ist, sondern auf besonderen Bemühungen des Eigentümer-Ehegatten beruht, soll diese allerdings dem zuwendenden Ehegatten nicht zu Gute kommen.[197] Ein solcher „industrieller Wertzuwachs" dürfte allerdings nur selten nachzuweisen sein. Als „industrieller Wertzuwachs" fiele er dann in die Errungenschaft, so dass der andere Ehegatte nicht nach dem Maß seiner Beteiligung, sondern (regelmäßig) hälftig daran Teil hat.

Die Auswirkungen der in beiden Güterständen unterschiedlichen Behandlung des bei Beginn der Ehe bestehenden Vermögens zeigt sich besonders bei der Zuwendung nach Art. 206 ZGB/Art. 227 TMK. Diese unterscheidet sich nämlich in ihren Wirkungen sehr danach, welche Gütermassen beteiligt sind.[198]

Es gibt bei vier beteiligten Gütermassen acht verschiedene mögliche Zuwendungen. Von jedem der Ehegatten können vier verschiedene ausgehen, nämlich von jeder seiner zwei Gütermassen zwei verschiedene je nach der begünstigten Gütermasse des anderen Ehegatten.[199] Zwei der acht möglichen Zuwendungen, nämlich die unter den Errungenschaften, werden in der Praxis vernachlässigt, weil sie sich gegenseitig aufheben, soweit nicht auf einer Seite die Errungenschaft

195 Gençcan 2018, S. 770, Gençcan 2019, S. 1048 (unter Verweis auf Odendahl 2005, S. 481).

196 S. Dehm, S. 124–153.

197 Gençcan 2018, S. 644 m.w.H.; Gençcan 2019, S. 948.

198 Die türkische Literatur hat zunächst die Forderungen nach Art. 227 TMK fälschlich immer der Errungenschaft zugerechnet, Hinweise bei Şeker 2006, S. 251, Fn 538. Zur Schweiz s.a. Odendahl 2003, 654.

199 Kırmızı, S. 126; Midyat 2017, S. 117.

unter null geht.[200] Nur die Zuwendungen von Eigengut zu Eigengut beeinflussen die Beteiligungsforderung nicht und kommen vollständig dem Anspruchsteller zugute.[201]

Die Beteiligung des zuwendenden Ehegatten an der (positiven) Wertentwicklung des begünstigten Gegenstandes wird auf der Grundlage des Zuwendungsverhältnisses errechnet, welches sich aus dem Verhältnis der Zuwendung zum Wert des begünstigten Gegenstandes im Zeitpunkt der Zuwendung ergibt.

Dieses Verhältnis wird mit dem Wert des Gegenstandes bei Auseinandersetzung multipliziert. Dies ergibt den Anspruch aus der Zuwendung.[202]

Die Unterschiede in der Behandlung der Zuwendungen in den beiden Güterständen soll hier am Beispiel eines Paares diskutiert werden, bei dem der Mann 100.000 € in die Sanierung eines Hauses der Frau (ihr einziges Vermögen) investiert, welches bei Beginn der Ehe und auch noch zum Zeitpunkt der Sanierung 100.000 € wert war.

1) Zunächst soll angenommen werden, dass der Mann hier sein einziges voreheliches Vermögen investiert.

   a) Wenn dann bei Scheidung das Haus 200.000 € wert ist, erhält der Mann ohne zwischenzeitliche Inflation nach deutschem Recht 50.000 €, bei einer Inflation von 20 % nur 40.000 €. Der Zugewinn des Mannes ist – mit oder ohne Inflation – negativ.

   Hier stellt sich das Problem der Unbilligkeit.
   Nach Art. 206 ZGB/227 TMK würde er demgegenüber 100.000 € erhalten.

   b) Wäre das Haus bei der Scheidung 300.000 € wert, erhielte der Mann nach deutschem Recht ohne Inflation bei der Scheidung 100.000 €, bei 20 % Inflation 90.000 €. Unbillig wäre das wohl eher nicht.

   Nach Art 227 TMK würde er 150.000 € erhalten, weil seine Zuwendung an der positiven Wertentwicklung teilnimmt, und die Rückzahlung in sein Eigengut fällt.

200 Şeker 2006, S. 262; Şıpka/Özdoğan 2017, S. 281–287; Gençcan 2018, S. 549f.; Gençcan 2019, S. 828f.; Zeytin 2017, S. 216f.; Kırmızı, S. 195f. (mit näheren Ausführungen); Midyat 2017, S. 119f.; Hausheer Rechtsvergleich, S. 236; BK-Hausheer/Aebi-Müller Rn 36 zu Art. 206 ZGB; zu pauschal Günarslan, S. 146.

201 Şeker Interpretationen, S. 352. S.a. 8. Zivilsenat, U.v. 19.2.2019, E. 2017/8450, K. 2019/1633, uyap.

202 Gençcan 2018, S. 691; Gençcan 2019, S. 965; Karamercan 2018, S. 519–525, Karamercan 2019, S. 519–526.

c) Wäre das Haus bei der Scheidung nur noch 100.000 € wert, erhielte der Mann nach deutschem Recht mit und ohne Inflation nichts. Unbillig wäre auch das möglicherweise.

Nach Art 227 TMK würde er 100.000 € erhalten, weil seine Zuwendung nicht an der negativen Wertentwicklung teilnimmt, und die Rückzahlung ins Eigengut fällt. Gegenüber dem Mann steht die Frau hier fast so schlecht da, wie wenn sie sich das Geld von der Bank geholt hätte.

2) Sodann soll angenommen werden, dass der Mann hier sein aus ehezeitlicher Erwerbstätigkeit erworbenes Vermögen investiert.

a) Wenn dann bei Scheidung das Haus 200.000 € wert ist, erhält der Mann ohne zwischenzeitliche Inflation nach deutschen Recht 50.000 €, bei einer Inflation von 20 % nur 40.000 €.

Hier stellt sich weniger das Problem der Unbilligkeit, weil die Investition aus ehelicher Erwerbstätigkeit stammt, und beim Ehemann hier kein „negativer Zugewinn" vorliegt.
Nach Art. 206 ZGB/227 TMK würde er ebenfalls 50.000 € erhalten, weil die zurückgezahlte Zuwendung in die Errungenschaft fällt.

b) Wäre das Haus bei der Scheidung 300.000 € wert, erhielte der Mann nach deutschem Recht ohne Inflation bei der Scheidung 100.000 €, bei 20 % Inflation 90.000 €.

Nach Art 206 ZGB/227 TMK würde er 75.000 € erhalten, weil seine Zuwendung an der positiven Wertentwicklung teilnimmt, und die Rückzahlung aber in die Errungenschaft fällt.

c) Wäre das Haus bei der Scheidung nur noch 100.000 € wert, erhielte der Mann nach deutschem Recht mit und ohne Inflation nichts. Unbillig wäre auch das möglicherweise.

Nach Art. 206 ZGB/227 TMK würde er 50.000 € erhalten, weil seine Zuwendung nicht an der negativen Wertentwicklung teilnimmt, aber die Rückzahlung in die Errungenschaft fällt.

Im Vergleich lässt sich zusammenfassend sagen, dass sich bei der deutschen Regelung eher Fragen der Angemessenheit und Billigkeit stellen, die aber in der Errungenschaftsbeteiligung wegen der einseitigen Beteiligung an der Wertentwicklung auch nicht ganz ausgeschlossen sind.

In der Zugewinngemeinschaft erscheint insbesondere die Rechtsprechung problematisch, die die Zuwendung auch bei krassem Missverhältnis i.d.R. nicht berücksichtigen will, wenn der zuwendende insgesamt in guten Vermögensverhältnissen lebt.[203]

In den Beispielfällen hat die Ehefrau nach deutschem Recht keinen Ausgleichsanspruch. Die Möglichkeit der Ergebniskorrektur durch Bewertung der Zuwendung des Ehemannes als Vorausempfang nach § 1380 BGB scheidet hier also aus.

Da die ehebedingte Zuwendung beginnend mit dem Zeitpunkt der Zuwendung an der Wertentwicklung des begünstigten Gegenstandes teilnimmt, ergeben sich schwierige Berechnungen für den Fall, dass es sukzessiv Zuwendungen zu verschiedenen Zeiten in den gleichen Gegenstand gab, etwa bei laufenden Zahlungen auf eine Hypothek oder bei verschiedenen Sanierungsmaßnahmen.[204] Hier gibt es Streit, ob Pauschalisierungen erlaubt sind.[205]

Man könnte die Regelung der Art. 206/227 als zentralen Punkt des Güterstands bezeichnen, weil hier der größte Aufwand betrieben wird, um das Ziel der Zuordnung der konjunkturellen Wertentwicklung zu den Gütermassen zu verwirklichen. Gleichzeitig wird die „Entsolidarisierung" aber leicht überzogen, weil der verwendende Ehegatte mindestens seine Zuwendung (im Nominalbetrag) zurückerhält. In der Bewertung sollte man aber nicht übersehen, dass letzteres nur erheblich wird, soweit Eigengut beteiligt ist.

IV. Die Erträge des Eigenguts als Errungenschaft

Die gesetzliche Regelung weist die Erträge des Eigenguts der Errungenschaft zu. Dies ist systematisch ein Problem, weil diese Erträge überwiegend nicht auf der Erwerbstätigkeit des Eigentümer-Ehegatten beruhen. Andererseits werden die Erträge als Gegenleistung für die Zurverfügungstellung der Eigenguts erzielt, könnten also auch als entgeltlicher Erwerb gewertet werden.

Die Diskussion hierüber hört nicht auf. Gençcan bildet einen Fall, in dem die Ehefrau die Miete ihres ererbten Hauses spart. Ihr Mann stirbt kinderlos. Die Schwiegereltern sind Miterben und erhalten einen Teil der ersparten Miete.[206]

In der Billigkeitswertung wäre es nach Meinung des Verfassers andererseits schwer vorstellbar, dass ein Ehegatte beispielsweise kleine, mühsam vom

203 Vgl. Bergschneider-Röfer, S. 528, Rn 5.528; Herr S. 60 Rn 233; Hoppenz S. 62f.; Dauner-Lieb Ehegatteninnengesellschaft S. 363, 364f.; Wever S. 1291.

204 Berechnungsbeispiele bei Zeytin 2017, S. 206, Karamercan 2018, S. 529–532, Karamercan 2019, S. 528–531.

205 Şıpka/Özdoğan 2017, S. 275, 279; Midyat 2017, S. 91–99.

206 Gençcan 2018, S. 229f., Gençcan 2019, S. 345f.

Erwerbseinkommen ersparte Beträge teilen muss, während der andere große Zinserträge für sich behalten kann, die er in der Ehe aus seinem vorehelichen Vermögen erzielt hat.

In der Türkei gab es vor diesem Hintergrund einige Kritik an der Regelung,[207] auch Zweifel an der Verfassungsmäßigkeit.

Auch im Gesetzgebungsverfahren war dieser Aspekt schon kontrovers diskutiert worden.[208]

Im Dezember 2016 hat das türkische Verfassungsgericht auf Vorlage die Streitfrage (gegen zwei Minderheitsvoten) entschieden,[209] nämlich dahingehend, dass keine Verletzung des Grundrechts auf Eigentum vorliege.

In dem Minderheitsvotum von Kaleli wurde damit argumentiert, dass ausgeschüttete Gewinne eines Eigengutunternehmens in die Errungenschaft fallen, nicht ausgeschüttete aber nicht. Dies sei ein Widerspruch. Der aufgezeigte Widerspruch besteht nicht, ausgeschüttete wie nicht ausgeschüttete Gewinne gehören zur Errungenschaft.[210] Dies führt allerdings zu Diskussionen über die Einordnung von Kapitalerhöhungen und ggf. zu komplizierten betriebswirtschaftlichen Prüfungen der Unternehmensentwicklung zwecks Ermittlung der nicht ausgeschütteten Gewinne.[211] Auch hier kann natürlich die steuerliche Behandlung herangezogen werden, soweit noch Unterlagen vorhanden sind.

Erträge des Eigenguts sind die Nettoerträge.[212]

---

207 Z.B. Uzun, S. 102; Acabey 2002, S. 17; Şeker Interpretationen, S. 351; Giambrone, S. 303.

208 Şeker 2006, S. 210 m.w.H. Kritik d. Abg. Ayfer Yılmaz für die Doğru Yol Partisi (DYP), Sitzung v. 31.10.2001, https://www.tbmm.gov.tr/tutanak/donem21/yil4/bas/b014m.htm. Siehe dazu auch Dauner-Lieb Errungenschaftsgemeinschaft S. 59.

209 U.v. 14.12.2016, E. 2016/36, K. 2016/187, r.g. Nr. 29947 v. 13.1.2017.

210 Z.B. 8. Zivilsenat, U.v. 29.6.2010, E. 2010/1190, K. 2010/3580, zit.n. Kırmızı 2012, S. 590–596; U.v. 11.12.2012, E. 2012/9032, K. 2012/12145, zit.n. Karamercan 2018, S. 789f., Karamercan 2019, S. 793f.; U.v. 14.3.2013, E. 2012/5212, K. 2013/3549, kazancı, s.a. Şıpka/Özdoğan 2017, S. 151f.; U.v. 24.1.2017, E. 2015/4136, K. 2017/685, uyap, s.a. Şıpka/Özdoğan 2017, S. 340f., Karamercan 2018, S. 839, Karamercan 2019, S. 843; U.v. 25.4.2017, E. 2015/16775, K. 2017/6143, legal, s.a. Karamercan 2018, S. 840f., Karamercan 2019, S. 844f., Gençcan 2019, S. 312f. Anders zuvor der 2. Zivilsenat: U.v. 27.1.2009, K. 2009/1885, zit.n. Anıl/Taner, S. 103.

211 S. z.B. Mordasini/Sutter-Somm, S. 292f.; Karamercan 2018, S. 746–806, Karamercan 2019, S. 747–854; Çelebi, S. 438–440; U.v. 10.10.2016, E. 2016/15695, K. 2016/13500, legal, uyap, kazancı, s.a. Kırmızı, S. 481f.; U.v. 12.12.2018, E. 2016/12000, K. 2018/20049, uyap.

212 Öztan 2015, S. 445; Sarı S. 163f.; Kırmızı, S. 140.

Angesichts der in der Türkei teilweise sehr hohen Inflation ergeben sich Fragen aus dem aus der Schweiz herrührenden Nominalprinzip. Der hohen Inflation entspricht häufig auch ein hohes Zinsniveau. Hierzu wird teilweise die Auffassung vertreten, dass nur der den Kaufkraftverlust übersteigende Zins als Ertrag zählt.[213]

213 Acabey 2007, S. 509; Gençcan 2018, S. 232; Gençcan 2019, 347f.; Kılıçoğlu 2016, S. 129; Zeytin 2017, S. 142; Acar, S. 61.

C. Die Alternative: Gütertrennung mit Aufteilung

Die vorbereitende Kommission[214] hatte als gesetzlichen Güterstand den Güterstand der „Gütertrennung mit Aufteilung“[215] vorgeschlagen. Dieser wurde aber schließlich nur Wahlgüterstand (Art. 244–255 TMK).

Auch hier besteht während des Güterstandes Gütertrennung (Art. 244 TMK).

Bei Ende des Güterstandes werden in beschränktem Umfang einzelne Vermögensgegenstände der Ehegatten zum Gegenstand der Auseinandersetzung (Art. 250–255 TMK). Dabei handelt es sich zunächst um Gegenstände zur gemeinsamen Nutzung der Eheleute (Art. 250 TMK).[216]

Kern der Regelungen des Güterstandes ist aber, dass die Ersparnisse, die zur Absicherung der Zukunft der Familie erworbenen Werte auseinandergesetzt werden –mit den Gegenständen, die zur Substitution dessen erworben wurden.[217] Das Hauptziel des Güterstandes ist damit der Ausgleich des Vorsorgevermögens. Damit wäre dann bezüglich der Kapitalzahlungen als Rentenersatz sogar eine großzügigere Regelung vorgesehen als nach Art. 228 im gesetzlichen Güterstand.

Akıntürk[218] gibt die folgenden Beispiele für Gegenstände des Vorsorgevermögens: Vermietungsobjekte wie Wohnungen, Ferienhäuser und Geschäftslokale, Aktien, Gold, Devisen, Baugrundstücke, Antiquitäten und Kunstgegenstände.

Bei Özuğur[219] werden folgende Beispiele genannt: Aktien, Staatsanleihen, Grundstücke, Genossenschaftsanteile, Anteile an Investmentfonds.

Nach der amtlichen Begründung soll das Betriebsvermögen eines Ehegatten nicht unter Art. 250 TMK fallen.[220]

---

214 Der Regierungsentwurf wurde am 30.12.1999 dem Parlament vorgelegt. Die vorbereitende Kommission war am 14.1.1994 einberufen worden. Ihren Vorsitz hatte bis zum 7.9.1996 Professor Kılıçoğlu, danach Professor Akıntürk. Mitglieder der Kommission waren zunächst drei Vertreter des Justizministeriums, fünf Professoren, bzw. Dozenten, vier Anwälte und sechs Richter. Sie wurde später noch erheblich erweitert (Quelle: Auskunft eines früheren Mitarbeiters im Ministerium).

215 Rumpf/Odendahl: „Gütertrennung mit Aufteilgut“ (S. 83), Demirel: „Gütertrennung mit Aufteilungsgut“ (S. 92).

216 Gençcan 2018, S. 1251; Gençcan 2019, S. 1655.

217 Gençcan 2018, S. 1251f.; Gençcan 2019, S. 1656.

218 Akıntürk, S. 185.

219 Özuğur, S. 179.

220 Zit.n. Uluç, S. 1590, hierauf nimmt Bezug Özuğur, S. 180; siehe aber Saltaş-Özcan, S. 49.

Bei der Auseinandersetzung ist die Realteilung die Regel (Art. 253 TMK).[221] Dabei ist auf die wirtschaftlichen Erfordernisse von Betriebseinheiten Rücksicht zu nehmen.

Verbindlichkeiten aus Anschaffung werden berücksichtigt Art. 253 Abs. 1 S. 3 TMK.[222]

Damit ergeben sich Probleme, wenn dem Vorsorgevermögen andere Schulden gegenüberstehen.

Beim Eigengut wird eine Surrogation berücksichtigt,[223] es gibt keinen Ausgleich unter den Gütermassen wie im gesetzlichen Güterstand nach Art. 230 TMK.[224]

Nach Art. 251 TMK wird der Wert illoyaler Verfügungen hinzugerechnet.

Der Ausgleich einer ehebedingten Zuwendung ist vorgesehen in Art. 249 TMK.

Hier wurde noch weiter der Begriff des Entwurfs für den Anspruch aus ehebedingter Zuwendung verwendet – nämlich „Anspruch aufgrund Beitrags" (katkıdan doğan hak), während im gesetzlichen Güterstand der Begriff ersetzt wurde durch (wörtlich) „Mehrwertanteil" (değer artış payı).[225]

Der Anspruch wird allerdings nur nach Billigkeitsgesichtspunkten zugesprochen[226] – im Unterschied zu Art 227 TMK.

Eine besondere Regelung sieht Art. 254 TMK für die Zuweisung der Ehewohnung und des Hausrats vor. Diese wurde leider nicht in den gesetzlichen Güterstand übernommen. Auch bei Scheidung kann in diesem Wahlgüterstand eine Zuweisung erfolgen. Wenn die Ehegatten sich nicht einigen, entscheidet das Gericht von Amts wegen. Nach Abs. 4 erfolgt ggf. auch von Amts wegen ein Eingriff ins Mietverhältnis (mit Sicherungen für den Vermieter).[227]

Sofern an der Ehewohnung Eigentum besteht, soll in der Regel Eigentum zugewiesen werden, nur ausnahmsweise ein Nutzungsrecht.[228]

Wie im gesetzlichen Güterstand ist eine Minderung oder ein Ausschluss des Ausgleichs nach Scheidung wegen Ehebruchs oder Angriffs auf das Leben vorgesehen (Art. 252 TMK).[229] Diese Änderung des Entwurfs erfolgte ebenfalls während der Parlamentsberatungen.[230]

---

221 Kılıçoğlu Yılmaz, S. 11.
222 Kılıçoğlu Yılmaz, S. 11.
223 Akıntürk, S. 185, Zweifel bei Kılıçoğlu 2014 S. 293.
224 Sonuzoğlu, S. 78.
225 Gençcan 2018, S. 1247f.; Gençcan 2019, 1651f.
226 Kılıçoğlu Yılmaz, S. 6.
227 Kılıçoğlu Yılmaz, S. 12f.; Öztan 2015, S. 562–565; Uluç, S. 1592f.
228 Gençcan 2018, S. 1258f., Gençcan 2019, S. 1661.
229 Gençcan 2018, S. 1255f., Gençcan 2019, 1658f.
230 Uluç, S. 1591f.

Während zahlreiche Autoren diesen Güterstand als eine eigens auf die türkischen Lebensverhältnisse konzipierte Regelung bezeichnen, betonen andere die Ähnlichkeiten mit dem gesetzlichen Güterstand des österreichischen Rechts.[231]

In der Praxis scheint es wenige Fälle von entsprechenden Vereinbarungen zu geben.[232] Dementsprechend ist die Beschäftigung der Literatur mit diesem Wahlgüterstand marginal:

Mortaş[233] sieht große Ähnlichkeiten zwischen dem gesetzlichen Güterstand und dem Wahlgüterstand der Gütertrennung mit Aufteilung.

Gençcan kritisiert die Gütertrennung mit Aufteilung wegen des beschränkten Ausgleichs als einen „hinkenden" (topal) Güterstand.[234]

Auch Uzun[235] hebt die Beschränkung der einbezogenen Güter kritisch hervor.

Kılıçoğlu[236] kritisiert die Definition der auseinanderzusetzenden Güter als zu unbestimmt.

Bei den Beratungen sei das entscheidende Argument für diesen Güterstand gewesen, dass es zu schwierig sei, das gesamte Vermögen der Eheleute auseinanderzusetzen.

Ausführlich setzt sich Acar[237] mit den Schwierigkeiten der Abgrenzung der aufzuteilenden Güter auseinander.

231 Şeker 2006, S. 112 Fn 194. Dort findet sich auf S. 176 ein Vergleich bestimmter Regelungen der Errungenschaftsbeteiligung mit dem österreichischen Recht. Auf die Unterscheide der Gütertrennung mit Aufteilung zum österreichischen Regelgüterstand weist Başpınar hin (S. 90 m.w.H.). Zevkliler (S. 103) und Şıpka(Şıpka 2006, S. 8 m.w.H.) heben die Ähnlichkeiten mit der österreichischen Regelung hervor ebenso wie Hausheer (Hausheer Revolution S. 219, türkisch: Hausheer/Öztan S. 214). Akıntürk/Ateş, (S. 182 Fn 26) stellen die Gütertrennung mit Aufteilung als eine einzigartige, originär türkische und auf die Bedürfnisse des Landes zugeschnittene Konzeption dar. Diese Darstellung wird oft übernommen (z.B. Sonsuzoğlu, S. 66, Acar, S. 398, Gümüş 2008, S. 428, ähnlich Akçin 2016, S. 187). Auch Demirel teilt sie, obwohl er die ähnlichen Elemente in seinen rechtsvergleichenden Ausführungen darstellt (S. 95–105). Auf den Bezug zum österreichischen Recht weist auch Uzun hin (S. 7).

232 Gümüş geht nicht davon aus, dass der Güterstand praktische Bedeutung gewinnt (Gümüş 2008, S. 428). Überhaupt weisen zahlreiche Autoren darauf hin, dass Güterrechtsverträge die extreme Ausnahme darstellen (z.B. Öztan 2008, S. 59). S.a. Gençcan 2019, S. 132–134.

233 Mortaş, S. 318.

234 Gençcan 2018, S. 1243, Gençcan 2019, S. 1647.

235 Uzun, S. 103.

236 Kılıçoğlu 2014, S. 292.

237 Acar, S. 404–410.

D. Gesetzliche Unterschiede der Ausgestaltung in ZGB und TMK

I. Sprachliche Besonderheiten der Übernahme

Zur Übernahme des schweizerischen Zivilrechts im Jahre 1926 schreibt Hirsch:

> *„Das schweizerische Zivilgesetzbuch ist in den drei Landessprachen verfaßt, die alle als amtlicher Text gelten. Diese Dreisprachigkeit ist, wie ein Blick auf das schweizerische Schrifttum und die schweizerische Rechtsprechung zeigt, niemals als Nachteil und stets als Vorteil betrachtet worden, weil sich die drei Texte gegenseitig derart ergänzen, daß Unklarheiten des einen Textes mit Hilfe der beiden anderen geklärt werden können.*
> *Eine wörtliche Übernahme der drei Texte oder eines von ihnen kam nicht in Frage, da ein türkisches Gesetz in türkischer Sprache abgefaßt sein muß. Man stand also vor der Notwendigkeit, eine Übersetzung zu erstellen. Von welchem Originaltext sollte man übersetzen, vom deutschen, vom französischen oder vom italienischen? Aus Zweckmäßigkeitsgründen, oder, besser gesagt, aus der Not der Stunde heraus legte man den französischen Text zugrunde, weil die Kenntnis der französischen Sprache bei den türkischen Juristen weit stärker verbreitet war als die Kenntnis des Deutschen oder Italienischen. Da nun der französische Text zum Teil erheblich vom deutschen Text abweicht, liegt hier bereits der Umstand, welcher für die rechtliche Verschiedenheit zwischen schweizerischem Original und türkischer Übersetzung bedeutsam ist.“*[238]

Wie im Folgenden gezeigt werden soll, lassen sich diese Ausführungen fast eins zu eins auf das neue TMK von 2001 übertragen, ebenso wie diese:

> *„Schwierigkeiten für das Verständnis und die Anwendung der Vorschriften bereite aber auch der Umstand, daß sich in den türkischen Text eine größere Anzahl von Übersetzungsfehlern eingeschlichen hat.“*[239]

Hirsch verweist dann auf sein in Türkisch erschienenes Werk „Methode der Rechtspraxis“ und fordert eine Korrektur von Übersetzungsfehlern durch die Gerichte,[240] wie dies in der Türkei bis heute durchgehend akzeptiert ist.

1. „Errungenschaft“ oder „erworbene Güter“

Im schweizerischen ZGB sind Errungenschaft und Eigengut je eine abstrakt definierte Gütermasse. Das kommt schon dadurch zum Ausdruck, dass sie zwar

---

238 Hirsch, S. 37, s. dazu Bandak S. 86.
239 Hirsch, S. 39.
240 Hirsch, S. 40.

tendenziell mehrere Vermögenspositionen umfassen, aber als Begriffe bei jedem Ehegatten in der deutschen Fassung in der Einzahl auftauchen. Damit wird es zur Eigenschaft des einzelnen Vermögenswertes „Errungenschaft“ oder „Eigengut“ zu sein, so heißt es in der gesetzlichen Definition:

> *„Errungenschaft sind die Vermögenswerte, die ein Ehegatte während der Dauer des Güterstandes entgeltlich erwirbt.*
> *Die Errungenschaft eines Ehegatten umfasst insbesondere:.“*

Diese Übersetzung der türkischen Fassung in Bergmann/Ferid/Henrich[241] orientiert sich an dieser deutsch-schweizerischen Fassung, weil der türkische Gesetzgeber den schweizerischen Güterstand übernehmen wollte.

Die türkische Fassung benutzt allerdings für die Einzahl „Errungenschaft“ meist die Mehrzahl-Formulierung „die erworbenen Güter“. Allerdings taucht dann in Art. 219 Abs. 1 TMK wieder die Einzahl auf:

> *„Erworbenes Gut sind die .... Vermögenswerte“*

und in Art. 220 TMK:

> *„Die unten aufgezählten sind persönliches Gut“.*

Weniger deutlich wird im schweizerischen Text die Einheitlichkeit der Gütermasse in der französischen und italienischen Fassung durch die verwendete Mehrzahl („les acquêts“, „gli acquisti“).

Die deutsche Fassung mit ihrer Einzahl bringt sowohl die Einheitlichkeit der Vermögensmasse als auch das im Charakter liegende verbindende Element zum Ausdruck.

Die französische Fassung bringt den Charakter gleich gut zum Ausdruck, lässt aber die Einheitlichkeit durch die verwendete Mehrzahlform eher in den Hintergrund treten. Die türkische Fassung nimmt die Mehrzahl auf und lenkt mit dem Begriff „Güter“ den Blick eher auf die Bedeutung des einzelnen Guts als Teil der Auseinandersetzung.

Nur die deutsche Fassung bringt also die Einheitlichkeit der Errungenschaft unzweifelhaft zum Ausdruck. Die Übersetzung anhand der französischen Fassung öffnet den Weg zu einer Auslegung, die -was unten zu zeigen sein wird – Systematik und gesetzgeberischen Intention nicht entspricht.

---

241 Rumpf/Odendahl, S. 79.

2. „Vermögensmasse" oder „Gütergruppe"

Die Errungenschaft wird im schweizerischen Gesetzestext (ebenso wie das Eigengut) als „Vermögensmasse" (französisch „masse", italienisch „massa") bezeichnet:

> *„Art. 209 Abs. 2: Eine Schuld belastet die Vermögensmasse, mit welcher sie sachlich zusammenhängt, im Zweifel aber die Errungenschaft."*

Die entsprechende türkische Fassung in Art. 230 Abs. 2 lautet:

> *„Her borç, ilişkin bulunduğu mal kesimini yükümlülük altına sokar. Hangi kesime ait olduğu anlaşılamayan borç, edinilmiş mallara ilişkin sayılır."*

Bei Bergmann/Ferid/Henrich wurde dies nach schweizerischem Vorbild wie folgt übersetzt:

> *„Art 230*
> *Eine Schuld belastet die Vermögensmasse, mit welcher sie sachlich zusammenhängt. Ist die Zuordnung zu einem Vermögensteil nicht möglich, gilt die Errungenschaft als belastet."*[242]

Wörtlich könnte man übersetzen:

> *Jede Schuld verpflichtet den Vermögensabschnitt, zu dem sie in Beziehung steht. Kann die Zugehörigkeit zu einem Abschnitt nicht festgestellt werden, wird eine Beziehung zu den erworbenen Gütern angenommen.*

Im türkischen Gesetzestext ist aus „Vermögensmasse" ein „Vermögensabschnitt" (mal kesimi) geworden, obwohl es im Türkischen einen Begriff für „Masse" gibt (kütle).

Der im Gesetz verwendete Begriff „kesim" (Abschnitt) ist aber in der Rechtsprechung kaum zu finden.[243]

Stattdessen wird dort der Begriff der Gütergruppe verwendet.[244]

---

242 Rumpf/Odendahl, S. 81.

243 Z.B. aber: U.v. 10.5.2016, E. 2016/4798, K. 2016/8618, legal, uyap; U.v. 9.5.2016, 2014/24132, K. 2016/8525, legal, kazancı, uyap (malvarlığı kesimi); U.v. 16.3.2016, E. 2014/21623, K. 2016/4774, legal, uyap, s.a. Gençcan 2018 S. 1139–1141, Gençcan 2019, S. 148ff.; U.v. 20.06.2013, E. 2013/10529, K. 2013/9598, legal, kazancı.

244 Z.B.: U.v. 25.04.2017, E. 2017/10235, K. 2017/6142, uyap; U.v. 5.12.2016, E. 2015/7896, K. 2016/16465, uyap; U.v. 29.11.2016, E. 2015/7419, K. 2016/16283, legal, uyap; U.v. 30.05.2016, E. 2015/2161, K. 2016/9456, legal, uyap; U.v. 24.05.2016, E. 2015/2052, K. 2016/9060, legal, uyap; U.v. 10.05.2016, E. 2015/1792, K. 2016/8616, legal, uyap; U.v. 19.04.2016, E. 2015/1569, K. 2016/7206, legal, kazancı; U.v. 13.04.2016, E. 2016/5647, K. 2016/6710, legal, kazancı, uyap; U.v. 30.03.2016, E. 2014/22868, K. 2016/5807, legal, kazancı, uyap; U.v. 29.03.2016, E. 2014/22162, K. 2016/5741, legal, kazancı, uyap;

Dieser ist auch in der Literatur verbreitet.[245] Er öffnet stärker den Blick auf die einzelnen Bestandteile als der Begriff der „Masse“.

3. Art. 221 Abs. 1: Modifikationsmöglichen beim Betriebsvermögen

Nach der amtlichen Begründung[246] soll Art. 221 TMK dem schweizerischen Art. 199 ZGB entsprechen. Dieser lautet in Abs. 1:

> *„Die Ehegatten können durch Ehevertrag Vermögenswerte der Errungenschaft, die* ***für*** *die Ausübung eines Berufes oder den Betrieb eines Gewerbes* ***bestimmt*** *sind, zu Eigengut erklären.“*[247]

U.v. 25.02.2016, E. 2015/21752, K. 2016/3258, legal, kazancı, uyap; U.v. 27.01.2016, E. 2014/20314, K. 2016/1364, legal, kazancı, uyap; U.v. 26.01.2016, E. 2015/9379, K. 2016/1291, legal, kazancı, uyap, s.a. Karamercan 2019, S. 145, Gençcan 2018 S. 1141, Gençcan 2019, S. 1490; U.v. 20.01.2016, E. 2014/19339, K. 2016/608, legal, kazancı, uyap, s.a. Şıpka/Özdoğan 2017 S. 121f.; U.v. 21.12.2015, E. 2014/14942, K. 2015/22887, legal, uyap; U.v. 30.11.2015, E. 2015/16958, K. 2015/21471, legal, uyap, s.a. Şıpka/Özdoğan 2017, S. 115f.; U.v. 1.4.2015, E. 2013/22773, K. 2015/7351, legal; U.v. 20.03.2015, E. 2013/23955, K. 2015/6541, legal, s.a. Karamercan 2018, S. 69f., Karamercan 2019, S. 72f.; U.v. 27.06.2014, E. 2013/7361, K. 2014/13668, legal, kazancı, s.a. Şıpka/Özdoğan 2017, S. 164; U.v. 26.05.2014, E. 2013/11906, K. 2014/10573, legal, kazancı, uyap; U.v. 8.5.2014, E. 2013/9125, K. 2014/8996, kazancı; U.v. 20.3.2014, E. 2014/1952, K. 2014/4774, kazancı, s.a. Şıpka/Özdoğan 2017, S. 46f.; U.v. 20.03.2014, E. 2013/4834, E. 2014/4775, legal,uyap; U.v. 25.02.2014, E.: 2013/21041, K. 2014/3273, legal, kazancı, uyap; U.v. 20.02.2014, E. 2013/8308, K. 2014/2770, legal, kazancı, uyap; U.v. 10.7.2013, E. 2013/819, K. 2013/10821, kazancı, s.a. Şıpka/Özdoğan 2015, S. 279, Mortas 293f., Karamercan 2018, S. 720f.; Karamercan 2019, S. 717; U.v. 13.6.2013, E. 2013/69, K. 2013/9166, kazancı, s.a. Şıpka/Özdoğan 2017, S. 415f.; U.v. 23.5.2013, E. 2012/11340, K. 2013/7775, kazancı; U.v. 10.5.2012, E. 2012/2920, K. 2012/4048, kazancı, s.a. Şıpka/Özdoğan 2017, S. 450; U.v. 22.9.2011, E. 2011/47, K. 2011/4544, kazancı, s.a. Şıpka/Özdoğan 2017, S. 638; U.v. 26.05.2011, E. 2010/6579, K. 2011/3097, legal; U.v. 17.06.2010, E. 2010/1598, K. 2010/3337, legal.

245 Gençcan 2018, S. 191–197; Gençcan 2019, S. 295; Zeytin 2017 z.B. S. 109, 114; Acabey 2007 passim.

246 Zit.n. Başöz/Çakmacı, S. 186.

247 Französisch: Par contrat de mariage, les époux peuvent convenir que des biens d'acquêts affectés à l'exercice d'une profession ou à l'exploitation d'une entreprise font partie des biens propres. (https://www.admin.ch/opc/fr/classified-compilation/19070042/index.html – 20.4.2018), Italienisch: Per convenzione matrimoniale, i coniugi possono dichiarare beni propri acquisti destinati all'esercizio di una professione od impresa (https://www.admin.ch/opc/it/classified-compilation/19070042/201801010000/210.pdf -20.4.2018).

Art. 221 Abs. 1 TMK lautet aber leider:

> *„Eşler, mal rejimi sözleşmesiyle, bir mesleğin icrası veya işletmenin faaliyeti sebebiyle doğan edinilmiş mallara dahil olması gereken malvarlığı değerlerinin kişisel mal sayılacağını kabul edebilirler.“*

In Bergmann/Ferid/Henrich wurde übersetzt:

> *„Die Ehegatten können durch Güterrechtsvertrag Vermögenswerte, die* ***aus*** *der Ausübung eines Berufes oder der Führung eines Gewerbebetriebes* ***entstanden*** *sind und die eigentlich zur Errungenschaft gehören, zu Eigengut erklären.“*[248]

Wörtlich könnte man auch übersetzen:

> *Die Ehegatten können durch Güterrechtsvertrag Vermögenswerte, die* ***aus dem Grund*** *der Ausübung eines Berufes oder der Führung eines Gewerbebetriebes* ***entstanden*** *sind und die eigentlich zur Errungenschaft gehören, zu Eigengut erklären.*

Der Sinn der beiden Formulierungen im schweizerischen und türkischen Text ist fast entgegengesetzt.

In der Literatur wird die Formulierung des TMK durchgängig als Redaktions- oder Übersetzungsfehler gesehen.[249] Dieser wäre dann durch Auslegung zu korrigieren.

Zeytin verweist auf die zweckgleiche Regelung in Art. 259 (zur Gütertrennung mit Aufteilung), die eindeutig formuliert ist.[250]

Aldemir[251] plädiert dafür, die Vorschrift nach ihrem Wortlaut anzuwenden, auch um die Erlöse aus einem Errungenschaftbetrieb zu Eigengut erklären zu können. Dies wäre auch nach der schweizerischen Originalfassung möglich – allerdings nur zusammen mit dem Betrieb selbst in Kombination der Absätze 1 und 2.

Schließlich spricht die amtliche Begründung[252] trotz des Verweises auf Art. 199 ZGB von den „Betriebserlösen“. Der schweizerische Text ist also komplett falsch verstanden worden.

Daher bereitet die Regelung Schwierigkeiten. Die amtliche Begründung spricht also einerseits davon, dass die Betriebserlöse gemeint seien, verweist aber ohne weiteres auch auf das schweizerische Vorbild. In der schweizerischen

---

248 Rumpf/Odendahl, S. 80, Hervorhebung vom Verfasser.

249 Z.B. Şıpka/Özdoğan 2017, S. 148f.; Mortaş, S. 83; Kayış, S. 9 Fn 66; Kırmızı S. 154; Acabey 2007, S. 525; Karaca, S. 10; ähnlich Akçin 2016, S. 288.

250 Zeytin 2017, S. 57 Fn 79, 170.

251 Aldemir, S. 55.

252 Zit.n. Başöz/Çakmacı, S. 186.

Vorschrift ergänzen sich Abs. I und II der Vorschrift sinnvoll. Abs. I umfasst hier den realen Bestand des Betriebsvermögens, die Betriebsmittel bestehender oder zukünftiger Betriebe und alle anderen Arbeitsmittel.[253]

Rechtsprechung hierzu scheint es nicht zu geben. Dies wäre auch unwahrscheinlich.

Eine forensische Befassung setzt ja zu allererst voraus, dass es jemand gewagt hätte, einen Güterrechtsvertrag entsprechend der Literaturmeinung zu formulieren, bzw. einen Notar zu finden, der dies beurkundet.

In ihrer jetzigen Formulierung wäre trotzdem denkbar, dass die Bestimmung eine begrenzte praktische Bedeutung gewinnt.

Nach der Formulierung des ZGB kann nach Abs. 1 ein Betrieb aus der Errungenschaft zu Eigengut erklärt werden und nach Abs. 2 können in der Folge dann die Erlöse ebenfalls zu Eigengut erklärt werden.

Nach dem TMK ist der erste Schritt problematisch. Immerhin könnten aber wohl nach Abs. 1 die Erlöse aus dem Errungenschaftsbetrieb zu Eigengut erklärt werden. Hierfür stellt aber wiederum die Auffassung der Literatur dann eine Gefahr da. Und es wird sich wohl kaum ein türkischer Notar finden, der einen Vertrag alternativ nach beiden Auffassungen formuliert. Dies könnte interessant sein in Fällen, in denen über Abs. 1 nach schweizerischer Lesart der Charakter eines Betriebs vorsichtshalber als zum Eigengut gehörig erklärt werden soll.

4. Kapitalzahlungen als Rentenersatz

Zum Eigengut werden gezählt Beträge aus Kapitalabfindungen von Versorgungseinrichtungen oder Zahlungen für den Verlust der Erwerbsfähigkeit mit dem Teil, der anteilig der erwarteten Lebenszeit nach Beendigung der Ehe zuzurechnen ist (Art 207 Abs. 2 ZGB, Art. 228 Abs. 2 TMK).

In Art. 207 Abs. 2 ZGB ist dies wie folgt formuliert:

> *„Die Kapitalleistung, die ein Ehegatte von einer Vorsorgeeinrichtung oder wegen Arbeitsunfähigkeit erhalten hat, wird im Betrag des Kapitalwertes der Rente, die dem Ehegatten bei Auflösung des Güterstandes zustünde, dem Eigengut zugerechnet.“*[254]

---

253 Odendahl 2003, S. 654; Odendahl 2005, S. 486.

254 Französisch: Le capital versé à un époux par une institution de prévoyance ou à raison de la perte de sa capacité de travail est compté dans les biens propres à concurrence de la valeur capitalisée de la rente qui eût appartenu à cet époux à la dissolution du régime. https://www.admin.ch/opc/fr/classified-compilation/19070042/index.html (20.4.2018) Italienisch: Il capitale ricevuto da un coniuge da un'istituzione di previdenza o per impedimento al lavoro è ascritto ai beni propri fino a concorrenza del valore capitalizzato della rendita che gli sarebbe spettata allo scioglimento del regime dei beni.

Abfindungen, die an die Stelle von Rentenzahlungen treten, werden nach Art. 197 Abs. 2 Ziff. 2 ZGB (Art. 219 Abs. 2 Ziff. 2 TMK) zur Errungenschaft gerechnet- unabhängig davon, wann, d.h. auch mit Mitteln aus welcher Gütermasse, das entsprechende Recht erworben wurde. Der Grundsatz der güterrechtlichen Surrogation wir hier zugunsten der Errungenschaft durchbrochen.[255]

Zweck des Art. 207 Abs. 2 ZGB ist nun, dort wiederum denjenigen Teil herauszunehmen, der rechnerisch für den Lebensunterhalt nach Scheidung bestimmt ist. Damit wird in gewisser Weise ausgeglichen, dass bei der Hinzurechnung zur Errungenschaft die Herkunft der Mittel nicht beachtet wird.

Dass hier aber nur Rentenersatzleistungen gemeint sind, formulieren Hausheer/Geiser/Aebi-Müller sehr klar.[256]

Näf-Hofmann beschreiben dann ausführlich, dass es nur darauf ankommt, dass ein Anspruch auf Rente die Grundlage des Anspruchs bildet. Soweit zum Beispiel im Streit über die Rente ein Abfindungsvergleich geschlossen wurde, ist die Höhe dieser Rente niemals ausdrücklich Thema geworden. Sie sprechen von einer „unbekannten Rente“.[257]

Damit wird ausdrücklich ein Teil des Vorsorgekapitals dem Ausgleich entzogen.[258]

Die Beschränkung auf echte Rentenersatzleistungen kommt im schweizerischen Gesetzestext nur in dem Wort „zustünde“ zum Ausdruck. Die Fiktion bezieht sich danach auf die Ursprungsrente, die tatsächlich oder gedanklich der Kapitalleistung zugrunde liegt.

---

https://www.admin.ch/opc/it/classified-compilation/19070042/201801010000/210.pdf -20.4.2018).

255 Hausheer/Geiser/Aebi-Müller, S. 243 Rn. 12.15.

256 Hausheer/Geiser/Aebi-Müller, S. 244 Rn. 12.17; s.a. BK-Hausheer/Aebi-Müller Rn 17 zu Art. 207 ZGB.

257 Näf-Hofmann, S. 452 Rn 1643f.

258 Der Ausschluss des nicht (oder weniger) erwerbstätigen Ehegatten von einem (ggf. wesentlichen) Teil des Vorsorgevermögens war einer der Gründe für die Einführung des Versorgungsausgleichs in der Schweiz (Begleitbericht zum Vorentwurf, Dezember 2009, S. 10, https://www.admin.ch/ch/d/gg/pc/documents/1776/Bericht.pdf). Bis dahin war der wirtschaftlich schwächere Ehegatte auf das Unterhaltsrecht verwiesen, welches allerdings deutlich stärkere Ansprüche vorsieht als das türkische.

Nach der amtlichen Begründung soll Art. 228 TMK Art. 207 ZGB wiedergeben[259], Abs. 2 lautet:

> *„Eşlerden birine sosyal güvenlik veya sosyal yardım kurumlarınca yapılmış olan toptan ödemeler veya iş gücünün kaybı dolayısıyla ödenmiş olan tazminat, toptan ödeme veya tazminat yerine ilgili sosyal güvenlik veya sosyal yardım kurumunca uygulanan usule göre ömür boyunca irat bağlanmış olsaydı, mal rejiminin sona erdiği tarihte bundan sonraki döneme ait iradın peşin sermayeye çevrilmiş değeri ne olacak idiyse, tasfiyede o miktarda kişisel mal olarak hesaba katılır.“*

Bei Bergmann/Ferid/Henrich ist dies in Anlehnung an das schweizerische Vorbild wie folgt übersetzt:

> *„Die Kapitalleistung oder Abfindung, die ein Ehegatte von einer Einrichtung der Sozialversorgung oder -hilfe oder wegen Arbeitsunfähigkeit erhalten hat, wird im Betrag des Kapitalwertes der Rente, die dem Ehegatten bei Beendigung des Güterstandes zustünde, wenn die Kapitalleistung nach den Vorschriften der leistenden Einrichtung als Rente ausgezahlt worden wäre, dem Eigengut zugerechnet.“*[260]

Die türkische Formulierung „bağlanmış olsaydı“ ist weniger deutlich auf die Vergangenheit ausgerichtet. Es geht auch hier um eine Fiktion, aber das normative Element im Wort „zustünde“, welches einen vergangenen Rentenanspruch impliziert, fehlt hier.[261]

Die türkische Praxis bezieht diese Fiktion dann auch nicht auf eine in der Vergangenheit zu beanspruchende Rente, sondern auf eine, die aus dem Kapitalbetrag selbst errechnet wird.

Auch hier liegen aber die Lebenserwartungstabellen zugrunde.

Damit bezieht die türkische Praxis auch die nach dem Emekli-Sandığı-Gesetz[262] gezahlte „emekli ikramiyesi“, eine Bonuszahlung, in die Anwendung der

---

259 Zit.n. Başöz/Çakmacı, S. 191.

260 Rumpf/Odendahl, S. 81.

261 Anstelle des „bağlanmış olsaydı“ hätte wohl „tahakkuk ettirilmiş olsaydı“ den Sinn besser zum Ausdruck gebracht.

262 Gesetz Nr. 5434 v. 8.6.1949, Art. 13 Zif. j, 89.

Bestimmung ein, die neben die Rentenleistungen, bzw. deren Abfindungen tritt.[263] Die Auffassung wird in der Literatur geteilt.[264]

Wurde während bestehender Ehe eine Pensionsabfindung gezahlt, rechnet der 8. Senat diese nunmehr auch insoweit zum Eigengut, soweit sie durch Tätigkeit vor der Ehe (oder vor dem 1.1.2002) erwirtschaftet wurde.[265]

---

263 S. Şıpka/Özdoğan 2017, S. 103, 108–120; Gençcan 2018, S. 273–282; Gençcan 2019, S. 409–422; Kırmızı, S. 138; Akçin 2016, S. 195f.; 8. Senat, U.v. 3.4.2019, E. 2019/1480, K. 2019/3580, uyap; U.v. 18.3.2019, E. 2017/17305, K. 2019/2838, uyap u. E. 2018/9294, K. 2019/2843, uyap; U.v. 13.2.2019, E. 2018/15467, K. 2019/1405, uyap, s.a. Gençcan 2019, S. 409–411; U.v. 16.1.2019, E. 2019/71, K. 2019/467, legal, uyap, s.a. Gençcan 2019, S. 411; U.v. 2.5.2018, E. 2016/2583, K. 2018/11968, uyap; U.v. 14.3.2017, E. 2016/2116, K. 2017/3537, legal, s.a. Karamercan 2018, S. 66f., Karamercan 2019, S. 67f., Kırmızı, S. 441f.; U.v. 29.11.2016, E. 2015/7419, K. 2016/16283, legal, uyap, s.a. Karamercan 2018, S. 65f., Karamercan 2019, S. 66f.; U.v. 23.2.2016, E. 2015/13847, K. 2016/3115, legal, kazancı, uyap; U.v. 11.2.2016, E. 2016/804, K. 2016/2152, legal, kazancı, uyap, s.a. Gençcan 2019, S. 415f.; U.v. 26.1.2016, E. 2014/11341, K. 2016/1298, legal, uyap, s.a. Gençcan 2018, S. 277–279, Gençcan 2019, S. 416–419; U.v. 30.11.2015, E. 2015/16958, K. 2015/21471, legal, uyap, s.a. Özer Deniz, S. 73; U.v. 9.4.2015, E. 2015/3029, K. 2015/8128, legal, s.a. Şıpka/Özdoğan 2017, S. 103, 433, Kırmızı S. 174, 525f.; U.v. 31.10.2014, E. 2013/17773, K. 2014/19682, legal, uyap; U.v. 27.6.2014, E. 2014/11936, K. 2014/13697, legal, kazancı; U.v. 17.6.2014, E. 2013/14162, K. 2014/12725, legal, kazancı, uyap; U.v. 16.5.2014, E. 2013/9727, K. 2014/9868, legal, kazancı, uyap; U.v. 13.3.2014, E. 2014/4130, K. 2014/4227, legal, kazancı, uyap, s.a. Şıpka/Özdoğan 2017, S. 314, Mortaş 294f.; U.v. 8.10.2013, E. 2013/8608, K. 2013/14459 zit.n. Mortaş, S. 69; U.v. 10.7.2013, E. 2013/819, K. 2013/10821, kazancı, s.a. Karamercan 2018, S. 720f., Karamercan 2019, S. 717; U.v. 20.6.2013, E. 2013/780, K. 2013/9616, kazancı, Şıpka/Özdoğan 2017, S. 586f., 622; U.v. 19.2.2013, E. 2012/11114, K. 2013/1764, kazancı, s.a. Mortaş, S. 78, Kırmızı, S. 175; U.v. 15.6.2010, E. 2010/2273, K. 2010/3293, kazancı, uyap, s.a. Şıpka/Özdoğan 2017, S. 109f., Kırmızı 2012, S. 575f.; U.v. 6.10.2009, E. 2009/2871, K. 2009/4610, kazancı; U.v. 29.9.2009, E. 2009/2848, K. 2009/4318 zit.n. Gençcan 2019, S. 413f.; 2. Senat: U.v. 1.11.2006, E. 2006/6845, K. 2006/14701, zit.n. Kırmızı 2012, S. 187; U.v. 25.11.2008, E. 2007/19064, K. 2008/15870 zit.n. Kırmızı, S. 175f. Ebenfalls in die Anwendung der Bestimmung wird einbezogen das Versorgungssystem der OYAK, obwohl dies nicht über eine Sozialversorgungseinrichtung organisiert ist: U.v. 30.5.2016, E. 2015/2161, K. 2016/9456, legal, uyap, s.a. Kırmızı, S. 509; U.v. 30.3.2016, E. 2014/22868, K. 2016/5807, legal, kazancı, uyap, s.a. Karamercan 2018, S. 63, Karamercan 2019, S. 64; U.v. 12.10.2015, E. 2015/13840, K. 2015/18067, legal, uyap, s.a. Şıpka/Özdoğan 2017, S. 116f.; U.v. 4.10.2016, E. 2015/3685, K. 2016/13085, legal, uyap, s.a. Kırmızı, S. 173f.

264 Z.B. Acabey 2007, S. 523.

265 U.v. 24.12.2009, E. 2009/3542, K. 2009/6402, kazancı, s.a. Şıpka/Özdoğan 2017, S. 118, 121–123; Uluç, S. 312f. U.v. 8.10.2013, E. 2013/8608, K. 2013/14459, legal, kazancı, s.a. Şıpka/Özdoğan 2017, S. 302, 351, Mortaş, S. 79. Dies widerspricht Art. 219 Abs. 2 Zif. 2 TMK.

II. Auskunft

Der schweizerische Auskunftsanspruch aus Art. 170 ZGB[266] wurde nicht übernommen. (s. hierzu unten Abschnitt E. VII.)

III. (Kein) Ende des Güterstandes durch gerichtliche Trennung

Nach Art. 204 Abs. 2 ZGB führt nicht nur die Scheidung und Aufhebung der Ehe[267], sondern auch die gerichtliche Trennung der Ehe zur Beendigung des Güterstandes. Dies wurde in Art. 225 TMK nicht übernommen. Nach Art. 180 TM könnte der Richter nur einen vertraglichen Güterstand beenden, nicht den gesetzlichen.[268] Anderes gilt natürlich, wenn die Voraussetzungen von Art. 206 TMK zur Aufhebung des Güterstandes vorliegen. Hier ist die gerichtliche Trennung allein gerade kein Grund für die richterliche Beendigung des Güterstandes.[269]

IV. Die ehebedingte Zuwendung im TMK

1. Entstehung des Anspruchs

Der Art. 227 TMK soll nach der amtlichen Begründung[270] dem Art. 206 ZGB nachgebildet sein.

Eine bewusste Abweichung liegt darin, dass das türkische Recht es nicht vorsieht, dass schon vor Ende des Güterstandes ein Anspruch erhoben werden kann. Art. 206 Abs. 2 ZGB sieht diese Möglichkeit vor, wenn der Gegenstand, der Ziel der Zuwendung war, vor Ende des Güterstandes veräußert wird.[271]

---

266 Die Regelung findet sich bei den Ehewirkungen und lautet:
„1 *Jeder Ehegatte kann vom andern Auskunft über dessen Einkommen, Vermögen und Schulden verlangen.*
2 *Auf sein Begehren kann das Gericht den andern Ehegatten oder Dritte verpflichten, die erforderlichen Auskünfte zu erteilen und die notwendigen Urkunden vorzulegen.*“ https://www.admin.ch/opc/de/classified-compilation/19070042/201801010000/210.pdf (17.5.2018).

267 S. z.B. Uluç, S. 1290–1297.

268 2. Zivisenat: U.v. 18.4.2005, E. 2005/3039, K. 2005/6149, legal, s.a. Uluç, S. 214f.; Gençcan 2018, S. 423, Gençcan 2019, S. 581; 8. Zivilsenat: U.v. 11.102010, E. 2010/1733, K. 2010/4713, legal, s.a. Şıpka/Özdoğan 2017, S. 25f., Kırmızı S. 66; Zeytin 2017, S. 71, Anıl/Taner, S. 82; a.A. Kılıçoğlu 2016, S. 109f.; Uluç, S. 212f.; Pehlivan, S. 77.

269 Zeytin 2017, S. 71.

270 Zit.n. Başöz/Çakmacı, S. 190.

271 Öztan 2015, S. 494; Şıpka/Özdoğan 2017, S. 273; Zeytin 2017, S. 83.

2. Globalrechnung

Unbeabsichtigt dürfte dagegen die Abweichung an der Stelle sein, an der Art. 206 ZGB von begünstigten „Vermögensgegenständen" spricht, während Art. 227 TMK hier die Einzahl „ein Vermögensgegenstand" wählt.[272] Nach Şeker[273] liegt hier ein Übersetzungsfehler vor. Möglich ist aber auch, dass der türkischen Fassung der schweizerische Gesetzentwurf zugrunde liegt.[274] Nach diesem Entwurf und der türkischen Fassung wäre es möglich, dass bei der Zuwendung in einen Gegenstand ein Gewinn mitgenommen wird, während aufgrund der Wertminderung bei einem anderen begünstigten Gegenstand der Zuwendungsbetrag gefordert wird. Der schweizerische Gesetzgeber hat mit der Formulierungsänderung eine Globalrechnung durchsetzen wollen, um ein solches „Rosinenpicken" zu vermeiden. Die türkische Literatur will dies durch Auslegung erreichen.[275]

Zeytin will eine Pauschalberechnung aber nur durchführen, wenn die Zuwendung zwischen den gleichen Gütermassen erfolgte.[276]

V. Anspruchsminderung nach Scheidungsgründen

Während der parlamentarischen Erörterungen hatte die Opposition die Einbeziehung eines Elements von Berücksichtigung von ehewidrigem Verhalten durchgesetzt.[277]

Sofern die Scheidung ausdrücklich[278] auf der Basis von Ehebruch (Art. 161 TMK) oder Anschlag auf das Leben (Art. 162 TMK, erste Alternative) erfolgte,

---

272 Die Übersetzung von „bir" mit der Mehrzahl statt mit „ein" zu übersetzen, wie Kılıç dies vorschlägt, weil es wie „irgendein" zu verstehen sei (so in: Süß/Ring, S. 1412 Fn 163), löst das Problem nicht, weil aus „irgendein" immer noch keine Mehrzahl wird.

273 Şeker 2006, S. 252.

274 Odendahl 2003, 652, Odendahl 2005, S. 481. Dafür könnte sprechen, dass die Übernahme der Errungenschaftsbeteiligung -allerdings als Wahlgüterstand- schon in einem Vorentwurf von 1984 enthalten war. Im gleichen Jahr wurde die schweizerische Reform verabschiedet (Uluç, S. 155).

275 Öztan nimmt auf die schweizerische Lösung Bezug, ohne auf das Formulierungsproblem einzugehen (Öztan 2015 S. 482). Für Korrektur durch Auslegung Gençcan 2018, S. 771–773, Gençcan 2019, S. 1052–1054.

276 Zeytin 2017, S. 211.

277 Gençcan 2018, S. 1203f., Gençcan 2019, S. 1601–1604.

278 Şıpka/Özdoğan 2017, S. 461; Akçin 2016, S. 193. S. z.B. U.v. 27.9.2017, E. 2015/18037, K. 2017/11613, legal, kazancı; U.v. 13.2.2019, E. 2017/4334, K. 2019/1407, uyap; U.v. 17.1.2017, E. 2015/5939, K. 2017/367, legal, uyap, s.a. Şıpka/Özdoğan 2017, S. 464.

liegt es im Ermessen des Richters, die Beteiligungsforderung des schuldigen Ehegatten zu senken. In der Literatur wird dies als systemwidrig kritisiert.[279]

Eine analoge Anwendung wird abgelehnt, so auf Fälle der ehebedingten Zuwendung nach altem Recht.[280]

Der Ausschluss oder die Minderung bezieht sich auf die Beteiligungsforderung vor Verrechnung. Aufgrund des Verrechnungsmodus kann dies dazu führen, dass aus einem ausgleichspflichtigen Ehegatten ein ausgleichsberechtigter Ehegatte wird.

Quantitativ fällt die Anwendung der Bestimmung nicht ins Gewicht. Dies folgt schon daraus, dass nur etwa ein Promille der Scheidungen[281] nach den Art. 161 oder 162 erfolgt. Dabei umfasst Art. 162 noch zwei Alternativen, nämlich Misshandlung und Ehrkränkung, an die ja in Art. 236 Abs. 2 nicht angeknüpft wird.

VI. Besonderheiten des Ausgleichs

Die Regelung der ehebedingten Zuwendung in Art. 206 ZGB kennt die Möglichkeit der Fälligkeit vor Ende des Güterstands, wenn der Gegenstand der Zuwendung vor Ende des Güterstands veräußert wird, hier weicht Art. 227 TMK von Art. 206 ZGB ab.[282] Die amtliche Begründung geht auf den Unterschied nicht ein.[283]

Die Erfüllung der Verpflichtungen sowohl aus der Beteiligungsforderung als auch aus der ehebedingten Zuwendung kann auf Antrag des Ausgleichspflichtigen in Sachleistung erfolgen.[284] Die Sachleistung ist im Verkehrswert anzurechnen (Art. 239 Abs. 1 TMK).[285]

Diese Abweichung vom schweizerischen Vorbild ist auf Vorschlag des Rechtsausschusses des Parlaments erfolgt.[286]

---

279 Öztan 2015, S. 534; Şıpka/Özdoğan 2017, S. 461; Kırmızı, S. 207.

280 U.v. 17.1.2017, E. 2015/5939, K. 2017/367, uyap, s.a. Şıpka/Özdoğan 2017, S. 463f., Gençcan 2018, S. 1205f., Gençcan 2019, S. 1608f., Uluç, S. 1393–1395.

281 Nüfus ve Vatandaşlık İşleri Genel Müdürlüğü, TÜİK, zit.n. http://sedatergenc.blogcu.com/ulkemizdeki-bosanma-istatistikleri/12056246 (14.4.2018), Ünlütepe, S. 79; vgl. Odendahl 2000, S. 462.

282 Zeytin 2017, S. 330; Odendahl 2003, 653; Odendahl 2005, S. 491.

283 Uluç, S. 861; s.a. Başöz/Çakmacı, S. 190.

284 U.v. 14.1.2015, E. 2013/23659, K. 2015/587, legal, s.a. Şıpka/Özdoğan 2017, S. 156f., 527, Karamercan 2018, S. 804–806, Karamercan 2019, S. 808–810. Vgl. Kırımzı, S. 223f.

285 S.a. Odendahl 2003, 656; Odendahl 2005, S. 493.

286 Uluç, S. 1412.

VII. Zusammenfassung

Der türkische Gesetzgeber hat sich gegen das Votum der vorbereitenden Kommission ausdrücklich zur Übernahme des schweizerischen Modells bekannt. Dabei hat er verschiedene Änderungen vorgenommen. Nur eine davon – nämlich die Berücksichtigungsmöglichkeit bestimmter Scheidungsgründe bei der Bestimmung der Beteiligung – könnte man als eine Systemveränderung werten. Diese betrifft aber nur einen so kleinen Teil der Fälle, dass man nicht davon sprechen kann, der Gesetzgeber habe ein anderes System an die Stelle des schweizerischen gesetzt.

Schließlich gibt es in der Schweiz die allgemeine Billigkeitskontrolle nach Art. 2 ZGB, die grundsätzlich den Weg für Modifikationen öffnet. Die türkische Modifikationsmöglichkeit nach Scheidungsgründen ist also nur ein zusätzliches Instrument.

E. Die in der türkischen Praxis erfolgte Deformation des Güterstands

I. Die Gesamtauseinandersetzung als Grundelement der Errungenschaftsbeteiligung

Wie die Zugewinngemeinschaft ist auch die Errungenschaftsbeteiligung darauf angelegt, das gesamte Vermögen der Eheleute zu erfassen und bei Ende des Güterstandes der Auseinandersetzung zuzuführen.

> *„Was die Ehegatten in diesem Moment an Vermögen aufweisen, ist der einen oder andern Masse zuzuordnen...“*[287]
> *„...jeder Vermögensgegenstand ist einheitlich entweder der Errungenschaft oder dem Eigengut zugeordnet.“*[288]

Die Schritte dieser Gesamtauseinandersetzung ergeben sich bei der Errungenschaftsbeteiligung zwingend aus dem Gesetzeswortlaut aus dem Gesetz und werden bei vielen schweizerischen und türkischen Autoren so erörtert.

Im Einzelnen ergeben sich nach türkischem Recht die folgenden Schritte:[289]

1. Rücknahme von Vermögenswerten, die sich im Besitze des andern Gatten befinden (Art. 226).[290]
2. Regelung der gegenseitigen Schulden (Art. 226 Abs. 3 TMK).[291]
3. Ermittlung von Mehrwertanteilen (Art. 227 TMK).

---

287 BGE (30.11.1998) 125 III 1, http://relevancy.bger.ch/php/clir/http/index.php?highlight_docid=atf%3A%2F%2F125-III-1%3Ait&lang=it&type=show_document (11.3.2019).

288 Şeker 2006, S. 263f.

289 Nach Näf-Hofmann, S. 287; Şıpka/Özdoğan 2017 S. 87f.; vgl. Gençcan 2018, S. 517–530; Gençcan 2019, S. 724–726.

290 Hierher gehören die in der Praxis sehr wichtigen Verfahren auf Herausgabe des Brautschmucks (Şıpka/Özdoğan 2017, S. 90).

291 Obwohl die Regelung der gegenseitigen Schulden Teil der güterrechtlichen Auseinandersetzung ist, werden die entsprechenden Streitigkeiten im Allgemeinen nicht von den türkischen Familiengerichten behandelt. (Şıpka/Özdoğan 2017, S. 39–43). Die Ausnahme bilden die Forderungen aus ehebedingter Zuwendung nach altem Recht. Auch sonst wurde in einzelnen Fällen wegen engen Sachzusammenhangs eine Zuständigkeit der Familiengerichte angenommen (8. Zivilsenat, U.v. 31.3.2015, E. 2014/21275, K. 2015/7309, legal, s.a. Şıpka/Özdoğan 2017, S. 42; U.v. 10.6.2015, E. 2014/12820, K. 2015/12826, legal, s.a. Şıpka/Özdoğan 2017, S. 42f.

4. Berechnung des Vorschlages im Vermögen jedes Ehegatten durch Ermittlung des Wertes in TL der beiden Errungenschaftsmassen (Art. 231 TMK) mittels folgender Operationen:
   a) Zuordnung der Aktiven jedes Gatten zu seiner Errungenschaft gemäß Art. 219 TMK oder zu seinem Eigengut gemäß Art. 220 TMK, wobei für die Ermittlung des Bestandes der Zeitpunkt der Beendigung des Güterstandes maßgeblich ist (Art. 228 TMK) und für die Bewertung derjenige der güterrechtlichen Auseinandersetzung (Art. 235 TMK). Zu den Aktiven gehören auch Ansprüche aus den Mehrwertbeteiligungen nach Art. 227 TMK.
   b) Bestimmung der Abgrenzungsposten (Ersatzforderungen) zwischen Errungenschaft und Eigengut (Art. 230) unter Einbezug von:
      aa) Mehr- und Minderwertbeteiligungen zwischen den beiden Gütern desselben Gatten (Art. 230 TMK).
      bb) Zuordnung von Kapitalleistungen einer Vorsorgeeinrichtung oder wegen Arbeitsunfähigkeit zum Eigengut, soweit sie sich auf einen Zeitraum außerhalb der Errungenschaftsbeteiligung beziehen (Art. 228 Abs. 2 TMK).
      cc) Hinzurechnung von Errungenschaft für unentgeltliche Zuwendungen im Sinne des Art. 229 TMK.
   c) Interne Zuordnung der Schulden gegenüber Dritten und dem anderen Gatten zu Errungenschaft oder zum Eigengut nach dem Gesichtspunkt, ob eine Schuld sachlich mit der Errungenschaft oder dem Eigengut zusammenhängt, wobei die Zuordnung im Zweifel zur Errungenschaft zu erfolgen hat (Art. 230 TMK).
   d) Bestimmung des Wertzuwachses/Vorschlages getrennt für jeden Ehegatten durch Ermittlung der Differenz in TL (des Saldos) zwischen allen Zu- und Abnahmen der Errungenschaftsmasse (Art. 231 TMK).

(Der Wertzuwachs, an welchem dem anderen Ehegatten ein hälftiger Anspruch zusteht, lässt sich in der folgenden Formel darstellen:

> Wertzuwachs = 1) Errungenschaft + 2) Forderung aus Mehrwertanteil an Ehegatten + 3) Forderung aus Ausgleichsanspruch an Eigengut + 4) Hinzurechnung – 5) Schulden aus Mehrwertanteil ggü. Ehegatten – 6) Schulden aus Ausgleich an Eigengut – 7) sonstige der Errungenschaft zugeordnete Schulden.[292]

292 Malkoç/Han, S. 351. Leider ist die Formel bei den meisten türkischen Autoren nicht vollständig (s.E.II.)

Die Formel zeigt, dass das Eigengut direkt keinen Stellenwert in der Berechnung hat. Es ist zunächst nur das abgrenzende „Gegenüber“ zur Errungenschaft. Indirekt spielt es eine Rolle, wenn es Bewegungen unter den vier Gütermassen gegeben hat, an denen Eigengut beteiligt war.)

e) Errechnung der Hälfte des von jedem Gatten erzielten Wertzuwachses/Vorschlages „Jedem Ehegatten oder seinen Erben steht die Hälfte des Vorschlages des anderen zu“ (Art. 236 TMK).
f) Aufhebung oder Minderung nach Art. 236 Abs. 2 TMK. „Die (hälftigen) Forderungen werden von Gesetzes wegen verrechnet“, so dass nur noch dem Gatten eine Forderung aus der Vorschlagsrechnung zusteht, dessen Hälfte geringer ist (Art. 236 Abs. 1 S. 2 TMK).

5. Zuweisung und Zahlungsform
   a) Zuweisung eines im Miteigentum stehenden Vermögenswertes gegen Entschädigung an den einen Gatten zu Alleineigentum nach Art. 226 TMK.
   b) Zuweisung von Wohnung und Hausrat auf Anrechnung nach Art. 254 TMK an den überlebenden Ehegatten.
   c) Wahl der Realleistung nach § 239 Abs. 1 TMK.

Von eindeutigen Gesetzeswortlaut und der Gesetzessystematik her muss der Vorgang der Auseinandersetzung einheitlich sein. Die Schritte der Auseinandersetzung bauen aufeinander auf und können nicht auseinandergerissen werden, ohne das System zu stören.

II. Die Gesamtauseinandersetzung in der türkischen Literatur

Dem ursprünglichen Konzept der Gesamtauseinandersetzung des ehelichen Vermögens ist der größte Teil der türkischen Literatur bis heute gefolgt.[293]

Eine Reihe von Autoren stellt den kompletten Gang der Auseinandersetzung wie oben geschildert dar. Aus dieser Darstellung ergibt sich schon, dass sie von einer Auseinandersetzung ausgehen, die das gesamte Vermögen der Eheleute erfasst.

Der Gang der Auseinandersetzung beruht auf dem Grundgedanken des Gesetzgebers, dass das Vermögen der Eheleute insgesamt bewertet wird.[294]

In den meisten (auch neueren) Werken wird dies dargestellt, ohne sich mit der abweichenden Rechtsprechung auseinanderzusetzen.

---

293 Z.B. Mehmet Demir, S. 295.
294 Öztan 2015, S. 533.

Die zutreffende einheitliche Betrachtung der Errungenschaft und damit des Wertzuwachses äußert sich in vielen Positionen in der Literatur darin, dass der Wertzuwachs nach „Aktiva“ und „Passiva“ aus der einheitlichen Errungenschaft errechnet wird.

Einige Autoren stellen die sieben möglichen Elemente von Aktiva und Passiva vollständig dar, nämlich Acabey[295], Gençcan[296], Kayış[297], Kırmızı[298], Özdamar/Kayış[299] und Zeytin[300].

Bei Akıntürk/Ateş kommen zur Errungenschaft bei den Aktiva nur die Hinzurechnungen und die Ausgleichsforderungen hinzu, die Passiva bestehen aus Ausgleichsanspruch, Verpflichtung aus ehebedingter Zuwendung und den Schulden – die Gesamtauseinandersetzung hat danach also nur sechs Elemente.[301]

Kural[302] folgt der gleichen Aufstellung der Aktiva und Passiva, ebenso Şıpka/Özdoğan[303], Şamil Demir[304], Mortaş[305], Sonsuzoğlu[306], Ateş[307], Uluç[308], Kılıçoğlu[309], Kabadayı Tatar[310] und Öztan[311].

Bei ihnen fehlt somit bei den Aktiva ein evtl. Anspruch der Errungenschaft aus ehebedingter Zuwendung nach Art. 227 TMK.

In der Aufstellung von Şeker[312] fehlen die Auswirkungen der ehebedingten Zuwendung nach Art. 227 TMK sowohl auf der aktiven, als auch auf der passiven Seite, ebenso bei Sarı[313].

---

295 Acabey 2002, S. 61f.
296 Gençcan 2018, S. 645, 1121f., Gençcan 2019, S. 1464; s.a. Gençcan 2006, S. 91.
297 Kayış, S. 11.
298 Kırmızı, S. 194, 196.
299 Özdamar/Kayış, S. 104.
300 Zeytin 2017, S. 304–307.
301 Akıntürk/Ateş, S. 173.
302 Kural, S. 26.
303 Şıpka/Özdoğan 2017, S. 252.
304 Şamil Demir, S. 263.
305 Mortaş, S. 303.
306 Sonsuzoğlu, S. 46.
307 Ateş, S. 181.
308 Uluç, S. 1114, 1391.
309 Kılıçoğlu 2016, S. 139–144; Kılıçoğlu 2017, S. 345–347.
310 S. 3. Auf Seiten 15, 20 erscheint Art. 227 aber als Auslöser von Anspruch oder Verpflichtung!
311 Öztan 2015, S. 528.
312 Şeker 2006, S. 263f.
313 Sarı, S. 217.

III. Die Einzelauseinandersetzung als ständige Rechtsprechung des Kassationshofs

1. Wertzuwachs und Auseinandersetzung in der Rechtsprechung des 8. Zivilsenats

a) Die Ermittlung des Wertzuwachses

Bei der Definition und Berechnung des Wertzuwachses weicht der Kassationshof wesentlich von den Vorgaben des schweizerischen Vorbilds und damit von denen des Gesetzgebers ab.

Dies ist auch in deutscher Sprache schon beiläufig erwähnt in einem Artikel von Zeytin:

> *„Zum anderen erfolgt eine güterrechtliche Auseinandersetzung, welche auf die gesamten Vermögenswerte der Ehegatten gerichtet ist, in der Türkei nicht. Mit anderen Worten wird eine Auseinandersetzung des gesamten Güterstands (küllî tasfiye) abgelehnt, also die Güter werden einzeln abgewickelt.“*[314]

Dabei nimmt er Bezug auf Şıpka/Özdoğan, die dies so formulieren:

> *„Während die Lehre angesichts der gesetzlichen Regelung vermittelt, dass die Berechnung wie oben dargestellt zu erfolgen hat, wird in der Praxis des Kassationshofs die Berechnung für jedes erworbene Gut gesondert durchgeführt.“*[315]

In Art. 210 Abs. 1 des schweizerischen ZGB lautet die gesetzliche Definition des Vorschlags (Wertzuwachses) wie folgt:

> *„Was vom Gesamtwert der Errungenschaft, einschliesslich der hinzugerechneten Vermögenswerte und der Ersatzforderungen, nach Abzug der auf ihr lastenden Schulden verbleibt, bildet den Vorschlag.“*

Hieran orientiert sich die Übersetzung des Art. 231 TMK bei Bergmann/Ferid/Henrich:

> *„Was vom Gesamtwert der Errungenschaft jedes Ehegatten, einschließlich der hinzugerechneten Vermögenswerte und der Ausgleichsforderungen, nach Abzug der auf ihr lastenden Schulden verbleibt, bildet den Wertzuwachs.“*[316]

---

314 Zeytin 2016, S. 454, Fn 48, allerdings spricht er dies in seinem 2017 in Türkisch erschienenen Werk nicht an.

315 Şıpka/Özdoğan 2017, S. 252.

316 Rumpf/Odendahl, S. 81.

Die türkische Gesetzesfassung lautet:

> *„Artık değer, eklenmeden ve denkleştirmeden elde edilen miktarlar da dahil olmak üzere her eşin edinilmiş mallarının toplam değerinden bu mallara ilişkin borçlar çıkarıldıktan sonra kalan miktardır.“*

Wörtlich übersetzt heißt dies:

> *Der Wertzuwachs ist der Betrag, der übrig bleibt vom Gesamtwert der erworbenen Güter jedes Ehegatten nach Einbeziehung der durch Hinzurechnung und Ausgleich erlangten Beträge und nach Abzug der auf diese Güter bezogenen Schulden.*

Die Besonderheit der Formulierung in Einzahl und Mehrzahl wurde oben unter D.I.1 behandelt.

Der Formulierung des Art. 231 entspricht in der Rechtsprechung des 8. Senats die folgende, schon seit 2009 häufig – auch ohne einschränkende Zusätze – verwendete Formel:

> *„Die Beteiligungsforderung (Art. 236 Abs. 1) ist der Anspruch des anderen Ehegatten auf die Hälfte des Wertzuwachses (Art. 231 TMK), der sich ergibt aus dem Gesamtwert der erworbenen Güter des Ehegatten (Art. 219 TMK) einschließlich der sich aus der Hinzurechnung (Art. 229) und dem Ausgleich (Art. 230 TMK) ergebenden Beträge und nach Abzug der diese Güter betreffenden Schulden (Art. 231 TMK).“*[317]

---

317 *„Katılma alacağı, 01.01.2002 tarihinde yürürlüğe giren TMK uyarınca; eklenecek değerlerden(TMK'nun 229.m) ve denkleştirmeden (TMK'nun 230.m) elde edilen miktarlar da dahil olmak üzere, eşin edinilmiş mallarının(TMK'nun 219.m) toplam değerinden, bu mallara ilişkin borçlar çıktıktan sonra kalan artık değerin (TMK'nun 231.m) yarısı üzerindeki diğer eşin alacak hakkıdır (TMK'nun 236/1.m).“* U.v. 18.3.2019, E. 2017/17305, K. 2019/2838, uyap; U.v. 11.3.2019, E. 2017/17314, K. 2019/2480, uyap; U.v. 6.3.2019, E. 2017/11464, K. 2019/2311, uyap; U.v. 12.12.2018, E. 2016/17568, K. 2018/20102, uyap; U.v. 5.7.2018, E. 2016/3672, K. 2018/15037; uyap; U.v. 12.6.2018, E. 2016/4794, K. 2018/13992, uyap; U.v. 31.5.2018, E. 2016/3737, K. 2018/13467, uyap; U.v. 22.5.2018, E. 2016/1666, K. 2018/12968, uyap; U.v. 2.5.2018, E. 2016/757, K. 2018/11893, uyap; U.v. 27.3.2018, E. 2018/643, K. 2018/10008, uyap; U.v. 13.12.2017, E. 2016/11094, K. 2017/16726, uyap; U.v. 11.4.2017, E. 2016/2580, K. 2017/5371, uyap, s.a. Gençcan 2018, S. 1135–1137, Gençcan 2019, S. 1484–1486; U.v. 21.2.2017, E. 2015/11803, K. 2017/2296, legal, uyap, s.a. Şıpka/Özdoğan 2017, S. 141; U.v. 19.1.2017, E. 2016/21737, K. 2017/427, kayancı, uyap; U.v. 15.12.2016, E. 2015/8701, K. 2016/16995, legal, uyap; U.v. 14.11.2016, E. 2015/3981; K. 2016/15469, legal, uyap; U.v. 11.10.2016, E. 2016/549, K. 2016/13580, legal, kazancı, uyap, E. 2016/1375, K. 2016/1357, legal, kazancı, uyap u. E. 2016/1375, K. 2016/13579, legal, s.a. Kırmızı, S. 493–496; U.v. 6.6.2016, E. 2015/16761, K. 2016/991, legal, uyap; U.v. 30.5.2016, E. 2015/1845, K. 2016/9455, legal, uyap, s.a. Kırmızı, S. 511–513; U.v. 10.5.2016, E. 2015/1792, K. 2016/8616, legal, uyap; U.v. 6.4.2016, E. 2014/24171, K. 2016/6157,

legal, kazancı, uyap, s.a. Özkan, S. 1680; U.v. 28.3.2016, E. 2014/24464, K. 2016/5601, legal, kazancı, uyap; U.v. 21.3.2016, E. 2014/24429, K. 2016/5111, legal, uyap; U.v. 11.2.2016, E. 2014/20399; K. 2016/2153, legal, kazancı, uyap, s.a. Uyar, S. 3457; U.v. 8.2.2016, E. 2014/19969, K. 2016/1925, legal, kazancı, uyap; U.v. 26.1.2016, E. 2015/9379, K. 2016/1291, legal, kazancı, uyap, s.a. Karamercan 2019, S. 145, Gençcan 2018, S. 1141, Gençcan 2019, S. 1490 u. E. 2015/9125, K. 2016/1294, kazancı, uyap; U.v. 4.11.2015, E. 2014/12794, K. 2015/19634, legal, uyap u. E. 2014/11735, K. 2015/19622, legal, uyap, s.a. Uyar, S. 4207, Şıpka/Özdoğan 2017, S. 205; U.v. 21.10.2015, E. 2014/11672, K. 2015/18759, legal, uyap; U.v. 20.10.2015, E. 2015/8570, K. 2015/18663, legal, uyap; U.v. 14.10.2015, E. 2014/15066, K. 2015/18348, legal, uyap; U. 29.9.2015, E. 2015/6045, K. 2015/16979, kazancı, uyap; U.v. 19.9.2015, E. 2015/6734, K. 2015/16977, kazancı, uyap; U.v. 29.9.2015, E. 2015/6045, K. 2015/16979 uyap; U.v. 29.9.2015, E. 2015/6867, K. 2015/16973, legal, uyap, s.a. Şıpka/Özdoğan 2017, S. 411f.; U.v. 16.9.2015, E. 2015/15981, K. 2015/16427, legal, uyap u. E. 2015/13416, K. 2015/16428, legal, uyap; U.v. 9.9.2015, E. 2015/15144, K. 2015/15890, legal, uyap, s.a. Şıpka/Özdoğan 2017, S. 505f.; U.v. 20.3.2015, E. 2013/23955, K. 2015/6541, legal; U.v. 25.2.2015, E. 2013/22239, K. 2015/4929, legal, s.a. Uyar, S. 4316; U.v. 13.2.2015, E. 2014/24454, K. 2015/4151, zit.n. Özuğur, S. 213, s.a. Uyar, S. 4400; U.v. 9.2.2015, E. 2014/15906, K. 2015/3229, legal, s.a. Şıpka/Özdoğan 2017, S. 130f.; U.v. 13.4.2015, E. 2014/2769, K. 2015/8277, legal; U.v. 9.2.2015, E. 2014/15906, K. 2015/3229, legal, s.a. Şıpka/Özdoğan 2017, S. 130f., 201, Uyar, S. 4439; U.v. 18.9.2014, E. 2013717732, K. 2014/16373, zit.n. Özuğur, S. 251; U.v. 3.7.2014, E. 2013/15139, K. 2014/14037, legal, kazancı, uyap; U.v. 17.6.2014, E. 2013/14162, K. 2014/12725, zit.n. Özuğur, S. 264, s.a. Uyar, S. 4349; U.v. 24.4.2014, E. 2013/11510, K. 2014/8012, legal, kazancı, uyap; U.v. 27.2.2014, E. 2013/8448, K. 2014/3480, legal, kazancı, uyap; U.v. 20.2.2014, E. 2013/8308, K. 2014/2770, legal, kazancı, uyap, s.a. Uyar, S. 4264; U.v. 11.2.2014, E. 2013/19884, K. 2014/2073, legal, kazancı; U.v. 23.5.2013, E. 2012/11340, K. 2013/7775 u. E. 2012/11612, K. 2013/7826, zit.n. Özuğur, S. 335, s.a. Mortaş, S. 400; U.v. 13.5.2013, E. 2012/13166, K. 2013/7003, kazancı; U.v. 28.1.2013, E. 2012/6219, K. 2013/820, uyap, s.a. Uyar, S. 4280, 4593, Şıpka/Özdoğan 2017, S. 6f.; U.v. 27.12.2012, E. 2012/7728, K. 2012/13192, legal, S.a. Uyar, S. 3438 u. E. 2013/298, K. 2013/13160, zit.n. Uyar, S. 4596; U.v. 12.11.2012, E. 2012/8594, K. 2012/10312, zit.n. Uyar, S. 4287 u. E. 2012/8655, K. 2012/10309, zit.n. Uyar, S. 4287; U.v. 15.10.2012, E. 7589, K. 2012/9221, zit.n. Özuğur, S. 361; U.v. 28.6.2012, E. 620, K. 2012/6465, zit.n. Özuğur, S. 364; U. 5.6.2012, E. 2012/3389, K. 2012/5320, legal; U.v. 4.6.2012, E. 2011/7111, K. 2012/5177, kazancı, s.a. Uyar, S. 3396, 3588, Şıpka/Özdoğan 2017, S. 332, Uluç S. 1222f.; U.v. 10.5.2012, E. 2012/1885; K. 2012/4079, kazancı, s.a. Şıpka/Özdoğan 2017, S. 309f.; U.v. 8.5.2012, E. 2012/2002, K. 2012/3979, zit.n. Uyar, S. 4154; U.v. 10.4.2012, E. 2011/4968, K. 2012/2668, legal, s.a. Şıpka/Özdoğan 2017, S. 309, Uluç U. Nr. 469, S. 1389–1391, Uyar, S. 4604; U.v. 26.3.2012, E. 689, K. 2012/2183, zit.n. Özuğur, S. 391, s.a. Uyar, S. 4231; U.v.15.3.2012, E. 3934, K. 2012/1820, zit.n. Özuğur, S. 394 u. E. 6033, K. 2012/1789, zit.n. Özuğur, S. 3965; U.v. 11.7.2011, E. 36773, K. 2011/4096, zit.n. Özuğur, S. 419; U.v. 25.1.2011, E. 2010/3727, K. 2011/338, zit.n.

Ähnlich, aber kürzer ist die Formulierung des früher zuständigen 2. Senats im Urteil vom 28.3.2007.[318]

Allerdings wird beim 8. Senat diese Formel ohne Änderung und Zusätze neuerdings meistens dann verwendet, wenn es um die Abgrenzung der Beteiligung am Wertzuwachs zur Mehrwertbeteiligung nach Art. 227 geht. Seit 2015 wird häufig – und zuletzt regelmäßig – der folgende Satz vorangestellt, der zeigt, dass die Berechnung auf jeweils einzelne Güter bezogen wird:

> *„An **dem Gut**, welches ein Ehegatte besitzt und in der Ehezeit erworben hat, hat der andere Ehegatte eine Forderung im Umfang der Hälfte des Wertzuwachses."*[319]

Uyar, S. 4174; U.v. 16.12.2010, E. 2010/714, K. 2010/6144, legal; U.v. 14.10.2010, E. 2635, K. 2010/4778, zit.n. Özuğur, S. 447; U.v. 17.6.2010, E. 589, K. 2010/3312, zit.n. Özuğur, S. 452 u. E. 512, K. 2010/3306, zit.n. Özuğur, S. 453; U.v. 8.6.2010, E. 2010/529, K. 2010/3086, legal; U.v. 24.12.2009, E. 3542, K. 2009/6401, zit.n. Özuğur, S. 478; U.v. 7.12.2009, E. 2009/2870, K. 2009/5842, kazancı, s.a. Şıpka/Özdoğan 2017, S. 35, 288, 447f., 613, Gençcan 2018, S. 1172–1174, Gençcan 2019, S. 1569–1571, Özer Deniz, S. 91; U.v. 30.9.2009, E. 2075, K. 2009/4389U, zit.n. Özuğur, S. 482; U.v. 9.6.2009, E. 1195, K. 2009/2996, zit.n. Özuğur, S. 486; U.v. 17.11.2009, E. 2009/4201, K. 2009/5642, zit.n. Kırmızı 2012, S. 744; U.v. 13.7.2009, E. 2009/1743, K. 2009/3868, zit.n. Kırmızı 2012, S. 725; U.v. 1.6.2009, E. 2009/1547, K. 2009/2759, kazancı, s.a. Gençcan 2018, S. 890f., Gençcan 2019, S. 1196f., Şıpka/Özdoğan 2017, S. 127f., Uluç, S. 1308f., Kırmızı 2012, S. 131f.

318 E. 17694, K. 2007/5110 zit.n. Özuğur, S. 505.

319 (Hervorhebung vom Verfasser) *„Mal rejiminin devamı süresince, bir eşin sahip olduğu edinilmiş malda, diğer eşin artık değerin yarısı oranında katılma alacak hakkı vardır."* U.v. 1.7.2019, E. 2019/2164, K. 2019/6681, uyap; U.v. 27.6.2019, E. 2018/13713, K. 2019/6571, uyap; U.v. 10.6.2019, E. 2018/13108, K. 2019/5636, uyap; U.v. 30.4.2019, E. 2018/12806, K. 2019/4484, uyap u. E. 2018/14545, K. 2019/4456, uyap; U.v. 11.4.2019, E. 2018/11856, K. 2019/4001, uyap; U.v. 20.3.2019, E. 2018/13949, K. 2019/2926, uyap u. E. 2019/1185, K. 2019/2930, uyap; U.v. 11.3.2019, E. 2017/17314, K. 2019/2480, uyap; U.v. 4.3.2019, E. 2017/13854, K. 2019/2217, uyap; U.v. 18.2.2019, E. 2017/9465, K. 2019/1583, uyap; U.v. 14.2.2019, E. 2016/21432, K. 2019/1437, uyap; U.v. 13.2.2019, E. 2017/3986, K. 2019/1409, uyap; U.v. 11.2.2019, E. 2017/9370, K. 2019/1293, uyap; U.v. 6.2.2019, E. 2016/21955, K. 2019/1056, uyap, E. 2016/19857, K. 2019/1054, uyap u. E. 2018/15963, K. 2019/1067, uyap; U.v. 23.1.2019, E. 2016/20532, K. 2019/771, legal, uyap; U.v. 10.12.2018, E. 2016/18502, K. 2018/19972, uyap; U.v. 28.11.2018, E. 2017/14830, K. 2018/19410, uyap; U.v. 15.11.2018; E. 2016/16832, K. 2018/18692, uyap; U.v. 8.11.2018, E. 2016/16238, K. 2018/18332, uyap; U.v. 6.11.2018, E. 2016/12878, K. 2018/18228, uyap; U.v. 9.10.2018, E. 2016/9971, K. 2018/16995, uyap; U.v. 4.10.2018, 2016/10572, K. 2018/16815, legal, uyap; U.v. 5.7.2018, E. 2016/7568, K. 2018/14973, uyap; U.v. 3.7.2018, E. 2016/6938, K. 2018/14784, legal, uyap; U.v. 27.6.2018, E. 2016/5089, K. 2018/14456, legal, uyap;

U.v. 31.5.2018, E. 2016/4082, K. 2018/13469, legal, uyap; U.v. 9.5.2018, E. 2016/251, K. 2018/12338, legal, uyap; U.v. 11.4.2018, E. 2016/2007, K. 2018/11125, legal, uyap; U.v. 3.4.2018, E. 2018/1043, K. 2018/10503, legal, uyap u. E. 2015/22805, K. 2018/10504, legal, uyap; U.v. 27.3.2018, E. 2015/22424, K. 2018/10009, legal, uyap; U.v. 13.3.2018, E. 2016/14327, K. 2018/9252, legal, uyap u. E. 2017/16903, K. 2018/9216, legal, uyap; U.v. 27.2.2018, E. 2017/9637, K. 2018/2778, legal, uyap; U.v. 20.2.2018, E. 2016/7891,K. 2018/2487, legal, uyap; U.v. 7.2.2018, E. 2017/16895, K. 2018/1753, legal; U.v. 5.12.2017, E. 2015/21653, K. 2017/16213 legal, uyap; U.v. 14.11.2017, E. 2016/10969, K. 2017/15230, legal; U.v. 17.10.2017, E. 2015/20579, K. 2017/13083, legal; U.v. 28.9.2017, E. 2015/19913, K. 2017/11706. legal; U.v. 19.9.2017, E. 2016/8127, K. 2017/11049; legal; U.v. 12.9.2017, E. 2015/18986, K. 2017/10499, legal; U.v. 5.7.2017, E. 2017/13255, K. 2017/9893, legal; U.v. 23.5.2017, E. 2017/10564, K. 2017/7566, legal, s.a. Gençcan 2018 515f., Gençcan 2019, S. 705–707, Kırmızı, S. 422; U.v. 9.5.2017, E. 2015/16945, K. 2017/6716, legal u. E. 2015/16956, K. 2017/6714, legal, s.a. Gençcan 2018, S. 1162–1164, Gençcan 2019, S. 1556f.; U.v. 11.4.2017, E. 2016/3466, K. 2017/5373, uyap, s.a. Gençcan 2018 S. 1133–1135, Gençcan 2019, S. 1482–1484; U.v. 4.4.2017, E. 2015/14708, K. 2017/4985, legal, s.a. Gençcan 2018, S. 1092–1094, Gençcan 2019, S. 1426f.; U.v. 21.3.2017, E. 2015/13223, K. 2017/3960, legal u. E. 2015/13235, K. 2017/3961, legal; U.v. 14.3.2017, E. 2016/2267, K. 2017/3531, legal, s.a. Şıpka/Özdoğan 2017, S. 410f. u E. 2016/1999, K. 2017/3538, legal, s.a. Şıpka/Özdoğan 2017, S. 329f., 339f.; U.v. 22.2.2017, E. 2015/11447, K. 2017/2308, zit.n. Gençcan 2018, S. 323f., Gençcan 2019, S. 471f.; U.v. 21.2.2017, E. 2015/11338, K. 2017/2301, legal, uyap; U.v. 7.2.2017, E. 2015/11715, K. 2017/1293, legal, uyap, s.a. Şıpka/Özdoğan 2017, S. 146f., E. 2015/1406, K. 2017/1286, uyap u. E. 2016/1244, K. 2017/1284, legal; U.v. 24.1.2017, E. 2015/9810, K. 2017/674, legal, uyap, s.a. Şıpka/Özdoğan 2017, S. 90; U.v. 24.1.2017, E. 2015/8274, K. 2017/686, legal, uyap u. E. 2015/4136, K. 2017/685, legal, s.a. Şıpka/Özdoğan 2017, S. 340f.; U.v. 19.12.2016, E. 2015/8919, K. 2016/17200, uyap u. E. 2016/20949, K. 2016/17203; U.v. 13.12.2016, E. 2015/8567, K. 2016/16897, legal, uyap; U.v. 21.11.2016, E. 2015/6194, K. 2016/15818, legal, uyap u. E. 2015/6299, K. 2016/15819, legal, uyap; U.v. 14.11.2016, E. 2015/3981, K. 2016/15469, legal, uyap; U.v. 7.11.2016, E. 2015/5820, K. 2016/15088, legal, uyap; U.v. 27.10.2016, E. 2016/14022, K. 2016/14591, legal, kazancı, uyap; U.v. 20.10.2016, E. 2015/2624, K. 2016/14110, legal, kazancı, uyap; U.v. 13.10.2016, E. 2015/2875, K. 2016/13628, legal, uyap, s.a. Şıpka/Özdoğan 2015, S. 370f.; U.v. 11.10.2016, E. 2016/507, K. 2016/13581, legal, kazancı, uyap, s.a Şıpka/Özdoğan 2017, S. 153; U.v. 6.10.2016, E. 2016/15251, K. 2016/13161, legal, kazancı, uyap; U.v. 3.10.2016, E. 2016/14284, K. 2016/12975, legal, uyap, E. 2016/12947, K. 2016/12972, legal, kazancı, uyap, s.a. Şıpka/Özdoğan 2017, S. 446; U.v. 26.9.2016, E. 2015/3147, K. 2016/12573, legal, kazancı, uyap; U.v. 22.6.2016, E. 2015/3568, K. 2016/11032, legal, uyap; U.v. 21.6.2016, E. 2016/9813, K. 2016/10955, legal, kazancı, uyap u. E. 2016/9993, K. 2016/10953, legal, kazancı, uyap; U.v. 20.6.2016, E. 2015/3081, K. 2016/10857, legal, uyap; U.v. 15.6.2016, E. 2015/2873, K. 2016/10533, uyap; U.v. 13.6.2016, E. 2015/2521, K. 2016/10322, legal, uyap, E. 2015/2558, K. 2016/10320, legal, uyap; U.v. 8.6.2016, E. 2016/9805,

K. 2016/10078, legal, kazancı, uyap, E. 2016/9805, K. 2016/10078, legal u. E. 2015/2792, K. 2016/10081, legal, kazancı, uyap; U.v. 6.6.2016, E. 2015/16761, K. 2016/9910, legal, uyap; U.v. 31.5.2016, E. 2015/2062, K. 2016/9556, legal, s.a. Özkan, S. 1615 u. E. 2015/189, K. 2016/8978, legal, uyap; U.v. 3.5.2016, E. 2015/18789, K. 2016/8167, legal, uyap u. E. 2015/22086, K. 2016/8166, legal, kazancı, uyap; U.v. 25.4.2016, E. 2015/539, K. 2016/7611, uyap; U.v. 9.4.2016, E. 2014/27299, K. 2016/7215, legal, kazancı, uyap, s.a. Özkan, S. 1603, 1612, 1624; U.v.13.4.2016, E. 2014/25885, K. 2016/6712, legal, kazancı, uyap, s.a. Şıpka/Özdoğan 2017, S. 222f. u E. 2016/5972, K. 2016/6737, legal, kazancı, uyap; U.v. 11.4.2016, E. 2014/26302, K. 2016/6514, legal, uyap; U.v. 30.3.2016, E. 2014/22868, K. 2016/5807, legal, kazancı, uyap u. E. 2014/27140, K. 2016/5809, legal, kazancı, uyap; U.v. 29.3.2016, E. 2015/16136, K. 2016/5743, legal, uyap; U.v. 23.3.2016, E. 2014/23324, K. 2016/5317, legal, kazancı, uyap,s.a. Gençcan 2018, S. 1142f., Gençcan 2019, S. 1491, E. 2014/26766, K. 2016/5316, legal, kazancı, uyap, E. 2014/25681, K. 2016/5318, legal, kazancı, uyap, s.a. Gençcan 2018, S. 1144, Gençcan 2019, S. 1492f. u E. 2014/26278, K. 2016/5320, legal, kazancı, uyap; U.v. 21.3.2016, E. 2014/24429, K. 2016/5111, legal, uyap; U.v. 16.3.2016, E. 2014/25946, K. 2016/4763, legal, kazancı, uyap; U.v. 14.3.2016, E. 2014/22932, K. 2016/4548, legal, kazancı, uyap, s.a. Gençcan 2018, S. 1182–1184, Gençcan 2019, S. 1579–1581 u. E. 2014/24192, K. 2016/4549, legal, kazancı, uyap, s.a. Gençcan 2018, S. 321f., Gençcan 2019, S. 469f.; U.v. 9.3.2016, E. 2014/21666, K. 2016/4170, legal, kazancı, uyap u. E. 2014/24996, K. 2016/417, legal, kazancı, uyap; U.v. 8.3.2016, E. 2014/23888, K. 2016/4113, legal, kazancı, uyap, s.a. Özkan, S. 1602, 1609, 1627; U.v. 3.3.2016, E. 2016/976, K. 2016/3836, legal, kazancı, uyap u. E. 2016/976, K. 2016/3836, legal; U.v. 1.3.2016, E. 2015/12434, K. 2016/3682, legal, uyap, E. 2015/10738, K. 2016/3679, kazancı, uyap u. E. 2014/19955, K. 2016/3680, legal, kazancı, uyap; U.v. 29.2.2016, E. 2016/769, K. 2016/3531, legal, kazancı, uyap; U.v. 25.2.2016, E. 2015/21752, K. 2016/3258, legal, kazancı, uyap; U.v. 24.2.2016, E. 2014/22822, K. 2016/3186, legal, uyap; U.v. 23.2.2016, E. 2015/21728, K. 2016/3134, legal, uyap; U.v. 22.2.2016, E. 2016/291, K. 2016/3010, legal; U.v. 17.2.2016, E. 2014/21620, K. 2016/2536, legal, uyap, E. 2014/21043, K. 2016/2569, legal, uyap, E. 2014/16215, K. 2016/2535, legal, uyap u. E. 2014/21008, K. 2016/1790, legal, uyap; U.v. 27.1.2016, E. 2014/20314, K. 2016/1364, legal, kazancı, uyap; U.v. 25.1.2016, E. 2014/18685, K. 2016/104, legal, kazancı, uyap; U.v. 20.01.2016, E. 2014/17125, K. 2016/607, kazancı, uyap, s.a. Özkan, S. 1617, 1635 u. E. 2014/19306, K. 2016/605, legal, kazancı, uyap s.a. Özkan, S. 1605, 1619, Şıpka/Özdoğan 2017, S. 437; U.v. 19.1.2016, E. 2015/18969, K. 2016/496, uyap; U.v. 23.12.2015, E. 2015/20302, K. 2015/23033, legal, uyap u. E. 2014/17005, K. 2015/23029, legal, uyap; U.v. 21.12.2015, E. 2014/14942, K. 2015/22887, legal, uyap; U.v. 14.12.2015, E. 2014/15372, K. 2015/22487, legal, uyap; U.v. 9.12.2015, E. 2014/10912, K. 2015/22121, legal, uyap; U.v. 2.12.2015, E. 2014/11342, K. 2015/21593, legal, uyap u. E. 2014/14603, K. 2015/21591, legal, uyap; U.v. 30.11.2015, E. 2015/16958, K. 2015/21471, legal, uyap, s.a. Özer Deniz, S. 73, Uyar, S. 3359, Şıpka/Özdoğan 2017, S. 115f. u. E. 2014/13138, K. 2015/21470, legal, uyap, s.a. Özer Deniz, S. 73 Fn 348, Şıpka/Özdoğan 2017, S. 380f.; U.v. 19.11.2015, E. 2015/18964, K. 2015/20712, legal, s.a. Özer Deniz, S. 73 Fn 348,

Dieser vorangestellte Satz betont also die Einzelauseinandersetzung, die allerdings zuvor häufig noch erheblich stärker zum Ausdruck kam.

Nach Herbst 2015 ist nämlich folgende, seit vom 8. Senat von Beginn (also von 2009) an verwendete Fassung kaum noch zu finden:

> *„Die Beteiligungsforderung (Art. 236 Abs. 1) ist der Anspruch des anderen Ehegatten auf die Hälfte des Wertzuwachses (Art. 231 TMK), der sich ergibt aus dem Gesamtwert* ***des erworbenen Gutes*** *des Ehegatten (Art. 219 TMK) einschließlich der sich aus der Hinzurechnung (Art. 229) und dem Ausgleich (Art. 230 TMK) ergebenden Beträge und nach Abzug der* ***das Gut*** *betreffenden Schulden (Art. 231 TMK)..........“*[320]

Özkan, S. 1629; U.v. 11.11.2015, E. 2015/18313, K. 2015/20162, legal, uyap u. E. 2015/18313; K. 2015/20162, legal, uyap; U.v. 10.11.2015, E. 2015/12191, K. 2015/20138, legal, uyap; U.v. 9.11.2015, E. 2015/13448, K. 2015/20074, legal, uyap, s.a. Özer Deniz, S. 73, Fn 348, Uyar, S. 4004,4383; U.v. 5.11.2015, E. 2015/16727, K. 2015/19749, legal, uyap, s.a. Şıpka/Özdoğan 2017, S. 132, 170; U.v. 4.11.2015, E. 2014/11777, K. 2015/19621, legal, uyap; U.v. 3.11.2015, E. 2014/11172, K. 2015/19425, legal, uyap, s.a. Özkan, S. 1631 u. E. 2015/8261, K. 2015/19585, kayancı, uyap; U.v. 21.10.2015, E. 2014/10773, K. 2015/18755, legal, uyap; U.v. 12.10.2015, E. 2015/13840, K. 2015/18067, legal, uyap, s.a. Uyar, S. 4388, Şıpka/Özdoğan 2017, S. 116f., E. 2015/7966, K. 2015/18070, legal, uyap, s.a. Şıpka/Özdoğan 2017, S. 280, 285f. u E. 2015/14250, K. 2015/18068, uyap, s.a. Uyar, S. 4390; U.v.7.10.2015, E. 2015/8686, K. 2015/17605, legal, uyap u. E. 2014/8783, K. 2015/17610, uyap, s.a. Uyar, S. 4014, 4391, Şıpka/Özdoğan 2017, S. 166f.; U.v. 6.10.2015, E. 2015/7519, K. 2015/17505, legal, uyap u. E. 2015/7806, K. 2015/17507, legal, uyap; U.v. 5.10.2015, E. 2014/9242, K. 2015/17434, legal, uyap, s.a. Şıpka/Özdoğan 2017, S. 300; U.v. 30.9.2015, E. 2015/13838, K. 2015/17018, legal, uyap, E. 2014/9997, K. 2015/17017, legal, uyap, E. 2014/8235, K. 2015/17025, legal, uyap, s.a. Şıpka/Özdoğan 2017, S. 291f. u E. 2015/11560, K. 2015/17026, legal, uyap, s.a. Şıpka/Özdoğan 2017, S. 312f; U.v. 29.9.2015, E. 2015/6867, K. 2015/16973, legal, uyap; U.v. 16.9.2015, E. 2015/13416, K. 2015/16428, legal, uyap, E. 2015/12179, K. 2015/16429, legal, uyap u. E. 2015/15981, K. 2015/16427, legal, uyap.

320 (Hervorhebung vom Verfasser) *„Bu tür davalarda, eklenecek değerlerden (TMK.m.229) ve denkleştirmeden (TMK. m.230) elde edilen miktarlar da dahil olmak üzere edinilmiş* ***malın*** *(TMK.m.219) toplam değerinden* ***mala*** *ilişkin borçlar çıkarıldıktan sonra kalan artık değerin (TMK.m.231) yarısı üzerinden (TMK.m.236/1) tarafların kazanılmış hakları da dikkate alınarak katılma alacağının hesaplanması gereklidir.“* U.v. 14.3.2018, E. 2016/9819, K. 2018/9301, uyap; U.v. 21.2.2018, E. 2018/1167, K. 2018/2569, uyap; U.v. 27.10.2015, E. 2014/24613, K. 2015/19279, legal, kazancı, s.a. Uyar, S. 3633 (Datum falsch bei uyap, Uyar und kazancı); U.v. 26.05.2015, E. 2014/26540, K. 2015/11721, legal; U.v. 28.04.2015, E. 2013/23822, K. 2015/9565, legal; U.v. 31.03.2015, E. 2014/19995, K. 2015/7311, legal; U.v. 10.3.2015; E. 2014/12642, K. 2015/5668, legal, s.a. Şıpka/Özdoğan 2017, S. 160; U.v. 27.1.2015, E. 2014/8561,

K. 2015/1622, legal, s.a. Uyar, S. 4211 u. E. 2014/15353, K. 2015/1623, legal, s.a. Özuğur, S. 214, s.a. Uyar, S. 4409; U.v. 20.1.2015, E. 2014/9624, K. 2015/1085 legal, s.a. Uyar, S. 4415, Özuğur, S. 220, Şıpka/Özdoğan 2017, S. 470 u. E. 2014/11557, K. 2015/1088, kazancı, s.a. Uyar, S. 4411, Şıpka/Özdoğan 2017, S. 242f.; U.v.19.1.2015, E. 2013/16004, K. 2015/1001, legal, s.a. Özuğur, S. 223, s.a. Şıpka/Özdoğan 2017, S. 399; U.v. 14.1.2015, E. 2013/17856, K. 2015/572, legal, s.a. Şıpka/Özdoğan 2017, S. 285f.; U.v. 18.12.2014, E. 2013/19333, K. 2014/22510, legal, s.a. Uyar, S. 4647; U.v. 16.12.2014, E. 2014/11340, K. 2014/22338, legal, kazancı, uyap; U.v. 9.12.2014, E. 2014/10691, K. 2014/22097, legal, kazancı, uyap; U.v. 20.11.2014, E. 2013/19541, K. 2014/21456, kazancı u. E. 2013/19352, K. 2014/21449, legal, kazancı, uyap, s.a. Özuğur, S. 230; U.v. 14.11.2014, E. 2013/17841, K. 2014/20912, legal, kazancı, uyap, E. 2013/18177, K. 2014/20840, legal, kazancı, uyap u. E. 2014/20321, K. 2014/20839, legal, kazancı uyap; U.v. 11.11.2014, E. 2014/14395, K. 2014/20659, legal, kazancı, uyap; U.v. 6.11.2014, E. 2014/19863, K. 2014/20358, legal, kazancı, uyap, s.a. Özuğur, S. 232, Mortaş, S. 401; U.v. 3.11.2014, E. 2014/17066, K. 2014/19707, legal, kazancı, uyap u. E. 2014/17630, K. 2014/19709, legal, kazancı; U.v. 30.10.2014, E. 2013/19145, K. 2014/19510, kazancı, s.a. Uyar, S. 4421; U.v. 30.10.2014, E. 2014/11407, K. 2014/19505, legal, kazancı, uyap, s.a. Özuğur, S. 234; E. 2013/18595, K. 2014/19017, legal, kazancı, s.a. Karamercan 2019, S. 1002 u. E. 2013/18335, K. 2014/18429, legal, kazancı, uyap, s.a. Uyar, S. 4029; U.v. 21.10.2014, E. 2014/14438, K. 2014/18782, zit.n. Özuğur, S. 238, s.a. Uyar, S. 4425; U.v. 16.10.2014, E. 2013/18561, K. 2014/18436, kazancı, uyap, s.a. Uyar, S. 4031; U.v. 14.10.2014, E. 2014/7687, K. 2014/18283, legal, kazancı, uyap, s.a. Şıpka/Özdoğan 2017, S. 438, Özuğur, S. 242, Uyar, S. 4033; U.v.2.10.2014, E. 2013/18308, K. 2014/17709, kazancı, uyap, s.a. Uyar, S. 4035, E. 2014/14937, K. 2014/17712, kazancı, s.a. Uyar, S. 4427, Şıpka/Özdoğan 2017, S. 210 u. E. 2014/18736, K. 2014/17711, legal, kazancı; U.v. 30.9.2014; E. 2014/15977, K. 2014/17607, legal, kazancı, uyap, s.a. Şıpka/Özdoğan 2017, S. 165, Özuğur, S. 244, Uyar, S. 4037; U.v. 29.9.2014, E. 2013/14580, K. 2014/17503, legal, kazancı, s.a. Uyar, S. 4346 u. E. 2014/14667, K. 2014/17502, legal, kazancı, uyap, s.a. Uyar, S. 4433; U.v. 25.9.2014, E. 2013/17721, K. 2014/17131, kazancı, s.a. Uyar, S. 4257, E. 2013/17404, K. 2014/17133, zit.n. Uyar, S. 4435 u. E. 2014/18868, K. 2014/17130, legal, kazancı, uyap, s.a. Uyar, S. 4042; U.v. 18.9.2014, E. 2013/17854, K. 2014/16361, legal, kazancı, s.a. Uyar, S. 4441; U.v. 18.9.2014, E. 2014/18572, K. 2014/16369, zit.n. Uyar, S. 4651; U.v. 10.7.2014, E. 2014/11983, K. 2014/14700, legal, kazancı; U.v. 8.7.2014, E. 2014/5677, K. 2014/14501, legal, uyap; U.v. 3.7. 2014, E. 2013/15139, K. 2014/14037, legal, kazancı, uyap, s.a. Özuğur, S. 254, Uyar, S. 4449; U.v. 30.6.2014, E. 2014/10060, K. 2014/13730, legal, kazancı; U.v. 26.6.2014, E. 2014/11388, K. 2014/13576, legal, kazancı, s.a. Özuğur, S. 258, Özkan, S. 1637; U.v. 24.6.2014, E. 2014/9071, K. 2014/13425, kazancı, s.a. Uyar, S. 4213, E. 2014/5718, K. 2014/13291, legal, kazancı, uyap, s.a. Uyar, S. 4052 u. E. 2014/5161, K. 2014/13288, kazancı; U.v. 19.6.2014, E. 2013/14586, K. 2014/12816, legal, kazancı, s.a. Uyar, S. 4454; U.v. 12.6.2014, E. 2014/7621, K. 2014/12283, legal, kazancı, uyap, s.a. Şıpka/Özdoğan 2017, S. 49, Uyar, S. 3372, E. 2013/14367, K. 2014/12278, legal, kazancı, uyap, s.a. Özuğur, S. 266, Uyar, S. 4457, E. 2013/13037, K. 2014/12279, legal, uyap, s.a. Özuğur, S. 265, Uyar,

S. 4453 u. E. 2014/11930, K. 2014/12280, kazancı, uyap, s.a. Uyar, S. 4456, Özkan S. 1653; U.v. 10.6.2014, E. 2014/6358, K. 2014/11893, legal, kazancı, s.a. Uyar, S. 4061; U.v. 5.6.2014, E. 2013/13159, K. 2014/11547, legal, kazancı, uyap; U.v. 29.5.2014, E. 2013/12971, K. 2014/11004, legal, kazancı, s.a. Uyar, S. 4464; U.v. 22.5.2014, E. 2013/12988, K. 2014/10318, legal, kazancı, uyap, s.a. Özuğur, S. 271, Uyar, S. 4471 u. E. 2013/12981, K. 2014/10317, kazancı, s.a. Uyar, S. 4351; U.v. 20.5.2014, E. 2014/9366, K. 2014/9902, legal, kazancı, uyap, s.a. Uyar, S. 4475, E. 2013/11027, K. 2014/9906, legal, kazancı, s.a. Uyar, S. 4477 u. E. 2014/5319, K. 2014/9880, legal, kazancı, uyap; U.v. 15.5.2014, E. 2013/11995, K. 2014/9746, legal, kazancı, s.a. Şıpka/Özdoğan 2017, S. 18f.; U.v. 15.5.2014, E. 2013/12348, K. 2014/9734, legal, kazancı, uyap, s.a. Özuğur, S. 274, Uyar, S. 4481; U.v. 6.5.2014, E. 2014/6364, K. 2014/8802, legal, kazancı, s.a. Uyar, S. 4077; U.v. 24.4.2014, E. 2013/20864, K. 2014/8005, legal, kazancı, s.a. Uyar, S. 4261 u. E. 2013/11510, K. 2014/8012, legal, kazancı, uyap, s.a. Uyar, S. 4488; U.v. 15.4.2014, E. 2014/3395, K. 2014/7200, legal, kazancı, uyap, s.a. Uyar, S. 4494, Mortaş, S. 296; U.v. 10.4.2014, E. 2013/9695, K. 2014/6607, kazancı, s.a. Uyar, S. 4503; U.v. 8.4.2014, E. 2013/15066, K. 2014/6372, legal, kazancı, uyap, s.a. Uyar, S. 4507 u. E. 2014/145, K. 2014/6427, kazancı, uyap, s. a. Mortaş, S. 301, Şıpka/Özdoğan 2017, S. 40, Karamercan 2019, S. 1001f.; U.v. 27.3.2014, E. 2014/4912, K. 2014/5484, legal, kazancı, uyap, s.a. Uyar, S. 4510; U.v. 20.3.2014, E. 2014/1952, K. 2014/4774, kazancı, s.a. Şıpka/Özdoğan 2017, S. 46f., E. 2013/4834, K. 2014/4775, legal, uyap, s.a. Uyar, S. 4215 u. E. 2013/8787, K. 2014/4816, legal, kazancı, uyap, s.a. Uyar, S. 4513; U.v. 13.3.2014, E. 2014/3699, K. 2014/4232, legal, kazancı, s.a. Şıpka/Özdoğan 2017, S. 245, Uluç, S. 1368–1370 u. E. 2014/4130, K. 2014/4227, legal, kazancı, uyap, s.a. Şıpka/Özdoğan 2017, S. 314, Mortaş, S. 394f., Uluç, S. 1363–1367; U.v. 20.2.2014, E. 2013/9071, K. 2014/2843, legal, kazancı, uyap, s.a. Şıpka/Özdoğan 2017, S. 219f., Özuğur, S. 280, Uyar, S. 4665; U.v. 18.2.2014, E. 2013/20924, K. 2014/2582, legal, kazancı, uyap, s.a. Uyar, S. 4533; U.v. 11.2.2014, E. 2013/19109, K. 2014/2080, kazancı, s.a. Uyar, S. 4543, Şıpka/Özdoğan 2017, S. 163 u. E. 2013/19884, K. 2014/2073, legal, kazancı; U.v. 6.2.2014, E. 2013/8457, K. 2014/1783, legal, kazancı, uyap, s.a. Özuğur, S. 284, Uyar, S. 4546; U.v. 21.1.2014, E. 2013/18048, K. 2014/778, legal, kazancı, uyap, s.a. Şıpka/Özdoğan 2017, S. 331, Özuğur, S. 286, Uyar, S. 4551, Karamercan 2019, S. 1000f.; U.v. 14.1.2014, E. 2013/18689, K. 2014/152, legal, kazancı, uyap, s.a. Şıpka/Özdoğan 2017, S. 435f., 449, Özuğur, S. 289, 295, Uyar, S. 4553, Uluç, S. 1269–1272, Karamercan 2019, S. 999f.; U.v. 13.1.2014, E. 2013/11081, K. 2014/32, legal, kazancı, uyap, s.a. Uyar, S. 4265; U.v. 26.12.2013, E. 2013/18148, K. 2013/19922, kazancı, s.a. Şıpka/Özdoğan 2017, S. 414f., Uyar, S. 4557, E. 2013/5339, K. 2013/20003, zit.n. Uyar S. 4560 u. E. 2013/15343, K. 2013/19923, zit.n. Özuğur, S. 293; U.v. 17.12.2013, E. 2013/17871, K. 2013/19233, legal, kazancı, s.a. Uyar, S. 4572; U.v. 19.12.2013, E. 2013/6790, K. 2013/19428, zit.n. Uyar, S. 3493; U.v. 10.12.2013, E. 2013/16653, K. 2013/18672, zit.n. Uyar, S. 3497 u. E. 2013/16643, K. 2013/18673, zit.n. Uyar, S. 4355; U.v. 5.12.2013, E. 2013/4763, K. 2013/18412, zit.n. Uyar, S. 4111; U.v. 18.11.2013, E. 2013/5044, K. 16861, zit.n. Özuğur, S. 302, s.a. Uluç, S. 1262; U.v. 10.10.2013, E. 2013/3343, K. 2013/14712, legal, kazancı u. E. 2013/3344, K. 2013/14709, legal, kazancı, s.a. Özuğur, S. 308; U.v. 26.9.2013, E. 2013/3226, K. 2013/13493, kazancı; U.v. 19.9.2013, E. 2013/827, K. 2013/12674, kazancı, s.a. Şıpka/Özdoğan 2017, S. 230, 366, 378 u. E. 2013/2286, K. 2013/1259, zit.n. Özuğur, S. 314;U.v. 2.7.2013, E. 2013/3743, K. 2013/10362, zit.n. Uyar, S. 3922; U.v. 25.6.2013, E. 2013/6051, K. 2013/9973, legal, kazancı, s.a. Şıpka/Özdoğan 2017, S. 192, 202, Özuğur, S. 315 u. E. 2013/9356, K. 2013/9958, kazancı; U.v. 20.6.2013, E. 2013/10290, K. 2013/9617, kazancı, s.a. Şıpka/Özdoğan 2017, S. 295, E. 2013/780, K. 2013/9616, kazancı, s.a. Şıpka/Özdoğan 2017, S. 622, E. 2012/12692, K. 2013/9608, zit.n. Uyar, S. 4272 u. E. 2013/11453, K. 2013/9715, kazancı, s.a. Özuğur, S. 319, Şıpka/Özdoğan 2017, S. 448, Uluç, S. 1195f.; U.v. 18.6.2013, E. 2013/4295, K. 2013/9382 zit.n. Mortaş, S. 305; U.v. 13.6.2013, E. 2013/220, 2013/9172, zit.n. Özuğur, S. 312, s.a. Uyar, S. 3514; U.v. 11.6.2013, E. 2012/10180, K. 2013/8878, kazancı, s.a. Şıpka/Özdoğan 2017, S. 459 u. E. 2013/734, K. 2013/8826 zit.n. Uyar, S. 4122; U.v. 10.6.2013, E. 2013/464, K. 2013/8682, kazancı, s.a. Şıpka/Özdoğan 2017, S. 458, Uluç, S. 1319 u. E. 2013/449, K. 2013/8683, legal, kazancı, s.a. Uyar, S. 4363; U.v. 6.6.2013, E. 2012/15062, K. 2013/8553, kazancı, s.a. Uyar, S. 3518, 4364, Şıpka/Özdoğan 2017, S. 177f., 271f.; U.v. 4.6.2014, E. 2013/3394, K. 2013/8390, kazancı, s.a. Özuğur, S. 327, Uyar, S. 3379, Şıpka/Özdoğan 2017, S. 346f. u E. 2013/3225, K. 2013/8389, legal, kazancı, uyap, s.a. Özkan, S. 1657, Şıpka/Özdoğan 2017, S. 16f., Uluç, S. 1202–1204; U.v. 23.5.2013, E. 2012/11340, K. 2013/7775, kazancı, s.a. Şıpka/Özdoğan 2017, S. 212, E. 2012/14429, K. 2013/7713, zit.n. Uyar, S. 3382 u. E. 2013/742, K. 2013/7772, legal, kazancı, s.a. Uyar, S. 3708; U.v. 21.5.2013, E. 2012/8466, K. 2013/7543 zit.n. Karamercan 2018, S. 722f., Karamercan 2019, S. 718f., s.a. Şıpka/Özdogan 2017, S. 54f.; U.v. 16.5.2013, E. 2012/12529, K. 2013/7379, zit.n. Uyar, S. 4327; U.v. 18.4.2013, E. 2013/1927, K. 2013/5882, kazancı, s.a. Şıpka/Özdoğan 2015, S. 432 u. E. 2012/11869, K. 587, zit.n. Özuğur, S. 344; 9; U.v. 11.4.2013, E. 2012/9260, K. 2013/5461, kazancı, s.a. Şıpka/Özdoğan 2017, S. 345, Uluç, S. 12–1214; U.v. 8.4.2013, E. 2012/11945, K. 2013/5145, zit.n. Uyar, S. 4135; U.v. 4.4.2013, E. 2012/11116, K. 2013/4970, legal, kazancı, s.a. Şıpka/Özdoğan 2017, S. 250; U.v. 28.3.2013, Uluç, S. 1083f., Uyar, S. 4275; U.v. 21.3.2013, E. 2012/10149, K. 2013/4133, legal, kazancı, uyap, s.a. Uyar, S. 4243, Uluç, S. 1101–1103; U.v. 19.3.2013, E. 2012/13149, K. 2013/3888, zit.n. Uyar, S. 4225,4277; U.v. 11.3.2013, E. 2012/7285, K. 2013/3191, kazancı; U.v. 29.1.2013, E. 2012/10430, K. 2013/946, legal, kazancı, uyap u. E. 2012/11891, K. 2013/942, kazancı, uyap; U.v. 21.1.2013, E. 2012/5134, K. 2013/420, kazancı, uyap; U.v. 15.1.2013, E. 2012/8753, K. 2013/228, kazancı, s.a. Şıpka/Özdoğan 2017, S. 427, Uyar, S. 4594; U.v. 14.1.2013, E. 2012/5755, K. 2013/13, kazancı; U.v. 27.12.2012, E. 2012/7728, K. 2012/13192, legal, E. 2012/4022, K. 2012/13264, zit.n. Uyar, S. 3744, E. 2012/3562, K. 2012/13263, zit.n. Uyar, S. 4250 u. E. 2012/7728, K. 2012/13192, legal; U.v. 11.12.2012, E. 2012/8516, K. 2012/12142, legal, s.a. Şıpka/Özdoğan 2017, S. 7f., Uyar, S. 3749, Gençcan 2018, S. 318–320, 901–904, Gençcan 2019, S. 467f., Uluç, S. 1217–1219; U.v. 6.11.2012, E. 2012/7282, K. 2012/9992, kazancı, s.a. Uyar, S. 4289, Şıpka/Özdoğan 2017, S. 416f., 451 u. E. 2012/7532, K. 2012/9990, legal, s.a. Uyar, S. 3545; U.v. 5.11.2012, E. 2012/1665, K. 2012/9833, zit.n. Uyar, S. 5293; U.v. 2.7.2012, E. 2012/5806, K. 2012/6641, legal, s.a. Uyar, S. 3779; U.v. 26.6.2012, E. 2012/4517, K. 2012/6188, kazancı, s.a. Şıpka/Özdoğan 2017, S. 205–207; U.v. 25.6.2012, E. 2012/716, K. 2012/6096, zit.n. Uyar, S. 4601 s.a. Uluç, S. 1282; U.v.

Durch die Formulierung „des Gutes"/„das Gut" wurde also bis 2015 häufig ausdrücklich vom Gesetzeswortlaut abgewichen, während danach nur noch die gesetzliche Formulierung auftaucht, allerdings meist mit dem einschränkenden Einleitungssatz.

Zwischen 2009 und 2015 wurden – wie die in den Fußnoten angegebenen Entscheidungen zeigen – die Formulierungen mit Einzahl und Mehrzahl nebeneinander angewendet. Mangels Erläuterung ist daraus zu schließen, dass sie als inhaltsgleich angesehen wurden. Ab 2015 wurde die Formulierung in Einzahl weggelassen und in ihrer Bedeutung meist durch den einleitenden Satz ersetzt, der den Bezug zum einzelnen Gut herstellt.

18.6.2012, E. 2012/237, K. 2012/5665, zit.n. Uyar, S. 4295; U.v. 5.6.2012, E. 2012/3389, K. 2012/5320, legal; U.v. 29.5.2012, E. 2012/5369, K. 2012/4998, zit.n. Uyar, S. 4333; U.v. 10.5.2012, E. 2012/2920, K. 2012/4048, kazancı, s.a. Şıpka/Özdoğan 2017, S. 450; U.v. 7.5.2012, E. 2011/7126, K. 2012/3851, zit.n. Özuğur, S. 378; U.v. 26.4.2012, E. 2012/3457, K. 2012/3389, legal, s.a. Özuğur, S. 387, Şıpka/Özdoğan 2017, S. 331; U.v. 19.3.2012, E. 2011/4168, K. 2012/1935, legal, s.a. Uyar, S. 3398, 4297, Günarslan, S. 142 Fn 484; U.v. 12.3.2012, E. 2011/3749, K. 2012/1722, zit.n. Uyar, S. 4233; U.v. 8.3.2012, E. 2011/3535, K. 2012/1557, zit.n. Uyar, S. 4159; U.v. 6.3.2012, E. 2151, K. 2012/1517, zit.n. Özuğur, S. 401, s.a. Uyar, S. 4298, 4372, 4605; U.v. 24.1.2012, E. 2011/2151, K. 2012/290, zit.n. Günarslan, S. 120 Fn 425; U.v. 17.1.2012, E. 2011/7173, K. 2012/95, zit.n. Uyar, S. 4298; U.v. 6.12.2011, E. 2011/6817, K. 2011/6689, zit.n. Mortaş, S. 302; U.v. 29.11.2011, E. 2011/6617, K. 2011/6399, legal; U.v. 21.6.2011, E. 2010/7233, K. 2011/3613, legal, s.a. Özuğur, S. 421, Mortaş, S. 299; U.v. 13.6.2011, E. 2010/5757, K. 2011/3446, legal; U.v. 7.6.2011, E. 2011/1323, K. 2011/3241, legal, s.a. Şıpka/Özdoğan 2017, S. 243f., Uluç, S. 1341f.; U.v. 24.5.2011, E. 1185, K. 2011/1185, zit.n. Özuğur, S. 430, E. 2011/1185, K. 2011/3080, zit.n. Uyar, S. 4303 u. E. 843, K. 2011/3078, zit.n. Özuğur S. 432; U.v. 15.2.2011, E. 2010/6041, K. 2012/728, zit.n. Uyar, S. 4615; U.v. 10.2.2011, E. 2010/3537, K. 2011/595, zit.n. Özuğur, S. 443; U.v. 2.12.2010, E. 2010/4077, K. 2010/5777, zit.n. Uyar, S. 4619; U.v. 30.11.2010, E. 2010/4845, K. 2010/5732, zit.n. Özuğur, S. 465; U.v. 9.11.2010, E.4036, K. 2010/5462, zit.n. Özuğur, S. 445; U.v. 5.10.2010, E. 3210, K. 2010/4549, zit.n. Özuğur, S. 449; U.v. 9.11.2010, E. 4036, K. 2010/5462; U.v. 26.10.2010, E. 3594, K. 2010/5112, zit.n. Özuğur, S. 462; U.v. 9.2.2010, E. 2009/6262, K. 2010/611, legal, s.a. Şıpka/Özdoğan 2015, S. 5, Gençcan 2018, S. 1196–1198, Gençcan 2019, S. 1594f., Uluç, S. 1111f.; U.v. 8.2.2010, E. 5059, K. 2010/562 (zwei verschiedene Formulierungen hintereinander), zit.n. Özuğur, S. 470; U.v. 15.1.2010, E. 2009/3121, K. 2010/114, legal, s.a. Uyar, S. 4377; U.v. 6.10.2009, E. 2863, K. 2009/4614, zit.n. Özuğur, S. 480, s.a. Şıpka/Özdoğan 2017, S. 307; U.v. 23.6.2009, E. 2009/1609, K. 2009/3325, zit.n. Uluç, S. 1309f., s.a. Gençcan 2018, S. 891, Gençcan 2019, S. 1197f.

Die Rechtsprechung des 8. Senats hat ihren Ursprung schon in Entscheidungen des zuvor zuständigen 2. Senats. Dieser hatte eine Forderung aus ehebedingter Zuwendung neuen Rechts bezogen auf einen Gegenstand von sich aus als Beteiligungsforderung gewertet.

Der Vorsitzende des 2. Senats Gençcan hatte dem in einem Minderheitsvotum widersprochen.[321]

Entsprechend formulierte der 2. Senat weiter:

> *„Die Klageforderung bezüglich der in der Klageschrift genannten erworbenen Güter ist eine Forderung auf Beteiligung (Art. 231 TMK)....“*[322]

Die Beteiligungsforderung ergibt sich aus dem Wertzuwachs. Schon in den Urteilsformulierungen wird dies auf einen Wertzuwachs bezogen, der sich aus bestimmten streitgegenständlichen Gegenständen ergibt.

Gençcan[323] führt einige Beispiele auf, in denen in den Urteilen des 8. Senats jeweils nur einzelne Gegenstände erörtert und aus ihrem Wert Ansprüche ermittelt werden.

Hier einige weitere Formulierungsbeispiele:

> *„...eine Beteiligungsforderung mittels Auseinandersetzung des Güterstandes bezüglich der streitgegenständlichen Immobilien...“*[324]

> *„...die Berechnung der Beteiligungsforderung am Wertzuwachs bezüglich der Immobilien Parzelle 1 und 2...“*[325]

> *„Der Klägervertreter macht eine Forderung aus Güterstandsauseinandersetzung wegen in der Klage angegebener Immobilie und Fahrzeug geltend....“*[326]

> *„Der Kläger erhebt eine Beteiligungsforderung von 7000 TL.... wegen der in der Ehezeit erworbenen Immobilie....“*[327]

> *„...die Beteiligungsforderung am Wohneigentum A Block Nr. 25 auf der in der Ehe als erworbenes Gut auf den Beklagten registrierten Parzelle 117 Flur 1....“*[328]

---

321 U.v. 14.11.2006, E. 2006/4858, K. 2006/15624, legal, s.a. Gençcan 2018, S. 887–889, Gençcan 2019, S. 1194f.

322 2. Zivilsenat: U.v. 28.3.2007, E. 2006/17694, K. 2007/5110, kazancı.

323 Gençcan 2018, S. 890–895, Gençcan 2019, S. 1193–1200.

324 U.v. 5.12.2017, E. 2016/8131, K. 2017/16135, uyap.

325 U.v. 5.12.2017, E. 2016/8131, K. 2017/16135, uyap.

326 U.v. 8.11.2017, E. 2015/20773, K. 2017/14826, legal.

327 U.v. 18.1.2016, E. 2014/18626, K. 2016/354, legal, uyap, s.a. Gençcan 2018, S. 1138f., Gençcan 2019, S. 1587f.

328 U.v. 25.1.2010, E. 2009/3513, K. 2010/238, legal.

„...eine Beteiligungsforderung an dem auf der im Namen der Beklagten erworbenen Parzelle 4740 befindlichen Ladengeschäft Nr. 13....“[329]

„...das Haus, welches Gegenstand der Beteiligungsforderung ist....“[330]

„... eine Beteiligungsforderung bezogen auf 38.629 TL Pensionsbonus und 28.305 TL Zinseinkünfte....“[331]

Dementsprechend verlangt der 8. Senat, dass die Kläger die jeweiligen Forderungen aus den einzelnen erworbenen Gegenständen in der Klageschrift darlegen.[332]

Sofern die Klägerseite nur einen Gesamtbetrag aus verschiedenen Einzelgegenständen fordert, teilen die Gerichte oft diesen Betrag zu gleichen Teilen auf die Gegenstände auf. Soweit sich dann aus einem Einzelgegenstand eine höhere Forderung ergibt als aus diesem fiktiven Klageteil, wird der überschießende Betrag nicht zugesprochen.[333]

Auch von den Instanzgerichten fordert der Senat, dass im Urteil die einzelnen Beteiligungsansprüche getrennt ausgewiesen werden.[334]

Dem Herangehen des Senats entspricht weiterhin, dass Entscheidungen über die Ansprüche aus einzelnen Gütern auch getrennt rechtskräftig werden können (s.u. E. V.):

In einer Entscheidung vom 10.12.2013 wurde separat die erstinstanzliche Entscheidung bezüglich der Beteiligungsansprüche aus einer Immobilie bestätigt und die Entscheidung bezüglich eines PKW aufgehoben.[335] In einer Entscheidung vom 3.10.2013 wurde der Ausspruch zur Beteiligung bezüglich einer Ehewohnung rechtskräftig, der bezüglich eines Genossenschaftsanteils aufgehoben und zurückverwiesen.[336]

---

329 U.v. 25.1.2010, E. 2009/4270, K. 2010/243, legal.

330 U.v. 6.10.2009, E. 2009/2863, K. 2009/4614, legal, uyap, s.a. Şıpka/Özdoğan 2017, S. 307.

331 U.v. T. 6.10.2009, E. 2009/2871, K. 2009/4610, kazancı.

332 U.v. 15.5.2018, E. 2018/9521, K. 2018/12664, uyap; U.v. 10.4.2018, E. 2016/17174, K. 2018/11024, uyap; U.v. 20.6.2013, E. 2013/10529, K. 2013/9598, legal, kazancı, s.a. Şıpka/Özdoğan 2017, S. 49; U.v. 12.6.2014, E. 2014/7621, K. 2014/12283, legal, kazancı, uyap, s.a. Şıpka/Özdoğan 2017, S. 49.

333 U.v. 1.6.2015, E. 2014/2082, K. 2015/12168, legal, s.a. Şıpka/Özdoğan 2015, S. 45.; U.v. 5.12.2016, E. 2015/7964, K. 2016/16467, legal, uyap, s.a. Kırmızı, S. 501; U.v. 28.3.2017, E. 2015/14041, K. 2017/4507, legal, s.a. Karamercan 2018, S. 1084f.

334 „Kalem kalem“, z.B. U.v. 3.4.2019, E. 2016/21544, K. 2019/3558, uyap; U.v. 6.2.2019, E. 2019/482, K. 2019/1058, legal, uyap.

335 E. 2013/16653, K. 2013/18672, zit.n. Uluç, S. 1129f.

336 E. 2013/15501, K. 2013/14187, zit n. Uluç, S. 1379f.

Sofern sich die Parteien bei der einverständlichen Scheidung (Art. 166 Abs. 3 TMK) auf eine güterrechtliche Auseinandersetzung geeinigt haben, hindert dies eine spätere Klage nur bezüglich der im Vergleich erwähnten Güter.[337]

In einer Entscheidung vom 16.12.2013 wurde eine erstinstanzliche Entscheidung aufgehoben, weil dort bei der Berechnung der Beteiligungsforderung die Lastanhänger des Beklagten mitgerechnet worden waren, während sich die Klage nur auf die Zugmaschinen bezogen hatte.[338]

In einer Entscheidung vom 7.2.2017 hat der 8. Senat es zugelassen, dass eine Beteiligungsklage sich nur auf bestimmte Zahlungen des Eigentümerehegatten auf seine Immobilie bezieht, ohne dass gleichzeitig die Immobilie selbst vom Kläger einbezogen werden musste, bzw. vom Gericht von sich aus einbezogen werden durfte.[339]

Der 8. Senat hat am 28.11.2016 einen Verbindungsbeschluss aufgehoben, mit dem zwei Klagen aus Beteiligungsforderung an zwei verschiedenen Grundstücken des gleichen Ehegatten verbunden worden waren. Die getrennte Behandlung sei sachgerechter.[340]

Aus diesen Entscheidungen ist erkennbar, dass der 8. Senat die Einzelauseinandersetzung nicht für eine m. o.w. beliebige Variante der Berechnung hält, sondern zwingend den Wertzuwachs als an ein bestimmtes Gut gebunden ansieht.

Entsprechend seiner Betrachtungsweise verwendet der 8. Senat den Begriff der „Aktiva" und „Passiva" nur äußerst selten,[341] also nicht systematisch. Dabei wird der Begriff ‚Passivum' überwiegend ausdrücklich auf Objektschulden bezogen, also nicht im Sinne einer Gesamtauseinandersetzung.

---

337 U.v. 20.9.2017, E. 2017/9765, K. 2017/11128, legal, s.a. Kırmızı S. 270–272, 424–430.

338 E. 2013/6731, K. 2013/19083, zit.n. Uluç, S. 1167–1169f.

339 E. 2015/1406, K. 2017/1286, uyap, s.a. Karamercan 2018, S. 725f.

340 E. 2015/6851, K. 2016/16170, legal, uyap, s.a. Karamercan 2018, S. 1071, Karamercan 2019, S. 1071f.

341 „Aktif": U.v. 29.11. 2016, E. 2016/20907, K. 2016/16289 legal, uyap; U.v. 21.12.2015, E. 2014/14942, K. 2015/22887, legal, uyap; U.v. 20.5.2013, E. 2012/11057, K. 2013/7419, kazancı, s.a. Şıpka/Özdoğan 2015, S. 176, 194, http://www.turkhukuksitesi.com/showthread.php?t=5218&page=3; „Pasif": U.v. 16.3.2016, E. 2014/21623, K. 2016/4774, legal, uyap; U.v. 30.9.2015, E. 2014/7341, K. 2015/17019 uyap; U.v. 10.6.2015, E. 2014/4341, K. 2014/11910, legal, kazancı, uyap; U.v. 13.3.2014, E. 2014/4130, K. 2014/4227, legal, kazancı, uyap, s.a. Mortaş, S. 294f.; U.v. 20.6.2013, E. 2013/10621, K. 2013/9724, kazancı; U.v. 23.5.2013, E. 2012/11340, K. 2013/7775, kazancı.

b) Der Begriff der Gesamtauseinandersetzung

Der Begriff der Gesamtauseinandersetzung (küllî tasfiye) bezeichnet- wie oben dargestellt- die Auseinandersetzung des Gesamtvermögens beider Ehegatten. Soweit in der Literatur aber ein spezieller Begriff hierfür erscheint, ist es der Begriff der „kumulativen Auseinandersetzung" (kümülatif tasfiye[342]).

Der 8. Senat beschränkt den Begriff der Gesamtauseinandersetzung demgegenüber auf die gleichzeitige Behandlung der gegenseitigen Forderungen der Ehegatten nach Art. 236 Abs. 1 S. 2 TMK. Vom Begriff erfasst ist daher nur die Auseinandersetzung der Vermögensgegenstände, die von einem der Ehegatten ins Verfahren eingeführt wurden.

Diese Auseinandersetzung wird daher in den Urteilen oft mit dem Klammerzusatz „çifte" (zweiseitige) versehen.[343] In Einzelfällen allerdings auch mit dem Zusatz „tam" (vollständig).[344]

Da in der Vorstellung des 8. Senats die güterrechtliche Auseinandersetzung am einzelnen Gegenstand hängt, hatte er auch Schwierigkeiten, die gegenseitigen Forderungen der (früheren) Ehegatten in ein prozessuales Verhältnis zu bringen: Art. 236 TMK unterstellt ja in seiner systematischen Stellung die Einbeziehung des gesamten Vermögens. Er soll der letzte Schritt des Gesamtausgleichs bezüglich

---

342 Mortaş, S. 399f.

343 U.v. 19.9.2017, E. 2016/8278, K. 2017/11045 zit.n. Kırmızı, S. 439; U.v. 23.2.2012, E. 2011/3303, K. 2012/1083, zit.n. Şıpka/Özdoğan 2017, S. 357; U.v. 3.5.2012, E. 2012/3516, K. 2012/3770, legal; U.v. 8.10.2013, E. 2013/11000, K. 2013/14461, legal, kazancı, uyap, s.a. Şıpka/Özdoğan 2017, S. 616f., Uluç Urt. Nr. 460, S. 1370–1375, Karamercan 2018, S. 982–985; U.v. 14.1.2014, E. 2013/18697, K. 2014/151, kazancı, uyap, s.a. Şıpka/Özdoğan 2017, S. 37, 357f., Gençcan 2018, S. 1218, Gençcan 2019, S. 1616, Uluç, S. 1135f., Kırmızı, S. 534f. u E. 2013/18689, K. 2014/152, legal, kazancı, uyap, s.a. Şıpka/Özdoğan 2017, S. 449, Uluç, S. 1269–1272; U.v. 23.5.2013, E. 2012/11612, K. 2013/7826, zit.n. Özuğur, S. 335, s.a. Mortaş, S. 400; U.v. 23.10.2014, E. 2013/18595, K. 2014/19017, legal, kazancı, s.a. Karamercan 2019, S. 1002; U.v. 6.11.2014, E. 2014/19863, K. 2014/20358, legal, kazancı, uyap, s.a. Özuğur, S. 232, Mortaş, S. 401.

344 U.v. 19.9.2017, E. 2016/8278, K. 2017/11045 zit.n. Kırmızı, S. 439; U.v. 31.10.2014, E. 2013/17773, K. 2014/19682, legal, uyap; U.v. 14.1.2014, E. 2013/18689, K. 2014/152, legal, kazancı, uyap, s.a. Şıpka/Özdoğan 2017, S. 449, Uluç, S. 1269–1272; U.v. 8.10.2013, E. 2013/11000, K. 2013/14461, legal, kazancı, uyap, s.a. Uluç, S. 1373–1375, Karamercan 2018, S. 981–985, Karamercan 2019, S. 993–999; U.v. 2.5.2013, E. 2012/9607, K. 2013/6424 kazancı, s.a. Uluç U. Nr. 461, S. 1375–1377; U.v. 6.11.2014, E. 2014/19863, K. 2014/20358, legal, kazancı, uyap; U.v. 7.2.2013, E. 2012/6734, K. 2013/1233, zit n. Uluç, S. 1380–1383.

der beendeten Ehe sein. Der 8. Senat macht hieraus eine einfache Aufrechnung der Forderungen, die sich aus dem ergeben, was die Eheleute meinten, ins Verfahren einführen zu sollen.

Im ersten Schritt hat der 8. Senat zunächst entschieden, dass zwei wechselseitige Verfahren auf Beteiligung beim Gericht des zuerst eingeleiteten Verfahrens zusammengeführt werden müssen. Das Gleiche gilt natürlich für Verfahren gleichen Rubrums, die sich auf verschiedene Gegenstände beziehen. Hier wird vom Senat (im Gegensatz zur Vorinstanz) kein Problem der Rechtshängigkeit gesehen, nur die Verbindung der Klagen gefordert.[345] Allerdings hat der 8. Senat – wie oben unter E.III.1.a erwähnt – am 28.11.2016 einen Verbindungsbeschluss aufgehoben, mit dem zwei Klagen aus Beteiligungsforderung an zwei verschiedenen Grundstücken des gleichen Ehegatten verbunden worden waren. Die getrennte Behandlung sei sachgerechter.[346]

Auch verlangt der Senat für die Verbindung von Klage und Widerklage die prozessual rechtzeitige Erhebung der Widerklage, die ansonsten abzutrennen sei.[347]

Anfänglich forderte der Senat für die Aufrechnung der wechselseitigen Forderungen auf Errungenschaftsbeteiligung bzw. Mehrwertanteil noch eine eigene Klage oder Widerklage (mit Kostenvorschuss).[348]

Sodann wurde zwar präzisiert, dass es Aufgabe des Gerichts sei, die wechselseitige Verrechnung „von Amts wegen" durchzuführen,[349] eine eigene Klage wurde dann nicht mehr gefordert.[350]

345 Nach Art 133 ZPO, U.v. 9.3.2016, E. 2015/21619, K. 2016/4172, legal, kazancı, uyap, s.a. Gençcan 2018, S. 823, Gençcan 2019, S. 1109. So auch U.v. 17.5.2018, E. 2016/2477, K. 2018/12878, uyap.

346 E. 2015/6851, K. 2016/16170, legal, uyap, s.a. Karamercan 2018, S. 1071, Karamercan 2019, S. 1071f.

347 U.v. 8.5.2018, E. 2016/2876, K. 2018/12283, uyap.

348 U.v. 27.4.2010, E. 2010/953, K. 2010/2148, legal, uyap, s.a. Uluç, S. 1347, Kırmızı 2012, S. 674–676; U.v. 23.2.2012, E. 2011/3303, K. 2012/1083, zit.n. Sıpka/Özdoğan 2017, S. 249f.

349 U.v. 28.10.2014, E. 2013/13591, K. 2014/19457, legal, kazancı, uyap, s.a. Mortaş, S. 303 Fn 528; U.v. 3.5.2012, E. 2012/3516, K. 2012/3770, legal; U.v. 6.11.2014, E. 2014/19863, K. 2014/20358, legal, kazancı, uyap, s.a. Özuğur, S. 232, Mortaş, S. 401.

350 U.v. 6.11.2014, E. 2014/19863, K. 2014/20358, legal, kazancı, uyap, s.a. Özuğur, S. 232, Mortaş, S. 401; U.v. 21.01.2014, E. 2013/18048, K. 2014/778 legal, kazancı, uyap, s.a. Şıpka/Özdoğan 2017, S. 358f., Karamercan 2018, S. 986f., Karamercan 2019, S. 1000f.; U.v. 14.1.2014, E. 2013/18697, K. 2014/151, kazancı, uyap, s.a. Şıpka/Özdoğan 2017, S. 37, 357f., Gençcan 2018, S. 1218, Gençcan 2019, S. 1616, Uluç, S. 1135f.; U.v. 8.10.2013, E. 2013/11000, K. 2013/14461, legal, kazancı, uyap, s.a. Şıpka/Özdoğan

Der Anspruch muss allerdings als Einrede (def'i) geltend gemacht sein,[351] oder die Verrechnung nach Art. 236 muss ausdrücklich gefordert sein.[352]

Dies wird damit begründet, dass das Gericht an die Disposition der Parteien gebunden sei[353] und von sich aus ja nicht wissen könne, welche Gegenforderung bestehe.[354]

Trotzdem wurde in einem anderen Fall die Aufrechnung abgelehnt, obwohl ihre Höhe bekannt war: Sofern der Beklagte nämlich die Aufrechnung nicht fordere, dürfe der halbe Wertzuwachs des Klägers nicht gegengerechnet werden.[355]

Wird die Widerklage nicht fristgerecht erhoben, muss das Verfahren abgetrennt werden.[356]

Diese Urteile machen deutlich, dass der 8. Senat die Gesamtauseinandersetzung nicht als Gesamtkonzept der vollständigen und abschließenden Auseinandersetzung des Vermögens der Ehegatten akzeptiert, sondern nur da anwendet,

---

2017, S. 616f., Uluç Urt. Nr. 460, S. 1370–1375, Karamercan 2018, S. 979–985, Karamercan 2019, S. 993–999, Mortaş, S. 4, Gençcan 2018, S. 1219–1224, Gençcan 2019, S. 2035; weiterhin Mortaş, S. 402.

351 U.v. 2.5.2013, E. 2012/9607, K. 2013/6424, kazancı, s.a. Uluç U. Nr. 461, S. 1375–1377; U.v. 14.1.2014, E. 2013/18689, K. 2014/152, legal, kazancı, uyap, s.a. Şıpka/Özdoğan 2017, S. 449; U.v. 31.1.2014, E. 2013/7234, K. 2014/1419 kazancı, s.a. Şıpka/Özdoğan 2017, S. 295, Karamercan 2018, S. 987, Mortaş, S. 400, Uluç, S. 1176–1179; U.v. 8.4.2014, E. 2014/145, K. 2014/6427 kazancı, uyap, s.a. Karamercan 2018, S. 911, Karamercan 2019, S. 1001, Şıpka/Özdoğan 2017, S. 40; U.v. 23.10.2014, E. 2013/18595, K. 2014/19017, legal, kazancı, s.a. Karamercan 2018, S. 987, Karamercan 2019, S. 1002; U.v. 28.10.2014, E. 2013/13591, K. 2014/19457, legal, kazancı, uyap, s.a. Karamercan 2018, S. 988f.; U.v. 9.12.2014, E. 2014/10017, K. 2014/22102, legal, kazancı, uyap.

352 Akçin S. 194; U.v. 19.9.2017, E. 2016/8278, K. 2017/11045 zit.n. Kırmızı, S. 439; U.v. 1.3.2016, E. 2015/10402, K. 2016/3683, uyap, s.a. Gençcan 2018, S. 1218f., Gençcan 2019, S. 1623; U.v. 2.5.2013, E. 2012/9607, K. 2013/6424 kazancı, s.a. Uluç U. Nr. 461, S. 1375–1377; U.v. 6.11.2014, E. 2014/19863, K. 2014/20358, legal, kazancı, uyap; U.v. 7.2.2013, E. 2012/6734, K. 2013/1233, zit n. Uluç, S. 1380–1383.

353 U.v. 8.10.2013, E. 2013/11000, K. 2013/14461, legal, kazancı, uyap, s.a. Şıpka/Özdoğan 2017, S. 616f., Uluç Urt. Nr. 460, S. 1370–1375, Karamercan 2018, S. 979–985, Karamercan 2019, S. 993–999, Mortaş, S. 4, Gençcan 2018, S. 1219–1224; U.v. 27.4.2015, E. 2014/13145, K. 2015/9447, legal, kazancı, s.a. Karamercan 2018, S. 989, Karamercan 2019, S. 1003.

354 U.v. 14.1.2014, E. 2013/18697, K. 2014/151, kazancı, uyap, s.a. Şıpka/Özdoğan 2017 S. 357f., Gençcan 2018, S. 1218f., Gençcan 2019, S. 1622, Uluç, S. 1169–1172.

355 U.v. 28.10.2014, E. 2013/13591, K. 2014/19457, legal, kazancı, uyap, s.a. Karamercan 2018, S. 988f., Karamercan 2019, S. 1002f.

356 U.v. 3.7.2018, E. 2016/6844, K. 2018/14772, legal, uyap, s.a. Karamercan 2019, S. 1072f.

wo das Gesetz ihn bei der Forderung der amtswegigen Verrechnung der wechselseitigen Ansprüche ausdrücklich dazu zwingt.

c) *Auswirkungen auf die Behandlung der ehebedingten Zuwendung*

Wenn die Klage ausdrücklich als Klage aus ehebedingter Zuwendung (nach neuem Recht) auf einen einzelnen Gegenstand erhoben wird, behandelt die Rechtsprechung diese oft trotzdem als Klage auf Errungenschaftbeteiligung.[357] Der früher zuständige 2. Senat hatte zunächst noch betont, dass die Forderung aus ehebedingter Zuwendung von der auf Gesamtauseinandersetzung unterschieden werden müsse.[358] So hatte auch der Große Zivilsenat im Jahre 2008 entschieden. Dort hatte die Klägerin nur aus ehebedingter Zuwendung geklagt, es lag aber keine Zuwendung vor. Die Klage wurde abgewiesen, ohne dass eine Beteiligung am Wertzuwachs geprüft wurde.[359]

In einer Entscheidung von 2012 ist der Große Zivilsenat dann der Auffassung des 8. Senats gefolgt.[360]

Denn bei einer Zuwendung aus der Errungenschaft führt das Erfordernis der ausdrücklichen Geltendmachung der Aufrechnung zu sonderbaren Ergebnissen.

Das zeigt sich an einem vom 8. Senat am 30.5.2016[361] entschiedenen Fall:

Hier hatte die 1. Instanz Leistungen aus der Errungenschaft als zum Mehrwertanteil gerechnet:

> *„Zum Urteil des Grundgerichts, mit welchem der Klage von… gegen den Pfleger… auf Errungenschaftsbeteiligung und Mehrwertanteil teilweise stattgegeben worden war.*
>
> *.....*
>
> *Der Klägervertreter forderte 10.000 TL Errungenschaftsbeteiligung und Mehrwertanteil mit der Begründung, die in der Ehe erworbene Immobilie sei mit einer Zuwendung aus verkauftem Schmuck und Lohn aus Erwerbstätigkeit finanziert worden.*
> *Im Wege der Klageerhöhung fordert er 191.587,00 TL.*
> *Der Beklagte hat nicht erwidert.*

---

357 2. Zivilsenat: U.v. 14.11.2006, E. 2006/4858, K. 2006/15624, legal, s.a. Şıpka/Özdoğan 2017, S. 353; Großer Zivilsenat: U.v. 12.9.2012, E. 8–365, K. 2012/561, legal, s.a. Uluç, S. 1332–1336.

358 2. Zivilsenat: U.v. 27.11.2007, E. 2007/564, K. 2007/16534, kazancı, s.a. Gençcan 2018, S. 551, Gençcan 2019, S. 830; U.v. 20.11.2008, E. 2008/13091, K. 2008/15584 zit.n. Gençcan 2018, S. 551, Gençcan 2019, S. 830.

359 U.v. 18.6.2008, E. 2008/2–432, K. 2008/444, legal, s.a. Uluç, S. 982–984.

360 U.v. 12.9.2012, E. 8–365, K. 2012/561, legal, s.u. E. III.2.

361 E. 2015/1845, K. 2016/9455, legal, uyap, s.a. Kırmızı, S. 511–513.

Der streitgenössische Beklagtenvertreter hat die Zuwendung bestritten und erklärt, die Immobilien seinen vom Vater des Verstorbenen geschenkt worden.
Die 1. Instanz hat die streitgenössischen Beklagten zur Zahlung von 49.490 TL Mehrwertanteil und… Errungenschaftsbeteiligung, zusammen 165.137 TL verpflichtet.
1. *Die Einwendungen der Beklagten sind unberechtigt mit folgender Ausnahme (2., 3.)*
2. ……*Nach dem Sachvortrag handelt es sich um eine Forderung aus Errungenschaftsbeteiligung und Mehrwertanteil.*
…Die Ehegatten haben am 23.8.2003 geheiratet, die Ehe endete durch Tod eines Ehegatten am 39.9.2007.
Der auseinanderzusetzende Immobilienanteil von 113.400/907.200 wurde am 19.3.2007 vom Vater des Verstorbenen, der Immobilienanteil von 10080/907200 am 29.5.2007 von einer dritten Person im Wege des Kaufs auf den Verstobenen übertragen.
Mit Ausnahme des Immobilienanteils von 11.340/907.200 wurde eine Schenkung nicht nachgewiesen.
Daher ist der Anteil von 10.080/907.200 als Errungenschaft zu qualifizieren.
Soweit nicht auf Mehrwertanteil wegen des Schmucks erkannt wurde, sind die Ermittlungen unzureichend.
Es wurde festgestellt, dass die Klägerin den Erlös von….Schmuck zugewendet hat.
Daher muss neben der Errungenschaftsbeteiligung Mehrwertanteil berücksichtigt werden.
Dabei war es aber falsch, die Ersparnisse aus Erwerbstätigkeit beim Mehrwertanteil mitzurechnen. Die Ehe wurde nämlich nach Inkrafttreten des TMK am 1.1.2002 geschlossen und diese Ersparnisse wurden danach getätigt, nach Art. 219 TMK ist dieses Vermögen auch Errungenschaft.
Daher ist für den Mehrwertanteil der Wert des Schmucks zur Zeit der Zuwendung durch SV zu ermitteln, ebenso der Wert der Immobilien zum Zeitpunkt der Auseinandersetzung….“[362]

Nimmt man an, dass im vorliegenden Fall die Klägerin bei Ende des Güterstandes kein eigenes Vermögen besaß, so müsste sie eigentlich aus ehebedingter Zuwendung nach Art. 227 aus der Errungenschaft erstmals eine eigene Errungenschaft. Die Hälfte dieses Betrages müsste eigentlich nach Art. 236 Abs. 1 TMK mit den sonstigen güterrechtlichen Forderungen verrechnet werden. Hierfür wäre nach der Rechtsprechung des Senats aber ein Antrag, bzw. eine Einrede erforderlich. Der Senat würde also ohne Reaktion des Beklagten ein Ergebnis produzieren, welches falsch wäre. Um dies zu vermeiden, verneint er die Zuwendung aus der Errungenschaft ganz und verweist die Beträge in die Berechnung der Beteiligung am Wertzuwachs.

362 Es folgen Ausführungen über die Berücksichtigung des Umstands, dass die Klägerin neben den Beklagten zu ¼ Erbin ist.

Damit ist das Ergebnis in der Regel gerettet, weil die Klägerin von vorneherein das nur zur Hälfte erhält, was sonst zur Hälfte verrechnet werden müsste. Um dies zu erreichen, muss aber eine nach dem Gesetz existierende Zuwendung geleugnet werden.

Das führt zu falschen Ergebnissen, wenn der Wertzuwachs negativ wird.

Würde man demgegenüber von vorneherein eine Gesamtauseinandersetzung (ohne Erfordernis des Gegenantrags oder der Einrede) durchführen, könnte man (wie dies in der Schweiz geschieht) innerhalb des Rechenwerks auf die Berücksichtigung der Zuwendung von Errungenschaft zu Errungenschaft verzichten, nachdem man geprüft hat, ob der Wertzuwachs negativ wird.

2. Entscheidungen des Großen Zivilsenats

Der Große Zivilsenat des Kassationshofs wird in der Sache nur tätig, wenn ein Untergericht nach Aufhebung seiner Entscheidung durch den Fachsenat auf seiner Rechtsauffassung beharrt und auf der gleichen Tatsachengrundlage die gleiche Entscheidung trifft wie zuvor.

Es handelt sich dabei um Einzelfallentscheidungen, die inhaltlich keine Bindungswirkung für den Fachsenat über den Fall hinaus haben.[363]

Zur vorliegenden Frage der Gesamtauseinandersetzung scheint es nur wenige Entscheidungen zu geben. In der Literatur zitiert wird die Entscheidung vom 12.9.2012.[364]

Der Entscheidung lag folgender Fall zugrunde:

Die Parteien hatten 1983 geheiratet, auf Antrag von Oktober 2007 war die Ehe 2009 geschieden worden. Die güterrechtliche Klage war dann 2009 erhoben worden, und zwar gestützt auf einen Anspruch aus ehebedingter Zuwendung nach altem Recht. Das 2. Familiengericht Elaziğ hat der Klage stattgegeben. Dieses Urteil wurde vom 8. Zivilsenat am 27.10.2011 aufgehoben.

Zur Begründung einer Teilklage auf 30.000 TL war vorgetragen worden, der Beklagte habe in der Ehezeit eine Immobilie erworben und die Klägerin habe zum Erwerb als Reinigungskraft und Haushaltshilfe beigetragen. Der Beklagte

---

363 Beispielsweise gab es längere Zeit Differenzen der Fachsenate (2. und 3. Zivilsenat) untereinander und mit dem Großen Zivilsenat über den Begriff der „Bedürftigkeit" im Nachscheidungsunterhalt, ohne dass auch eine verbindliche Klärung durch den Großen Zivilsenat für Rechtsprechungsvereinheitlichung erfolgte (vgl. Özen/Odendahl, S. 34f). Andererseits waren die Entscheidungen des Großen Zivilsenats im Bereich der Verjährung güterrechtlicher Forderungen nachhaltig (s.u. VIII).

364 E. 8–365, K. 2012/561, legal.

hatte sich damit verteidigt, dass der Erwerb der Immobilie aus dem Verkauf einer nicht streitgegenständlichen Eigengutimmobilie ermöglicht worden sei. Diese Verteidigung hatte das Familiengericht akzeptiert und den Erlös der verkauften Immobilie vom Wert der streitgegenständlichen Immobilie abgezogen, den restlichen Wert als Errungenschaft behandelt. Der Betrag von 30.000 TL wurde als Beteiligungsforderung akzeptiert.

Die Revision des Beklagten richtete sich gegen die Berechnung der Beteiligungsforderung, die der Klägerin gegen die Ablehnung des Vorbehalts weiterer Rechte. Die „streitgegenständliche Immobilie" war 2006 erworben worden, also im neuen Güterstand.

Der 8. Senat bewertet sodann die als Anspruch aus ehebedingter Zuwendung erhobene Forderung als Beteiligungsforderung, weil der Erwerb im neuen Güterstand erfolgte.

Die Eigengutsimmobilie war nach Kaufvertrag für nur 29.000 TL verkauft worden. Der Beklagte behauptete nun, der wirkliche Erlös sei höher gewesen und habe die Kosten der neuen Immobilie ganz abgedeckt. Nach Auffassung des Revisionsurteils hätte das Familiengericht hier den Wert der verkauften Immobilie zum Verkaufszeitpunkt ermitteln müssen, um zu prüfen, ob er dem Kaufpreis der neuen Immobilie von 86.000 TL entsprach.

Bejahendenfalls wäre auch die neue Immobilie als Eigengut zu werten, und die Klage abzuweisen gewesen. Soweit der Wert dem Kaufpreis der neuen Immobilie nur teilweise entsprach, wäre die Beteiligungsforderung aus dem Errungenschaftsanteil zu berechnen.

Der Klägerin hätte demgegenüber die Ausübung weiterer Rechte vorbehalten werden müssen.

Das Familiengericht beharrte demgegenüber auf seiner Entscheidung. Der Beklagte ging in Revision.

Auch der Große Zivilsenat wertete die Klage als eine auf Errungenschaftsbeteiligung. Er sieht als zentrales Problem des Rechtsstreits an, wie der Beklagte seinen Eigengutsanteil beweisen kann.

Nach mehrheitlicher Auffassung des Großen Senats war die Feststellung in Rechtskraft erwachsen, dass der Vorgang nicht als ehebedingte Zuwendung nach neuem Recht (Art. 227) zu bewerten sei.

Zur Berechnung der Beteiligungsforderung orientiert sich der Große Zivilsenat am Gesetz:

„Die Berechnung der Beteiligungsforderung muss dabei erfolgen unter Berücksichtigung nicht des geteilten Gutes, sondern aller erworbenen Güter, aus denen sich der Wertzuwachs ergibt.“[365]

Das Eigengut ist nur erheblich, soweit sich eine Ausgleichsforderung nach Art. 230 ergibt.

Nach Art. 222 ist im Zweifel Errungenschaft anzunehmen. Für den Beweis des Gegenteils ist jedes Beweismittel zulässig. So wurde die Aufhebungsentscheidung bestätigt.

Im Minderheitsvotum kritisiert Gençcan zunächst, dass hier eine ehebedingte Zuwendung ausgeschlossen wurde mit der alleinigen Begründung, der erworbene Gegenstand falle entweder in Errungenschaft oder Eigengut. So werde Art. 227 praktisch außer Kraft gesetzt. (Dieses Vorgehen entspricht der neueren Rechtsprechung des 8. Senats.[366])

Şıpka/Özdoğan[367] zitieren diese Entscheidung als Beleg dafür, dass der Große Senat tatsächlich eine Gesamtauseinandersetzung praktizieren wolle. Gençcan wertet dieselbe Entscheidung in seinem Minderheitsvotum allerdings genau entgegengesetzt. Darin, dass die die auf ein einzelnes Gut bezogene Klage aus ehebedingter Zuwendung als Klage auf Errungenschaftsbeteiligung gewertet werde, zeige sich die falsche Auffassung von der Auseinandersetzung an einem einzelnen Gut.

Mindestens ist festzuhalten, dass der Große Zivilsenat sich nicht ausdrücklich gegen eine Einzelauseinandersetzung gewandt hat. Die Formulierung, dass alle Güter erfasst werden müssten, schließt nicht aus, dass damit nur die streitgegenständlichen gemeint sind. Die Praxis scheint dies so zu sehen, -wie Gençcan es auch kritisiert.

Ausdrücklich festgelegt hat sich der Große Senat dann – soweit erkennbar – nicht mehr.

Allerdings findet sich in einer Entscheidung von 2014 ein der Definition des Wertzuwachses vorangestellter Satz über die festgestellten Gegenstände, welcher an die Formulierungen des 8. Senates erinnert:

„Sofern die streitgegenständlichen beweglichen und unbeweglichen Güter ***als erworbenes Gut*** *festgestellt wurden, muss als Beteiligungsforderung (Art. 236 Abs. 1 TMK) anerkannt werden, was sich ergibt als Hälfte des Wertzuwachses (Art. 231 TMK), der sich ergibt aus dem Wert der erworbenen Güter (Art. 219 TMK) einschließlich der sich aus der*

365 Ebenda, E. 8–365, K. 2012/561, legal.
366 Şıpka/Özdoğan 2017, S. 291–293 m.w.H.
367 Şıpka/Özdoğan 2017, S. 253.

Hinzurechnung (Art. 229) und dem Ausgleich (Art. 230 TMK) ergebenden Beträge und nach Abzug der die Güter betreffenden Schulden (Art. 231 TMK).“[368]

In einer Entscheidung vom 21.2.2018 hat der Große Zivilsenat den einschränkenden Vorspann des 8. Senats, wie er seit 2015 verwendet wird, dann auch wörtlich übernommen.[369]

Am 5.10.2016[370] bestätigte der Große Zivilsenat eine Entscheidung des 8. Senats vom 26.6.2012[371] in einem Verfahren, in dem es um die Verjährungsfrist ging. Dabei zitierte er die bis 2015 verwendete Definition der Ermittlung des Wertzuwachses aus je einem Gut, ohne sie sich allerdings ausdrücklich zu Eigen zu machen. In gleicher Weise bestätigte der Große Zivilsenat am 9.4.2019[372] eine Entscheidung des 8. Senats vom 12.6.2014[373], in der es um die Abgrenzung von Schenkung und Zuwendung ging.

Eine Tendenz des Großen Zivilsenats, die der Rechtsprechung des 8. Senats entgegensteht, ist daher nicht zu erkennen.

3. Die Massenzuordnung der Schulden

a) Unterschiedliche Behandlung von Objektschulden und anderen Schulden

Die gesetzliche Regelung über die Errungenschaftsbeteiligung kennt eine Beweisvermutung für die Massenzuordnung der Schulden (Art. 209 Abs. 2 ZGB, Art. 230 Abs. 2 TMK). Schon hieraus ergibt sich zwingend, dass auch Schulden, die nicht einem Gegenstand zugeordnet sich, in die Berechnung eingehen können – nämlich im Zweifel als Passivum in der Vorschlagsberechnung.

---

368 (Hervorhebung vom Verfasser) „...Davaya konu taşınır ve taşınmazların edinilmiş mal olduğu tespit edildiği takdirde, eklenecek değerlerden (TMK. m. 229) ve denkleştirmeden (TMK. m. 230) elde edilen miktarlar da nazara alınmak suretiyle, edinilmiş malların (TMK. m. 219) değerinden mallara ilişkin borçlar çıkarıldıktan sonra kalan artık değerin (TMK.m.231) yarısı üzerinden (TMK. m. 236/1) davacının katılma alacağının bulunduğunu kabulü gerekir.“ U.v. 05.11.2014, E. 2013/8-1014, K. 2014/843, legal, s.a. Mortaş, S. 296, Şıpka/Özdoğan 2017, S. 46.

369 „Öte yandan mal rejiminin devamı süresince bir eşin sahip olduğu edinilmiş malda, diğer eşin artık değerin yarısı oranında katılma alacak hakkı vardır,“ E. 2017/1673, K. 2018/251, uyap.

370 E. 2016/1061, K. 2016/959, uyap.

371 E. 2012/5049 K. 2012/6308, s. Berichtigungsentscheidung v. 14.1.2013, E. 2012/10976, K. 2013/8, kazancı.

372 E. 2017/1613, K. 2019/419, uyap.

373 E. 2014/11930, K. 2014/12280, kazancı, uyap, s.a. Uyar, S. 4456, Özkan S. 1653.

In der schweizerischen wie türkischen Literatur finden sich daher Ausführungen mit Beispielen für einzelne Typen von Verbindlichkeiten, die nicht aus Anschaffungen herrühren, und die sodann nach bestimmten Kriterien oder nach der gesetzlichen Vermutungsregel zugeordnet werden[374] (s.u. E. III. 4. b).

Demgegenüber berücksichtigt der Kassationshof nur solche Schulden, die direkt einem Gegenstand der Errungenschaft zugeordnet werden können. Dies entspricht dem in der schweizerischen Literatur verwendeten Begriff der Objektschulden.[375]

Zu der Zuordnung der Schulden in der Wertzuwachsberechnung des Art. 231 heißt es in einem Urteil vom 23.5.2013:

> *„Die Wendung ‚die auf diese Waren bezogenen Schulden' muss man so verstehen, dass die von den erworbenen Gütern abzuziehenden Werte (Gelder) von einem erworbenen Gut herrühren müssen."*[376]

Im Urteil des 8. Senats v. 9.05.2016 heißt es:

> *„Eine noch nicht getilgte Verbindlichkeit muss, um in der Auseinandersetzungsrechnung berücksichtigt zu werden, eine Verbindlichkeit des Gutes sein, welches Gegenstand der Auseinandersetzung ist (Art. 230 Abs. 2 TMK). Hat sie diese Eigenschaft nicht, kann der andere Ehegatte nicht für die Schuld des einen verantwortlich gemacht werden."*[377]

Im Urteil des 8. Senats v. 26.9.2016 heißt es:

> *„... mit den vorliegenden Beweismitteln konnte nicht festgestellt werden, dass die Verbindlichkeit aus der Immobilie herrührt...."*[378]

Am Anfang dieser Rechtsprechung steht nach Annahme von Gençcan u.a. eine Entscheidung vom 9.2.2010[379]. Die Beklagte hatte behauptet, eine Immobilie

---

374 Z.B. Zeytin 2017, S. 251f.

375 BK- Hausheer/Aebi-Müller, Rn 15 zu Art. 209.

376 E. 2012/11340, K. 2013/7775, kazancı, s.a. Şıpka/Özdoğan 2017, S. 212, 246: „Görüldüğü gibi maddede yer alan '..bu mallara dair borçlar..' tümcesiyle edinilmiş mallardan düşürülecek değerlerin (paraların) edinilmiş maldan kaynaklanan borç olması gerektiği biçiminde anlaşılmalıdır."

377 E. 2014/24132, K. 2016/8525, legal, kazancı, uyap: „*Ödenmemiş bir borcun, bir denkleştirme unsuru olarak tasfiye hesabında dikkate alınabilmesi için; borcun tasfiyeye tabi tutulacak malın borcu olması gerekir (TMK. m. 230/2). Açıklanan nitelikte olmadığı takdirde eşin borcundan dolayı, diğer eşin sorumluluğu söz konusu olamaz.*"

378 „*Taşınmazdan kaynaklanan borcun bulunduğunu mevcut delillerle ispatlanamadığı...*" E. 2015/3147, K. 2016/12573, kazancı, uyap. Desgl. z.B. U.v. 30.06.2014, E. 2014/10060, K. 2014/13730, kazancı.

379 E. 2009/6262, K. 2010/611, legal, s.a. Şıpka/Özdoğan 2015, S. 5, Gençcan 2018, S. 1196–1198, Gençcan 2019, S. 1594f., Uluç, S. 1111f.;

mit einem Kredit finanziert zu haben, was nach Auffassung des Senats die Vorinstanz nicht ausreichend gewürdigt hat. In einer weiteren Entscheidung vom 18.1.2010 forderte der Senat die Berücksichtigung der Schulden bezüglich eines bestimmten Guts, nämlich eines Ladengeschäfts des Beklagten.[380]

Interessanter ist aber meiner Meinung nach eine Entscheidung des 8. Senats vom 12.4.2012[381]. Der Beklagte hatte sich auf Schulden berufen, die er mit Schuldscheinen unter Beweis stellte. Der Senat lehnte diese Beweisführung unter Hinweis auf das Rechtsmissbrauchsverbot nach Art. 2 TMK ab.

Auch in späteren Entscheidungen wird das Bestreben erkennbar, Manipulationen auszuschließen. So heißt es in einem Urteil vom 8.4.2015[382], dass unkonkrete Zeugenaussagen und zweifelhafte Urkunden zum Beweis einer Verbindlichkeit nicht ausreichen.

In der Entscheidung vom 16.6.2015[383] wurden Schuldurkunden als nicht erheblich bewertet, weil sie zwischen Vater und Sohn jederzeit zum Schein produziert worden sein konnten.

Solange der 8. Senat schon in der Definition des Wertzuwachses selbst an ein bestimmtes Gut der Errungenschaft anknüpfte (also bis 2015), hat er in einigen Entscheidungen dann auch schon in der Definition auch die zu berücksichtigenden Schulden als auf den jeweiligen Gegenstand bezogen gesehen:

> *„Die Beteiligungsforderung (Art. 236 Abs. 1) ist der Anspruch des anderen Ehegatten auf die Hälfte des Wertzuwachses (Art. 231 TMK), der sich ergibt aus dem Gesamtwert des erworbenen Gutes des Ehegatten (Art. 219 TMK) einschließlich der sich aus der Hinzurechnung (Art. 229) und dem Ausgleich (Art. 230 TMK) ergebenden Beträge und nach Abzug der* ***dieses*** *Gut betreffenden Schulden (Art. 231 TMK)....“.*[384]

---

380 E. 2009/3303, K. 2010/116, zit.n. Gençcan 2018, S. 1198, Gençcan 2019, S. 1594f.;

381 E. 2011/6402, K. 2014/2729 zit.n. Şıpka/Özdoğan 2017, S. 246f.

382 E. 2013/24140, K. 2015/7954, legal, s.a. Şıpka/Özdoğan 2017, S. 248.

383 E. 2014/10054, K. 2015/13292, legal, s.a. Şıpka/Özdoğan 2017, S. 248 (dort Jahreszahl falsch).

384 (Hervorhebung vom Verfasser) *„Dava, katılma alacağı isteğine ilişkin bulunduğuna göre, öncelikle banka hesaplarındaki mevduatların edinilmiş mal olup olmadığının belirlenmesi, edinilmiş mal olduğunun saptanması halinde davalının edinilmiş malının (TMK.nun 219.m.) değerinden varsa* ***bu*** *mala ilişkin borçlar çıkarıldıktan sonra kalan artık değerin* (TMK.nun 231.m) yarısı (TMK.nun 236/1.m) katılma alacağı olarak hesaplanarak hüküm kurulur.“ U.v. 10.2.2016, E. 2014/15983, K. 2016/2136, legal, uyap; U.v. 16.9.2015, E. 2015/15981, K. 2015/16427, legal, uyap, s.a. Şıpka/Özdoğan 2015, S. 38; U.v. 10.3.2015, E. 2014/18846, K. 2015/5629, legal; U.v. 14.1.2013, E. 2012/5755, K. 2013/13, legal, uyap; U.v. 19.2.2013, E. 2012/11461, K. 2013/1758, legal, kazancı,

Diejenigen Schulden, die der 8. Senat in die Berechnung einbezieht, nennt er dann in den Urteilen (im Wesentlichen seit 2015) ausdrücklich z.B. „Schuld der Immobilie“[385] „Schuld des Fahrzeugs“[386] oder „Schuld des LKW“[387].

---

s.a. Şıpka/Özdoğan 2017, S. 436f.; U.v. 10.6.2013, E. 2013/9629, K. 2013/8684, kazancı, s.a. Uyar, S. 3517; U.v. 3.7.2012, E. 2012/4762, K. 2012/6675, legal, kazancı, s.a. Şıpka/Özdoğan 2015, S. 306, Uyar, S. 3777; U.v. 8.5.2012, E. 2012/2119, K. 2012/3980, zit.n. Uyar, S. 3788; U.v. 25.4.2012, E. 2011/4378, K. 2012/3299, zit.n. Uyar, S. 4603; U.v. 19.11.2011, E. 2011/6617, K. 2011/6399, legal; U.v. 4.7. 2011, E. 2010/7071, K. 2011/3871, kazancı, s.a. Şıpka/Özdoğan 2017, S. 534; U.v. 13.5.2010, E. 2010/383, K. 2010/2557, legal; U.v. 1.6.2009, E. 2009/1338, K. 2009/2758 zit.n. Gençcan 2018, S. 889f., Gençcan 2019, S. 1195f.

385 „Taşınmazın borcu“: U.v. 10.6.2019, E. 2018/13899, K. 2019/5631, uyap; U.v. 11.4.2019, E. 2018/14295, K. 2019/4002,uyap; U. 13.3.2019, E. 2017/12255, K. 2019/2593, uyap; U.v. 6.3.2019, E. 2018/14297, K. 2019/233, uyap; U.v. 18.2.2019, E. 2017/9405, K. 2019/1582, uyap; U.v. 7.2.2019, E. 2018/16095, K. 2019/1118, uyap; U.v. 6.2.2019, E. 2018/15758, K. 2019/1071, uyap; U.v. 22.1.2019, E. 2016/21658, K. 2019/656, uyap; U.v. 19.11.2018, E. 2016/18180, K. 2018/18803, uyap; U.v. 14.11.2018, E. 2016/14979, K. 2018/18670, uyap; U.v. 6.11.2018, E. 2016/13246, K. 2018/18249, uyap; U.v. 11.10.2018, E. 2016/10971, K. 2018/17132, uyap; U.v. 9.10.2018, E. 2016/11515, K. 2018/16962, uyap; U.v. 2.10.2018, E. 2016/8403, K. 2018/16627, uyap; U.v. 5.7.2018, E. 2016/5106, K. 2018/15024, uyap; U.v. 3.7.2018, E. 2016/6249, K. 2018/14782, uyap; U.v. 26.6.2018, E. 2018/10380, K. 2018/14370, uyap; U.v. 12.6.2018, E. 2016/5074, K. 2018/13981, uyap; U.v. 22.5.2018, E. 2016/1655, K. 2018/12966, uyap; U.v.12.12.2017, E. 2015/21784; K. 2017/16614, uyap; U.v. 28.11.2017, E. 2015/21451, K. 2017/15679, legal, uyap, s.a. Karamercan 2018, S. 717–719, Karamercan 2019, S. 715; U.v. 14.11.2017, E. 2016/10969, K. 2017/15230, legal, uyap; U.v. 31.10.2017, E. 2016/42, K. 2017/14222, legal, uyap; U.v. 17.10.2017, E. 2016/3975, K. 2017/13047, legal, uyap; U.v. 26.9.2017, E. 2015/19637, K. 2017/11511, legal; U.v. 4.07.2017, E. 2015/18571, K. 2017/9850, legal, s.a. Gençcan 2018, S. 1145, Gençcan 2019, S. 1493f.; U.v. 23.05.2017, E. 2015/17081, K. 2017/7567, legal, s.a. Şıpka/Özdoğan 2017, S. 410; U.v. 10.05.2017, E. 2017/11107, K. 2017/6836, legal, uyap, s.a. Gençcan 2018, S. 1132f., Gençcan 2019, S. 1480f., Kırmızı, S. 420f.; U.v. 09.05.2017, E. 2015/17223, K. 2017/6666, legal, s.a. Şıpka/Özdoğan 2017, S. 248; U.v. 17.01.2017, E. 2015/9371, K. 2017/365, legal, uyap, kazancı, s.a. Şıpka/Özdoğan 2017, S. 312, 411; U.v. 19.12.2016, E. 2015/911, K. 2016/17202, legal, uyap, kazancı; U.v. 19.12.2016, E. 2015/9112, K. 2016/17202, legal, uyap; U.v. 05.12.2016, E. 2015/8149, K. 2016/6471, legal, uyap, kazancı; U.v.14.11.2016, E. 2015/3981, K. 2016/15469, legal, uyap; U.v. 10.11.2016, E. 2015/5650, K. 2016/15387, legal, uyap; U.v. 08.11.2016, E. 2015/6058, K. 2016/15247, legal, kazancı; U.v. 03.11.2016, E. 2015/5112, K. 2016/14898, legal, uyap; U.v. 27.10.2016, E. 2015/4850, K. 2016/14588, legal, uyap; U.v. 27.10.2016, E. 2015/4806, K. 2016/14589, legal, uyap;

U.v. 10.10.2016, E. 2016/15695, K. 2016/13500, legal, uyap, kazancı s.a. Kırmızı, S. 481f.; U.v. 10.10.2016, E. 2016/14305, K. 2016/13496, legal, uyap, kazancı; U.v. 04.10.2016, E. 2015/720, K. 2016/13087, legal, uyap; U.v. 22.06.2016, E. 2015/3494, K. 2016/11035, legal, uyap; U.v. 21.06.2016, E. 2016/202, K. 2016/10960, legal, uyap, kazancı, s.a. Şıpka/Özdoğan 2017, S. 158f., 253; U.v. 20.06.2016, E. 2015/3065, K. 2016/10856, legal, uyap; U.v. 08.06.2016, E. 2015/1377, K. 2016/10082, legal, uyap; U.v. 11.04.2016, E. 2014/26256, K. 2016/6515, legal, uyap, kazancı, s.a. Gençcan 2018, S. 1137f., Gençcan 2019, S. 1486f.; U.v. 30.03.2016, E. 2014/27140, K. 2016/5809, legal, uyap, kazancı; U.v. 14.03.2016, E. 2014/22932, K. 2016/4548, legal, uyap, kazancı; U.v. 7.12.2009, E. 2009/2870, K. 2009/5842, kazancı, s.a. Gençcan 2018, S. 1172–1174, Gençcan 2019, S. 1569–1571, Uluç, S. 1108–1111; U.v. 01.03.2016, E. 2014/19955, K. 2016/3680, legal, uyap, kazancı; U.v. 15.02.2016, E. 2015/22415, K. 2016/2388, legal, uyap, kazancı, s.a. Gençcan 2018, S. 1143, Gençcan 2019, S. 1491f.; U.v. 08.02.2016, E. 2014/19860, K. 2016/1927, legal, uyap; U.v. 18.01.2016, E. 2014/18626, K. 2016/354, legal, uyap, s.a. Gençcan 2018, S. 1138f., Gençcan 2019, S. 1487f.; U.v. 18.01.2016, E. 2014/16522, K. 2016/352, legal, uyap, s.a. Şıpka/Özdoğan 2017, S. 569; U.v. 25.11.2015, E. 2014/10072, K. 2015/21141, legal, uyap; U.v. 18.11.2015, E. 2014/11643, K. 2015/20679, legal, uyap; U.v. 04.11.2015, E. 2014/2794, K. 2015/19634, legal, uyap; U.v. 06.03.2015, E. 2009/667, K. 2013/169, legal; U.v. 03.11.2015, E. 2015/9219, K. 2015/19587, legal, uyap, s.a. Şıpka/Özdoğan 2017, S. 315f.; U.v. 22.06.2015, E. 2014/7615, K. 2015/13731, legal, uyap; U.v. 11.04.2013, E. 2012/9260, K. 2013/5461, kazancı; U.v. 04.07.2011, E. 2010/3871, K. 2011/3871, kazancı; U.v. 6.10.2009, E. 2009/2863, K. 2009/4614, legal, uyap, s.a. Şıpka/Özdoğan 2017, S. 307.

386 „Aracın borcu“: U.v. 7.2.2019, E. 2016/21202, K. 2019/1116, uyap; U.v. 6.2.2019, E. 2016/20438, K. 2019/1069, uyap; U.v. 19.11.2018, E. 2016/18180, K. 2018/18803, uyap; U.v. 16.10.2018, 2018/13534, K. 2018/17392, uyap; U.v. 8.5.2018, E. 2016/796, K. 2018/12280; uyap; U.v. 2.5.2018, E. 2016/512, K. 2018/11899, uyap; U.v. 9.1.2018, E. 2016/6422, K. 2018/128, legal, uyap; U.v. 7.11.2017, E. 2017/14471, K. 2017/14687, legal, uyap, s.a. Karamercan 2018, S. 716f.; U.v. 04.07.2017, E. 2017, K. 2017/9847, legal, s.a. Gençcan 2018 S. 1127–1129, Gençcan 2019, S. 1495f.; U.v. 16.05.2017, E. 2015/17020, K. 2017/7195, legal, s.a. Gençcan 2018, S. 1129f., Gençcan 2019, S. 1477–1479; U.v. 23.03.2017, E. 2015/16385, K. 2017/4117, legal; U.v. 21.03.2017, E. 2015/13223, K. 2017/3960, legal, s.a. Şıpka/Özdoğan 2017, S. 252f.; U.v. 22.11.2016, E. 2015/6178, K. 2016/15933, legal, uyap; U.v. 22.06.2016, E. 2015/2941, K. 2016/1106, legal, uyap; U.v. 10.05.2016, E. 2016/4798, K. 2016/8618, legal, uyap; U.v. 13.04.2016, E. 2014/27154, K. 2016/6708, legal, uyap, kazancı; U.v. 23.03.2016, E. 2014/22816, K. 2016/5304, legal, uyap, s.a. Gençcan 2018, S. 1141f. Gençcan 2019, S. 1490f.; U.v. 16.03.2016, E. 2014/21623, K. 2016/4774, legal, uyap, s.a. Gençcan 2018, S. 1139–1141, Gençcan 2019, S. 1488f.

387 „Taşıtın borcu“ U.v. 23.03.2016, E. 2014/23324, K. 2016/5317, legal, kazancı, uyap, s.a. Gençcan 2018, S. 1142f., Gençcan 2019, S. 1491.

Teilweise werden die zu berücksichtigenden Objektschulden auch dem Einzelfall entsprechend genauer beschrieben, wie rückständige KFZ-Steuern und Bußgelder einschließlich der Zinsen.[388]

Nicht entscheidend scheint zu sein, ob ein Immobilienkredit dinglich gesichert ist. So ist in einer Entscheidung vom 24.3.2015[389] die Rede davon, dass ein Verbraucherkredit für den Erwerb der Immobilie verwendet wurde, eine dingliche Sicherung ist nicht erwähnt.

Die Nichtberücksichtigung aller Schulden, die nicht Objektschulden sind, führt zunächst quantitativ zu einem wesentlich anderen Ergebnis beim güterrechtlichen Ausgleich.

Aus dem laufenden Verbrauch können sich erhebliche Schulden angehäuft haben, die auf diesem Weg – wie bei der Gütertrennung- bei dem Ehegatten bleiben, der m.o.w. zufällig die Verbindlichkeit eingegangen ist.

So heißt es in einem Urteil des 8. Senats vom 14.4.2015:

> *„Soweit das Gericht 1. Instanz auf Widerklage hin auf Zahlung von 3.000 TL aus Kreditkartenschulden erkannt hat, ist dies nicht zu Recht erfolgt. Nach den Bankauszügen und Kreditkartenabrechnungen handelt es sich um Ausgaben innerhalb der ehelichen Gemeinschaft für den Haushalt, die gemeinsamen Kinder und den Bedarf der Familie und nicht wesentlich um private Ausgaben des Beklagten. Nach dem normalen Ablauf der Lebensgemeinschaft können Kreditkartenschulden bei der güterrechtlichen Auseinandersetzung nicht berücksichtigt werden.*
> *Auf Antrag hin gegen den Kläger auf Zahlung von 3.000 TL zu verurteilen, ohne zu berücksichtigen, dass der diesbezügliche Antrag zurückzuweisen war, ist nicht rechtens.“*[390]

Besonders ins Auge fällt das Ergebnis, wenn in einer wirtschaftlichen Notsituation der Familie ein Ehepartner sich für den laufenden Verbrauch verschuldet (etwa über seine Kreditkarte), damit andererseits der Immobilienkredit bedient

388 U.v. 12.11.2013, E. 2013/13152, K. 2013/16403, kazancı, s.a. Uluç 1084–1086.

389 E. 2014/19329, K. 2015/6719., legal.

390 E. 2014/21614, K. 2015/8348, legal, s.a. Kırmızı, S. 526f: *„Bundan ayrı; mahkemece, karşı davada kredi kartı ödemeleri bakımından taleple bağlı olarak 3.000 TL alacağa hükmedilmiş ise de verilen karar usul ve yasaya uygun bulunmamaktadır. Dosya içerisinde banka kayıtları ve getirtilen kredi kartı ekstrelerinden harcamaların evlilik birliği içerisinde, ev ihtiyaçları, müşterek çocukların giderleri ile aile birliğinin sürdürülmesi için yapılan harcamalar olduğu, karşı davalının kişisel gideri olarak nitelendirilebilecek önemli bir harcama kalemi bulunmadığı, müşterek hayatın olağan akışına göre ödenen kredi kartı borçlarının mal rejiminin tasfiyesi kapsamında değerlendirilemeyeceği, bu yöndeki talebin reddine karar verilmesi gerektiği gözden kaçırılarak, davacı aleyhine taleple bağlı olarak 3.000 TL alacağa hükmedilmesi isabetli olmamıştır.“*

werden kann, etwa um das Familienheim zu erhalten. Hier ist dieser Ehegatte einseitig benachteiligt.

Demgegenüber ist natürlich zuzugeben, dass mit der Nichtberücksichtigung der selbständigen Schulden Manipulationsmöglichkeiten entfallen. Solchen Manipulationsversuchen sollte man aber auf der Ebene der Beweiswürdigung begegnen. Zum Beispiel lässt sich die Verwendung einer Kreditkarte meist nachvollziehen. Gefälligkeits-Schuldscheine aus dem Freundes- und Verwandtenkreis, deren Anlass nicht erkennbar ist, werden sicher oft als solche zu entlarven sein.

b) Die Zuordnung der Restschulden aus Anschaffungskrediten

Keine Zweifel sollte es geben, dass Anschaffungskredite für Gegenstände der Errungenschaft ebenfalls in die Errungenschaft fallen (Art. 230 Abs. 2 Satz 1). Hierzu bedarf es nicht einmal des Rückgriffs auf die allgemeine Vermutung des Art. 230 Abs. 2 Satz 2.

Zunächst wurde dementsprechend in der Rechtsprechung der Restbetrag der Schulden aus dem Anschaffungskredit vom Wert des angeschafften Gegenstands abgezogen,[391]

In der Höhe des Kredits minderte sich der Wertzuwachs – das würde in der praktizierten Einzelauseinandersetzung maximal gelten bis zum Wert des Gegenstands.

Dass eine Schuld die Errungenschaft „belastet", bedeutet eindeutig, dass sie als Passivum zwecks Ermittlung des Wertzuwachses vom Wert der Errungenschaft abgezogen wird.

Allerdings gab es schon anfangs den Gedanken, die Tilgung der Restschuld aus dem Anschaffungskredit stattdessen dem Eigengut zuzuschlagen und an der Wertentwicklung teilhaben zu lassen.[392]

Nach der neueren Rechtsprechung des 8. Zivilsenats – etwa seit 2012[393] – sind nun nicht nur die Tilgungen aus Errungenschaft auf den Anschaffungskredit für ein Errungenschaftsgut wertbildende Leistungen, sondern auch die Zinsen.

Aus dieser Sichtweise müssen die gesamten Raten, also Zins und Tilgung, in die Rechnung einbezogen werden.

391 U.v. 6.10.2009, E. 2009/2863, K. 2009/4614, legal, uyap, s.a. Şıpka/Özdoğan 2017, S. 307.

392 8. Senat, U.v. 2.11.2009, E. 2009/2355, K. 2009/5150, zit.n. Kırmızı 2012, S. 207; 2. Senat, U.v. 25.3.2010, E. 2009/1722, K. 2010/5768, legal, s.a. Kırmızı 2012, S. 549.

393 Mortaş, S. 294f., Karamercan 2018, S. 714–726, Karamercan 2019, S. 712–724.

Die in der Ehezeit gezahlten Zinsen schlagen sich natürlich nicht in der Senkung der Restschuld nieder. Daher bleibt in der Rechtsprechung der Restschuldbetrag des Anschaffungskredits als solcher außer Betracht.

Teilweise wurde nun der Gesamtbetrag der nach Scheidungsverfahrensbeginn angefallenen Raten bei der Ermittlung des Wertzuwachses als Schuld von der Errungenschaft abgezogen:

> *„Da die nach Einleitung des Scheidungsverfahrens am 18.9.2007 verbliebenen Raten oder die Restschuld eine Verbindlichkeit der erworbenen Güter sind, müssen sie insgesamt von der Beteiligungsforderung[394] abgezogen und sodann die Hälfte der Beteiligungsforderung zugesprochen werden."*[395]

Diese Berechnungsweise wird in der Rechtsprechung seit 2012 aber fast durchgehend abgelehnt.

Stattdessen wird im Regelfall der Wert des angeschafften Gegenstands im Zeitpunkt der Auseinandersetzung proportional geteilt nach dem Anteil, den Eigenleistung und Kredit im Verhältnis zueinander haben. Der Anteil, der auf den Kredit entfällt, wird wiederum aufgeteilt nach dem Verhältnis der Kreditraten, die auf die Zeit des Güterstandes und auf die Zeit danach entfallen[396]. Dies wird als „ständige Praxis" bezeichnet.

394 Gemeint ist hier offensichtlich die Errungenschaft bzw. der Wertzuwachs.

395 So noch mit Urteil vom 14.11.2014, E. 2013/17841, K. 2014/20912, legal, kazancı, uyap. Desgl. wohl U.v. 21.5.2013, E. 2012/8466, K. 2013/7543 zit.n. Şıpka/Özdogan 2017, S. 54f.

396 U.v. 30.4.2019, E. 2018/12806, K. 2019/4484, uyap (hier im Ergebnis nicht relevant!); U.v. 11.4.2019, E. 2018/14295, K. 2019/4002, uyap; U.v. 13.3.2019, E. 2018/14295, K. 2019/4002, uyap; U.v. 18.2.2019, E. 2017/6951, K. 2019/1584, uyap; U.v. 13.2.2019, E. 2016/19869, K. 2019/1372, uyap; U.v. 19.11.2018, E. 2016/18180, K. 2018/18803, uyap; U.v. 14.11.2018, E. 2016/14979, K. 2018/18670, uyap; U.v. 16.10.2018, E. 2018/13534, K. 2018/17392, uyap; U.v. 11.10.2018, E. 2016/10971, K. 2018/17132, uyap; U.v. 26.6.2018, E. 2018/10380, K. 2018/14370, uyap; U.v. 12.6.2018, E. 2016/5074, K. 2018/13981, uyap u. E. 2016/1635, K. 2018/13977, uyap; U.v. 8.5.2018, E. 2015/22172, K. 2018/12269; uyap; U.v. 14.3.2018, E. 2016/9819, K. 2018/9301, uyap;.U.v. 9.1.2018, E. 2016/6422, K. 2018/128, legal, uyap; U.v. 28.11.2017, E. 2015/21451, K. 2017/15679, legal, uyap, s.a. Karamercan 2018, S. 717–719, Karamercan 2019, S. 715; U.v. 7.11.2017,E. 2017/14471, K. 2017/14687, legal, uyap, s.a. Karamercan 2018, S. 716f., Kırmızı, S. 412f.; U.v. 26.9.2017, E. 2015/19637, K. 2017/11511, legal, s.a. Karamercan 2018, S. 714–716; U.v. 4.7. 2017, E. 2017/12595, K. 2017/9847, legal, s.a. Gençcan 2018, S. 1127–1129, Gençcan 2019, 1473–1475; U.v. 16.5.2017, E. 2015/17020, K. 2017/7195, legal, s.a. Gençcan 2018, S. 1129f.; U.v. 9.5.2017, E. 2015/17223, K. 2017/6666, legal, s.a. Şıpka/Özdoğan 2017, S. 248; U.v. 25.4.2017, E. 2015/15892, K. 2017/6146, legal,

In der Entscheidung vom 23.5.2013 ging es z.B. darum, dass bei einer 100%-Finanzierung mit einem Kredit von 20.000 TL von 120 Raten bei Ende des Güterstandes erst 19 Raten gezahlt waren. Daher wurden nun 101/120 des Verkehrswertes als Eigengut qualifiziert. Der Wertzuwachs betrug daher nur 19/120 des Verkehrswertes, die Beteiligungsforderung nur 19/240.[397]

---

s.a. Kırmızı, S. 462–464; U.v. 11.4.2017, E. 2016/3780, K. 2017/5370, uyap, s.a. Gençcan 2018, S. 1139, Gençcan 2019, S. 1488; U.v. 4.4.2017, E. 2015/14803, K. 2017/4984, uyap, s.a. Gençcan 2018, Gençcan 2019, S. 1143 S. 1492; U.v. 23.3.2017, E. 2015/16385, K. 2017/4117, legal; U.v. 17.1.2017, E. 2015/9371, K. 2017/365, kazancı, uyap, s.a. Şıpka/Özdoğan 2017, S. 312, 411; U.v. 26.12.2016, E. 2015/4103, K. 2016/17483, legal, uyap; U.v. 14.11.2016, E. 2015/3981, K. 2016/15469, legal, uyap; U.v. 4.10.2016, E. 2015/3720, K. 2016/13087, legal, uyap; U.v. 14.6.2016, E. 2016/200, K. 2016/10417, legal, kazancı, uyap; U.v. 13.6.2016, E. 2015/2521, K. 2016/10322, legal, uyap; U.v. 10.5.2016, E. 2016/4798, K. 2016/8618, legal, uyap; U.v. 23.3.2016, E. 2014/22816, K. 2016/5304, legal, uyap, s.a. Gençcan 2018, S. 1141f., Gençcan 2019, S. 1490f.; U.v. 25.2.2016, E. 2015/21752, K. 2016/3258, legal, kazancı, uyap; U.v. 23.2.2016, E. 2015/13847, K. 2016/3115, legal, kazancı, uyap; U.v. 15.02.2016, E. 2015/22415, K. 2016/2388, legal, uyap, kazancı, s.a. Gençcan 2018, S. 1143, Gençcan 2019, S. 1491; U.v. 8.2.2016, E. 2014/19860, K. 2016/1927, legal; U.v. 25.11.2015, E. 2014/10072, K. 2015/21141, legal, uyap; U.v. 30.9.2015, E. 2015/11560, K. 2015/17026, legal, uyap, s.a. Şıpka/Özdoğan 2017, S. 312f.; U.v. 23.6.2015, E. 2015/2840, K. 2015/13818, legal, uyap, s.a. Şıpka/Özdoğan 2017, S. 253; U.v. 16.6.2015, E. 2015/2838, K. 2015/13321, legal, s.a. Şıpka/Özdoğan 2017, S. 613f.; U.v. 21.4.2015, E. 2014/22030, K. 2015/8962, legal; U.v. 17.3.2015, E. 2014/18240, K. 2015/6106, legal, s.a. Şıpka/Özdoğan 2017, S. 141f., 191f.; U.v. 14.11.2014, E. 2013/18177, K. 2014/20840, legal, kazancı, uyap u. E. 2014/20321, K. 2014/20839, legal, kazancı, uyap; U.v. 3.11.2014, E. 2014/17630, K. 2014/19709, legal, kazancı; U.v. 24.4.2014, E. 2013/11510, K. 2014/8012, legal, kazancı, uyap; U.v. 12.11.2013, E. 2013/13361, K. 2013/16400, kazancı, s.a. Uluç, S. 1086–1088; U.v. 30.9.2013, E. 2013/2710, K. 2013/13628, kazancı, s.a. Şıpka/Özdoğan 2017, S. 308; U.v. 10.7.2013, E. 2013/819, K. 2013/10821, kazancı, s.a. Şıpka/Özdoğan 2015, S. 279, Mortaş 293f.; U.v. 20.6.2013, E. 2013/10621, K. 2013/9724, kazancı, s.a. Şıpka/Özdoğan 2017, S. 271, Uluç, S. 1097–1100 u. E. 2012/11719, K. 2013/7824 zit.n. Şıpka/Özdoğan 2017, S. 308f., s.a. Uluç, S. 1100f.; U.v. 23.5.2013, E. 2012/11340, K. 2013/7775, kazancı, s.a. Şıpka/Özdoğan 2017, S. 212, 246; U.v. 24.12.2012, E. 2012/4228, K. 2012/12983, zit.n. Karamercan 2018, S. 89, Karamercan 2019, S. 91f.; U.v. 10.5.2012, E. 2012/1885, K. 2012/4079, kazancı, s.a. Şıpka/Özdoğan 2017, S. 309f.; U.v. 24.4.2012, E. 2011/6785, K. 2012/3210, zit.n. Şıpka/Özdoğan 2017, S. 310, s.a. Uluç, S. 1387–1389; U.v. 10.4.2012, E. 2011/4968, K. 2012/2668, legal, s.a. Şıpka/Özdoğan 2017, S. 309, Uluç U. Nr. 469, S. 1389–1390.

397 E. 2012/11719, K. 2013/7824 zit.n. Şıpka/Özdoğan 2017, S. 308f., s.a. Uluç, S. 1100f.

Die nach der Zeit des Güterstandes anfallenden Kreditraten gelten als Zuwendung des Eigenguts an die Errungenschaft, und es besteht ein Ausgleichsanspruch zwischen Eigengut und Errungenschaft nach Art. 230 Abs. 3 TMK.[398]

Dies hat zur Folge, dass die Raten unabhängig von ihrem Tilgungsanteil an der Wertentwicklung positiv und negativ teilnehmen.

Folgt man dem Gedankengang des Kassationshofs und zieht die Restschulden nicht vom Wert des Gegenstandes ab, so führt dies eigentlich zu Art. 230 Abs. 1 TMK, der bei der Zahlung von Schulden einer Gütermasse durch die andere einen konstanten Ausgleich vorsieht. Dabei wird die Wertentwicklung nicht berücksichtigt. Dies erfasst nach der Formulierung alle Zahlungen, die bei Ende des Güterstandes geleistet worden sind.[399] Die Massenzuweisung erfolgt nach Art. 228 Abs. 1 TMK nach dem Zeitpunkt des Endes des Güterstandes. Leistungen nach Ende des Güterstandes können somit keiner Masse mehr zugewiesen werden.

Hiervon ist der 8. Senat aber schon früh im Falle einer aus vorehelicher Zeit stammenden und in die nacheheliche Zeit weitergeführten Genossenschaftsmitgliedschaft abgewichen. In einem Urteil vom 7.12.2009 wurden die Beiträge in den drei Phasen zueinander ins Verhältnis gesetzt, um sie nach Art. 230 Abs. 3 am Vermögenswert teilhaben zu lassen (variable Ausgleichsforderung).[400]

Der Senat macht also einen zweiten Schritt und sieht die Leistungen auf den Anschaffungskredit nach Ende des Güterstandes nicht als Abtragung einer Schuld im Sinne von Art. 230 Abs. 1, sondern als Beitrag zur Anschaffung im Sinne von Art. 230 Abs. 3 TMK.

Der frühere Senatsvorsitzende Uluç führt hierzu verschiedene Beispielrechnungen an, von denen zwei hier dargestellt und erläutert werden:

(Beispiel Nr. 2)

> *„Beide Eheleute sind erwerbstätig und heiraten nach dem 1.1.2002. Aus seinem Erwerbsverdienst kauft der Ehemann im März 2003 ein Auto für 36.000 TL. Ebenfalls im März 2003 eine Wohnung, wobei er 45.000 TL aus erspartem Verdienst zahlt und 135.000 TL Anschaffungskredit auf seinen Namen aufnimmt. Der Kredit soll in 72 Monaten mit je 2.100 TL zurückgezahlt werden.*

398 Z.B. U.v. 9.5.2016, E. 2014/24132, K. 2016/8525, legal, kazancı, uyap.

399 Insoweit ist auch die türkische Fassung relativ eindeutig: Bir eşin kişisel mallara ilişkin borçları edinilmiş mallardan veya edinilmiş mallara ilişkin borçları kişisel mallarından **ödenmiş ise**, tasfiye sırasında denkleştirme istenebilir.

400 E. 2009/2870, K. 2009/5842, kazancı, s.a. Şıpka/Özdoğan 2017, S. 35, 288, 447f., 613, kritisch Gençcan 2018, S. 1174 (entfällt in Gençcan 2019, S. 1418).

Die Ehefrau verkauft ihren Hochzeitsschmuck und kauft sich davon im Jahre 2005 eine Wohnung für 60.000 TL.
Darüber hinaus bewohnen die beiden ein Haus, welches dem Ehemann von seinem Vater übereignet wurde.
Am 5.4.2007 wird die einverständliche Scheidung eingeleitet, die zur Scheidung am 6.4.2007 führt. Die Ehefrau leitet am 10.9.2007 ein Güterrechtsverfahren, in dem der Ehemann entsprechend erwidert. Vor Urteilsfindung wird der Wert des Fahrzeugs mit 30.000 TL, der gekauften Wohnung des Mannes mit 360.000 TL, der Wert der gekauften Wohnung der Frau mit 120.000 TL und der Ehewohnung mit 250.000 TL festgestellt.

Bei Gesamtberechnung ergibt sich das folgende Bild:
Die erworbenen Güter des Mannes umfassen somit in Aktiva (360.000 + 30.000=) 390.000 TL sowie als Passivum verbleibende 24 Monatsraten auf den Kredit mit zusammen 50.400 TL.
(Als im Zeitpunkt der Beendigung des Güterstandes bestehende Belastung wird nicht der Stand des Kreditkontos angesehen, sondern die Summe der ausstehenden Raten.)
Dies macht zusammen einen Wert von 339.600 TL aus. Die Ehefrau fordert die Hälfte von 169.800 TL.“[401]

Bei der Einzelberechnung berechnet Uluç die noch nicht gezahlten Raten als Verwendung des Eigenguts auf das erworbene Gut. Er sieht hier die Notwendigkeit eines Ausgleichs nach Art. 230 Abs. 3 TMK.

Vom Wert der Immobilie gelten vorab 45/180 (= 1/4) als erworbenes Gut wegen des Eigenfinanzierungsanteils. Das macht bei einem Wert der Immobilie von 360.000 TL 90.000 TL aus. Der restliche Wert von 270.000 TL ist danach aufzuteilen, wie der Kredit anteilig vor oder nach Ende des Güterstandes bedient wurde. 48/72 (= 2/3) der Zahlungen auf den Kredit fielen in den Güterstand. Damit besteht eine Ausgleichsschuld von 90.000 TL an das Eigengut des Ehemannes wegen der Zahlungen, die er nach Ende des Güterstandes geleistet hat oder noch leisten muss.

Nach Abzug dieses Ausgleichs bleiben für die Ehefrau als „Beteiligungsforderung aus der Immobilie“ die Hälfte von (360.000 – 90.000 =) 270.000 €, also 135.000 TL. Hinzu kommt die „Beteiligungsforderung aus dem Fahrzeug“ in Höhe von 15.000 TL, das macht zusammen 150.000 TL.

Die Ehefrau erhält hier also erheblich weniger, weil die nach Ende des Güterstandes verbliebenen und vom Ehemann gezahlten Raten an der Wertsteigerung bis zum Ende des Güterstandes teilnehmen.

401 Uluç, S. 1358 (Beispiel 2).

In einer Gesamtberechnung rechnen Şıpka/Özdoğan[402] mit dem gleichen Beispiel und kommen zum gleichen Ergebnis: Auch sie teilen den auf den Kredit entfallenden Teil des Werts der Immobilie nach dem Verhältnis der gezahlten und nicht gezahlten Kreditraten auf.

Der gleiche Beispielsfall wäre wie folgt zu berechnen, wenn man auf den Restbetrag des Kredits abstellt:

Wenn es sich bei dem Immobilienkredit um ein normales Annuitätendarlehen handelt, hat es einen Zinssatz von 3,8 %. Am Ende der Zeit des Güterstandes stand noch eine Restschuld von 48.445,12 TL offen. Nach dem Gesetz ist diese Schuld der Errungenschaft zuzuweisen - und nicht dem Eigengut. Die Errungenschaft des Mannes beträgt dann (390.000–48.445,12=) 341.554,88 TL. Die Beteiligungsforderung der Ehefrau beliefe sich danach auf 170.777,44 TL.

(Beispiel Nr. 3)[403]

Die Eheleute heiraten im Oktober 2004 und kaufen ein Jahr später eine Wohnung zu Eigentum je 1/2. Dabei zahlen sie 20.000 TL an, der Ehemann nimmt einen Kredit von 60.000 TL auf. Auf den Kredit sind monatlich 60 x 1.500 TL zu zahlen. Das Scheidungsverfahren wird am 2.10.2008 eingeleitet. Zum Zeitpunkt der güterrechtlichen Auseinandersetzung ist die Wohnung 240.000 TL wert. ¼ des Werts stellen auf jeder Seite Errungenschaft dar wegen des Eigenkapitals. Hieraus ergibt sich auf jeder Seite eine Forderung von 30.000 €. 35/60 der Kreditraten wurden im Güterstand, 25/60 der Raten danach gezahlt. Auf den Kredit entfällt ein Wert von 180.000 TL. 105.000 TL entfallen auf die im Güterstand gezahlten Raten und sind hälftig auf jeder Seite einzusetzen.

75.000 TL entfallen auf die im Güterstand noch nicht gezahlten Raten, die der Ehemann zur Hälfte als Miteigentümer tragen muss. Er hat gegen die Ehefrau einen Anspruch auf Zahlung von 37.500 TL.

(Dies entspricht hier zufällig der Summe der zu zahlenden Raten. Läge der Wert der Wohnung bei 320.000 TL, würden auf den Kredit 240.000 TL entfallen. Dann entfielen auf die noch zu zahlenden Raten 100.000 TL, und der Ehemann hätte eine Forderung von 50.000 TL.

Hätte die Wohnung nur einen Wert von 160.000 TL, entfielen auf den Kredit nur 120.000 TL.

Davon würden 50.000 TL auf die restlichen 25 Raten, der Ehemann hätte einen Anspruch von 25.000 TL.

402 Şıpka/Özdoğan 2017, S. 256.
403 Uluç, S. 1361.

Würde man nach der anfänglichen Rechtsprechung die restlichen Raten als Errungenschaftsschuld behandeln, ergäbe sich bei der Ehefrau ein Wertzuwachs von 120.000 TL und beim Ehemann einer von 120.000–37.500 = 82.500 TL, das ergäbe eine Forderung von 18.750 TL.

Bei einem Annuitätendarlehen – mit 8 % Zinssatz – wären hier nach 35 Monaten noch 27.682,80 TL offen. Würde man diesen Betrag als Errungenschaftsschuld einsetzen, betrüge der Beteiligungsanspruch des Ehemannes nur 13.841,40 TL. Dabei ergibt sich für ihn aufgrund der Struktur des Annuitätendarlehens noch ein relativ gutes Ergebnis. Durchschnittlich wurden von dem Darlehen monatlich 1.000 TL getilgt. Würde man dies zugrunde legen, erhielte er nur 12.500 TL.)

Die erste Alternative ist also um 8.457,50 TL günstiger für den Eigentümer-Ehegatten.

Bei Wertsteigerung ist also die vom Kassationshof angewandte Berechnung die günstigste für den Ehegatten, der Eigentümer des mit Kredit angeschafften Gegenstandes ist.

Diese Berechnungsmethode praktiziert der Senat selbst dann, wenn nach Ende des Güterstandes der Kredit vorzeitig abgelöst wurde. Im Urteil vom 28.11.2017[404] ging es um einen Kredit, von dem bei Beginn des Scheidungsverfahrens noch 83 der 120 Raten offen standen. Drei Monate später löste der Eigentümer den Kredit ab. Im Urteil 1. Instanz war die Ablösesumme von der Errungenschaft abgezogen worden. Der Senat hob das Urteil auf und verwies auf seine übliche Berechnungsmethode.

Die Behandlung der Ratenzahlung nach Ende des Güterstandes als Eigengut nach Art. 230 Abs. 3 TMK hätte normalerweise auch zur Folge, dass es in diesem Sinne aus Anschaffungskrediten keine „überschuldeten“ Gegenstände geben könnte. Bei übermäßigem Wertverlust des angeschafften Gegenstands würde mit einem Teil der Restschuld im Ergebnis das Eigengut belastet.

So trüge der Eigentümer-Ehegatte ein höheres Risiko bei Wertverlust, dies zeigt das folgende Beispiel:

Aus Errungenschaft kauft der Ehemann einen PKW für 30.000 Euro. Hierzu nimmt er 20.000 Euro Kredit.

Zum Zeitpunkt der Auseinandersetzung ist das Fahrzeug verunfallt und hat nur noch einen Wert von 12.000 Euro, die Restschuld beträgt aber noch 15.000 Euro.

---

404 E. 2015/21451, K. 2017/15679, legal, uyap, s.a. Karamercan 2018, S. 717–719, Karamercan 2019, S. 715.

Normalerweise wäre der PKW überschuldet, er würde bei Einzelauseinandersetzung mit Null bewertet, und für die Ehefrau ergäben sich keine Ansprüche.

Nach der allgemeinen Berechnungsmethode der Rechtsprechung kommt es aber auf das Verhältnis der Raten an.

Unterstellt man z.B. insgesamt 32 Raten à 1.000 Euro, von denen 24 gezahlt wären, so ergäbe sich folgende Rechnung:

Am Restwert des Autos von 12.000 Euro hat der Kredit einen Anteil von 8.000 Euro. Auf die restlichen Raten entfallen hiervon 2.000 Euro.

Sie sind der Gegenwert zu der Verwendung des Eigenguts (restliche Kreditraten) auf die Errungenschaft. Die Errungenschaft ist also nur gemindert um eine Ausgleichsforderung an das Eigengut.

Nach allen Varianten behielte natürlich der Ehemann den PKW mit Restwert 12.000 Euro und muss den Kredit von 15.000 Euro zurückzahlen.

Fällt die Restschuld in die Errungenschaft, mindert sich der Anspruch der Ehefrau entsprechend (bei Einzelauseinandersetzung auf Null aus diesem Gegenstand).

Nach der allgemeinen Praxis des 8. Senats wäre der Ehemann daneben aber noch mit einer Beteiligungsforderung der Ehefrau von 5.000 Euro belastet.

Für diese Konstellation weicht der Senat dann ohne weitere Begründung von der Regel ab und erkennt hier, dass kein Wertzuwachs entstanden ist, so im Urteil vom 26.01.2016:

> *„Das streitgegenständliche Fahrzeug war nur 45 Tage vor Einleitung des Scheidungsverfahrens gekauft worden. Aus der Akte ergibt sich, dass der Kläger bei der Benutzung einen Unfall verursacht hat, dass der Wert des Fahrzeugs gefallen ist, dass der Anschaffungskredit 22.000 TL betrug und in 36 Monatsraten zurückzuzahlen war, und dass vor der gerichtlichen Entscheidung der Wert des Fahrzeugs noch 17.629 TL betrug. Dies stellt auch die Erstinstanz fest.*
> *Es ist ausgeschlossen, eine Beteiligungsforderung aufgrund dieses Fahrzeugs zugunsten des Klägers zu berechnen, da bezüglich des Fahrzeugs keinerlei Wertzuwachs besteht wegen des Restbetrages aus dem Kredit unter Berücksichtigung der Tatsache, dass der Wert wegen des Unfalls, also aus außergewöhnlichen Gründen gesunken ist, wobei die Kreditraten, die in die Zeit nach Einleitung des Scheidungsverfahrens fallen, eine Ausgleichsschuld zugunsten der Eigenguts begründen.*
> *Daher hätte das Instanzgericht, das erkannt hat, dass es bezüglich des Fahrzeugs keinen Wertzuwachs gab, die Forderung nach Beteiligung zurückweisen müssen, es war falsch, die Beteiligungsforderung nach der allgemeinen Formel zu berechnen.“*[405]

405 E. 2015/9379, K. 2016/1291, legal, kazancı, uyap, s.a. Karamercan 2018, S. 81, Karamercan 2019, S. 145.

Hier wird eben nicht – wie sonst – die Zahlung auf die Restschuld dem Eigengut zugerechnet. In diesem Falle wäre nämlich doch ein Wertzuwachs anzunehmen gewesen. Hier wurde die Restschuld so wie im Gesetz gefordert von der Errungenschaft abgezogen mit dem Ergebnis, dass kein Wertzuwachs vorlag.

Der Senat begünstigt also einseitig den Eigentümerehegatten, indem es ihn vor den Folgen seiner Berechnungsmethode bei Wertverlust schützt.

Eine Ausnahme macht die Rechtsprechung nur dann, wenn der Gegenstand zwischenzeitlich verkauft wurde. Dann soll der Restschuldbetrag von der Errungenschaft abgezogen werden.[406]

Eine Aufteilung der auf eine Hypothek entfallenden Mehr- oder Minderwerte auf die Gütermassen erfolgt auch in der schweizerischen Praxis. Dies soll aber nur erfolgen, wenn am Erwerb des Gegenstandes schon verschiedene Gütermassen beteiligt waren. So heißt es beim schweizerischen Bundesgericht schon im Jahre 1997:

> *„Die Zuordnung der Hypothek zur Gütermasse des Investitionsobjektes sagt indessen noch nichts über die Aufteilung der Mehr- und Minderwerte aus, die auf die Drittfinanzierung entfallen. Keine Probleme ergeben sich, wenn* ***nur eine Gütermasse den Erwerbspreis aufgebracht hat****, da mangels Beitrags einer anderen Gütermasse der gesamte Gewinn bzw. der ganze Verlust in diejenige Gütermasse fällt, der die Liegenschaft angehört.“*[407]

Dies wurde auch später vom Bundesgericht so praktiziert:

> *„Die Vorgehensweise der kantonalen Gerichte kann hier nicht beanstandet werden, wirft aber allgemein heikle Fragen auf. Stammten die Mittel für die Investitionen in die Errungenschaft – anders als hier – aus dem Eigengut, könnte sich die Frage nach einer Mehr- oder Minderwertbeteiligung stellen (Art. 209 Abs. 3 ZGB), die nach Auflösung des Güterstandes an sich ausgeschlossen ist (vgl. HAUSHEER/REUSSER/GEISER, a.a.O., N. 30 zu Art. 204 ZGB; STETTLER/WAELTI, a.a.O., S. 198 Anm. 728).* ***Die Rechtsprechung lehnt eine Anwendung der Regeln, die während des Güterstandes gelten, nach dessen Auflösung im Grundsatz ab*** *(z.B. Ersatzanschaffungen: BGE 135 III 241 E. 4.2, S. 243; z.B. gesetzliche Vermutungen: Urteil 5C.52/2006 vom 30. Mai 2006 E. 2.4, in: FamPra.ch 2006, S. 945 f.). Vorzuziehen wäre deshalb gewesen, die nach Auflösung des Güterstandes begründete Schuld nicht zu berücksichtigen und im Gegenzug auch den Vermögensgegenstand nur mit dem Wert in die güterrechtliche Auseinandersetzung einzubeziehen, den er gehabt hätte, wenn die aufgenommenen Mittel nicht investiert worden wären (vgl. HAUSHEER/REUSSER/GEISER, a.a.O., N. 21 zu Art. 207 ZGB, S. 677).“*[408]

---

406 U.v. 13.3.2014, E. 2014/4130, K. 2014/4227 legal, kazancı, uyap, s.a. Şıpka/Özdoğan 2017, S. 314, Mortaş, S. 294f., Karamercan 2018, S. 719f., Karamercan 2019, S. 715f.

407 (Hervorhebung vom Verfasser) BGE 123 III 152, S. 158, Entscheid v. 27.2.1997, s. dazu auch Akdeniz, S. 14.

408 (Hervorhebung vom Verfasser) BGE 136 III 209, S. 213, Entscheid vom 10.2.2010.

Auch der neuerliche Entscheid des schweizerischen Bundesgerichts vom 23.11.2015[409] zur Aufteilung des auf die Hypothek entfallenden Wertzuwachses betrifft einen Fall der Beteiligung verschiedener Gütermassen des anderen Ehegatten nach Art. 209 ZGB.

Da hier die Frage von Wertsteigerung oder –minderung eine besondere Rolle spielt, ist darauf hinzuweisen, dass in der Errungenschaftsbeteiligung zwar auf den Güterbestand bei Ende Güterstandes, meist also bei Einleitung des Scheidungsverfahrens abgestellt, dass dieser Güterbestand aber nach seinem Wert zum Zeitpunkt der Auseinandersetzung eingestellt wird (Art. 235 TMK).[410]

Bei hoher Inflation und einer langen Zeitdifferenz zwischen Ende des Güterstandes und Auseinandersetzung kann es so zu erheblichen nominellen Wertgewinnen kommen, an denen der Nichteigentümerehegatte beteiligt wird, wenn nur der Restschuldbetrag bei Ende des Güterstandes vom aktuellen Wert des Gegenstands abgezogen wird. Die dem Gesetzeswortlaut widersprechende Rechtsprechung des Senats reduziert diesen Effekt.

Hierin könnte ein Grund für diese Praxis liegen.

An dieser Stelle erhalten die Verfahrensregeln und Verjährungsfragen eine direkte Bedeutung, die unten unter E. IV.-VIII. behandelt werden.

4. Diskussion der Konzeption der Rechtsprechung in der Literatur

Der größte Teil der (nach 2008 erschienen) Literatur setzt sich mit der Rechtsprechung des 8. Senats zur Berechnung des Wertzuwachses nicht auseinander, bzw. nimmt sie nicht zur Kenntnis.[411]

a) Die Gesamtauseinandersetzung

Der frühere Senatsvorsitzende Uluç fasst die Position des 8. Senats wie folgt zusammen:

> *„Der 8. Senat hat sich die Ansicht der Mehrheit des 2. Senats zu eigen gemacht und ist zu der Auffassung gelangt, dass es angemessener ist, **an Stelle einer Auseinandersetzung der streitgegenständlichen Güter als eine Einheit die Auseinandersetzung einzeln**[412]*

409 Az.: 5A_397/2015, FamPra 2016, 130.

410 Şıpka/Özdoğan 2017, S. 445–451 s.a. oben B. II. 3.

411 Z.B. Akıntürk/Ateş, S. 167–172; Şamil Demir, S. 261; Şenocak, S. 382; Şimşek, S. 394; Yarayan, S. 146.

412 Hervorhebung im Original.

durchzuführen, und wendet dies weiter so an. Die diesbezüglich kritisierten Entscheidungen des 8. Senats vom 1.6.2009, E. 2009/1338, K. 2009/2758 und E. 2009/1547, K. 2009/2759(kazancı)[413]*, sowie vom 23.6.2009, E. 2009/1609, K. 2009/3325 finden sich oben im Abschnitt „Reihenfolge und Stufen der allgemeinen Berechnung des Wertzuwachses" (S. 1307–1309).*

Es liegt die Annahme zugrunde, dass sich eine Ungerechtigkeit für den Beklagten daraus ergeben kann, dass bei einer Durchführung der Auseinandersetzung der erworbenen Güter (gemäß Antrag) die unverschuldeten Güter herausgesucht und streitgegenständlich gemacht werden. Würde denn nicht das gleiche Problem auftauchen, wenn man stattdessen die Güter in der Gesamtheit auseinandersetzt? Wenn man die verschuldeten und nichtverschuldeten Güter so auseinandersetzt, als beträfen die Schulden alle Güter, ergibt sich eine Ungerechtigkeit für den Kläger. Als Senat ist man aufgrund der in den Akten befindlichen Gutachten zu diesem Ergebnis gekommen. Die Belastung auf einem erworbenen Gut mag nicht nur in türkischen Lira bestehen, sie kann auch in einer ausländischen Währung sein (Dollar, Euro o. dgl.). Ist es möglich, dass sich dadurch kein minderer Wertzuwachs (bzw. eine Beteiligungsforderung) in Richtung des Klägers ergibt, wenn man bei der Berechnung die türkische Lira zugrunde legt und deren Wechselkurs laufend sinkt? Wir haben schließlich erlebt, dass sich in einigen Akten von Verfahren um Beteiligung oder Mehrwertanteil bezogen auf einige erworbene Güter Belastungen in Devisenkrediten fanden. Der Senat hat die Berechnungsmethode (einzelne oder insgesamt) daher anhand von einigen Beispielen (bezüglich konkreter Akten) diskutiert und ist zu dem Ergebnis gekommen, dass es angemessener ist, die Auseinandersetzung einzeln durchzuführen.

Meiner Meinung nach[414] *ist jede Schuld bei dem Gut zu berücksichtigen, zu welchem sie gehört. Es nützt den Beteiligten meiner Meinung nach, wenn die Auseinandersetzung einzeln durchgeführt wird. Im Übrigen macht es der Senat so."*[415]

Sodann führt er verschiedene Berechnungsbeispiele aus.[416] Beispiel Nr. 1[417] bezieht sich auf eine Zuwendung nach altem Recht und sagt zur Problematik nichts aus. Die beiden folgenden Beispiele wurden oben dargestellt (E. III:3.b).

---

413 S.a. Şıpka/Özdoğan 2017, S. 125f.

414 Hervorhebung im Original.

415 Uluç, S. 1355f.

416 Uluç, S. 1356.

417 Die Eheleute heiraten 1990. Am 7.7.2007 wird die Scheidung rechtshängig. Im Mai 1995 wird die Ehefrau Mitglied einer Genossenschaft, sie erhält darüber im Jahre 2004 das Eigentum an einer Wohnung. Vor 2002 wurden 7.000 TL Beiträge gezahlt, nach 2001 9.000 TL. Von dem Einkommen der Frau bis zum 1.1.2002 von 2400 TL ermittelt der Sachverständige einen Ersparnisanteil von 2/3 = 1600 TL. Vom Einkommen des Ehemannes vor 2002 in Höhe von 3000 TL ermittelt er wegen dessen Unterhaltspflicht nur einen Ersparnisanteil von 1000 TL. Dies ergibt einen Zuwendungsanteil von 38,46 %. Bei Einleitung des Güterrechtsverfahrens hat die Wohnung einen Wert von 170.000 TL. Davon werden 7/16 der Zeit vor 2002 zugerechnet. An diesem Wert

Soweit erkennbar, handelt es sich bei diesen Ausführungen von Uluç überhaupt um die einzige nähere Erläuterung der Herangehensweise des Senats.

Wichtig erscheint dabei die Betonung auf dem Zusammenhang zwischen Einzelabrechnung und Nichtberücksichtigung der Nicht-Objektschulden. Dieser Zusammenhang wird aber leider nicht ausgeführt.

Die gegebenen Beispiele beziehen sich leider auch nicht auf die als maßgeblich bezeichneten Devisenkredite.

Fahri Akçin[418], der Uluç als Senatsvorsitzender nachfolgte, machte in einem Vortrag im Februar 2016 Ausführungen zur Rechtsprechung des Senats. In dem Abschnitt über die Klage auf Errungenschaftsbeteiligung wiederholte er die oben dargestellte und in den Urteilen seines Senats seit 2015 gebräuchliche Formulierung mit dem auf das einzelne Gut bezogenen Einführungssatz und dem Folgesatz, der an der gesetzlichen Formulierung mit der Mehrzahl der Güter orientiert ist.[419] Er gibt keinerlei Erläuterung und nimmt auf keinerlei Kritik Bezug.

In einem Vortrag vom April 2018[420] begründet er dann die Einzelauseinandersetzung mit einem Zirkelschluss: Die Klägerseite bestimme den Umfang des Verfahrens. Nach Art. 24ff der türkischen ZPO sei das Gericht hierauf beschränkt und könne das Verfahren nicht auf das gesamte Vermögen der Beklagtenseite ausweiten. Wenn man von vorneherein den Wertzuwachs als auf einem einzelnen Gegenstand bezogen sieht, kommt man natürlich am Ende zu dem Schluss, dass es nur so sein kann.

Zu den ersten, die die getrennte Berechnung kritisierten, gehörte Şıpka unter Bezugnahme auf Gençcan:

---

hat der Ehemann aus Zuwendung nach altem Recht einen Anteil von 38,46 %, das sind 28.708 TL. Zur Zeit der Auseinandersetzungsentscheidung hat die Wohnung einen Wert von 240.000 TL. Hiervon werden 9/16 den Zahlungen nach 2001 zugeordnet, das sind 135.000 TL. Der Ehemann erhält neben dem Anspruch aus Zuwendung nach altem Recht 67.500 TL aus Beteiligung.

418 Akçin 2016, S. 193f.

419 *„Mal rejiminin devamı süresince, bir eşin sahip olduğu edinilmiş malda, diğer eşin artık değerin yarısı oranında katılma alacak hakkı vardır. Katılma alacağı; eklenecek değerlerden(TMK 229 m) ve denkleştirmeden(TMK 230.m) elde edilen miktarlar da dahil olmak üzere, eşin edinilmiş mallarının(TMK 219 m) toplam değerinden, bu mallara ilişkin borçlar çıktıktan sonra kalan artık değerin (TMK'nun 231 m) yarısı üzerindeki diğer eşin alacak hakkıdır.“*

420 Akçin 2019, S. 156, s. dazu Şıpka, Çalıştay S. 75. Kritik an der Praxis des 8. Senats übte auch Özdoğan (S. 164, 166) auf der gleichen Veranstaltung an der Erciyes Universität Kayseri.

„Es ist falsch und widerspricht dem Wesen der Errungenschaftsbeteiligung, wenn die Auseinandersetzung nur auf ein Gut des beklagten Ehegatten bezogen, und die Beteiligungsforderung nur danach berechnet wird."[421]

Gençcan beruft sich in seiner Kritik an der Rechtsprechung des 8. Senats u.a. auf Zeytin[422] und Kılıçoğlu[423], die betonen, dass die Auseinandersetzung das gesamte Vermögen erfassen muss.

„Es bedeutet nichts anderes, als den Gesetzestext ***durch Rechtsprechung zu verändern****, wenn man fordert, dass die Forderung* ***für jedes Gut einzeln*** *statt als Gesamtwert erhoben wird, wo doch Art. 231 TMK vorsieht, dass die Berechnung erfolgt vom* ***Gesamtwert der erworbenen Güter*** *nach Abzug der diesbezüglichen Schulden."*[424]

„Eine Forderung von Beteiligung bezüglich einiger der erworbenen Güter ist nicht möglich. Anderenfalls ist es unumgänglich, dass eine systemwidrige Praxis um sich greift, bei der der klagende Ehegatte oder Erbe die Beteiligungsforderung erhöht, indem sie die erworbenen Güter heraussuchen, die nicht mit Schulden belastet sind, weil Schulden die Beteiligungsforderung vermindern."[425]

„Wie man sieht, bezieht sich die Klage auf Beteiligung auf den gesamten Wert der erworbenen Güter.

Ausgeschlossen ist, dass die Forderung auf Beteiligung sich nur auf einige der erworbenen Güter bezieht. Die entgegengesetzte Vorstellung führt unweigerlich dazu, dass man mit einer systemwidrigen Praxis beginnt, bei der auf Beteiligung klagende Ehegatte bzw. die Erben die Beteiligungsforderung erhöhen, indem sie nur die unbelasteten erworbenen Güter auswählen.

So konnte die jetzige Mehrheit meines Senats es als Beteiligungsforderung werten, wenn zum Beispiel eine Forderung bezogen auf ein Lokal und ein Lager erhoben wurde, obwohl dabei ausdrücklich auf die Ansprüche bezüglich der übrigen Immobilien verzichtet wurde."[426]

In der Entscheidung vom 14.11.2006[427] hat der 2. Senat eine Forderung der Ehefrau aus Zuwendung auf ein Lokal und ein Lager des Ehemannes unter Verzicht auf die Rechte aus anderen Immobilien als Beteiligungsforderung gewertet. Im Minderheitsvotum bezeichnet Gençcan dies als Forderung aus ehebedingter Zuwendung nach Art. 277 TMK und weist darauf hin, dass sich nach dem Gesetzeswortlaut in Art. 213 TMK die Beteiligungsforderung aus dem „Gesamtwert

421 Şıpka 2011, S. 266 Fn 269.
422 Zeytin 2008, S. 216.
423 Kiliçoğlu, Katkı-Katılma Alacağı, bei Gençcan zitiert nach Erstaufauflage S. 119.
424 Hervorhebung im Original, Gençcan 2018, S. 913; Gençcan 2019, S. 1221f.
425 Gençcan 2018, S. 887, Gençcan 2019, S. 1193f.
426 Gençcan 2018, S. 894, Gençcan 2019, S. 1194.
427 E. 2006/4858, K. 2006/15624, legal, kazancı, s.a. Uluç, S. 1353f.

der erworbenen Güter“ ergibt. Mit dem ausdrücklichen Verzicht auf die Einbeziehung der weiteren Immobilien habe die Klägerin klargestellt, dass sie keine Beteiligungsforderung erhebt.[428]

> *„Mit anderen Worten: Die Außerachtlassung der anderen Immobilien lässt sowohl die diesbezüglichen Forderungen aus ehebedingter Zuwendung, die Schulden aus ehebedingter Zuwendung, die Ausgleichsforderungen des Eigenguts, die Ausgleichforderungen der Errungenschaft und sogar die auf diese Immobilien bezogenen Schulden außer Betracht, schließt damit aus, dass die Beteiligungsforderung richtig berechnet werden kann und produziert eine rechtswidrige Situation.*
> *Der 8. Senat hat die Praxis fortgesetzt, nach welcher die Beteiligungsforderung bezüglich bestimmter erworbener Güter erhoben werden kann.*
> *Ich überlasse Ihnen also die Bewertung der dem Beklagten gegenüber erzeugten Ungerechtigkeit durch die Auswahl der nicht belasteten Güter.“*[429]

Gençcan gibt ausführlich eine Entscheidung des 8. Senats vom 1.6.2009 wieder, in der es heißt:

> *„Die gewonnenen Rechte auf die Hälfte des Wertzuwachses (Art. 231 TMK), der sich ergibt aus dem Wert des Hauses, welches erworbenes Gutes des beklagten Ehemannes ist (Art. 219 TMK), einschließlich der sich aus der Hinzurechnung (Art. 229) und dem Ausgleich (Art. 230 TMK) ergebenden Beträge und nach Abzug der dieses Gut betreffenden Schulden (Art. 231 TMK)….“*[430]

In den Fußnoten 1233 und 1234 auf Seite 1196 erläutert Gençcan[431] seine Hervorhebungen unter Hinweis darauf, dass aus der Formulierung schon die Herleitung des Anspruchs aus dem einzelnen Gegenstand und die Beschränkung auf die entsprechenden Schulden erkennbar werde.

Gençccan führt aus, dass die Beschränkung der Auseinandersetzung auf ein einzelnes Gut dem Grundsatz der Gesamtauseinandersetzung widerspreche:

> *„Was ist zu tun?*
> *Es widerspricht dem normalen Ablauf der Ereignisse, dass die Parteien nur die streitgegenständliche Immobilie besitzen. Jedermann hat zuhause etwas, was die Eigenschaft des erworbenen Gutes hat.*

428 Gençcan 2019, S. 1194f.

429 Gençcan 2019, S. 1195, Fn 1232.

430 E. 2009/1338, K. 2009/2758, kazancı.

431 Gençcan 2019.

> *Selbst wenn wir uns das einmal vorstellen, würde es nichts ändern. Selbst dann müsste der Gesamtwert der erworbenen Güter bestimmt werden. Denn sonst gibt es ja kein erworbenes Gut.*
> *Das Gericht kann nicht unterstellen, dass es sonst kein erworbenes Gut gibt. Wenn die Parteien sich dazu ausdrücklich erklären, ist es kein Problem. Anderenfalls muss das Gericht zu dieser Frage die Parteien nach Beweismitteln fragen, so sie vorgetragen werden, die Beweis erheben.*
> *Was kann daran richtig sein, wenn man aufgrund der Weißsagung rechnet und urteilt, dass man ohne Ermittlung dessen, was in die Gesamtheit hineingehört, und was von ihr abzuziehen ist, ohne auch nur die Frage an die Parteien nach Beweismitteln, so wie wenn es sonst keine erworbenen Güter gäbe und auf diesen auch keine Verbindlichkeiten lasten – wo doch im Gesetz ausdrücklich steht, dass der Wertzuwachs der Betrag ist, der übrig bleibt, wenn vom Gesamtwert der erworbenen Güter nach Hinzurechnung und Ausgleich die diesen Gütern zugeordneten Schulen abgezogen sind.*
> *Der 8. Zivilsenat des Kassationshofs will bei der Definition der übrigen erworbenen Güter diese nicht in die Berechnung einbeziehen und stattdessen nur das streitgegenständliche Gut einberechnen und hält dies für ausreichend. Als Schulden will er nur die auf das streitgegenständliche Gut bezogenen Schulden abziehen.*
> *Es stellt eine Beschränkung der Berücksichtigung der anderen erworbenen Güter dar, wenn das willkürlich zum Streitgegenstand gemachte Gut die Berechnungsmethode begrenzt.*“[432]
> …

Seine Kritik findet sich auch in seinem Minderheitsvotum zur oben erwähnten Entscheidung des Großen Zivilsenats vom 12.9.2012:

> *„Schon früher haben wir zum Ausdruck gebracht, dass kein Ehegatte eine Beteiligungsforderung an einem einzelnen Gut erheben kann (Ö.I. Gençcan Mal Rejimleri Hukuku, Ankara 2010, S. 949).*
> *Şipka, die unsere Auffassung exakt teilt, kritisiert die Praxis des 8. Senats wie folgt: (Şükran ŞIPKA, Türk Hukukunda Edinilmiş Mallara Katılma Rejimi ve Uygulamaya İlişkin Sorunlar, XII Levha Yayınları, İstanbul-2011, S. 236, Fn: 269).*
> *Wie auch der verehrte Herr Gençcan betont, ist es FEHLERHAFT, die Auseinandersetzung nur auf ein einzelnes Gut des beklagten Ehegatten zu beziehen und so die Beteiligungsforderung zu bestimmen. Es widerspricht DEM WESEN der Errungenschaftsbeteiligung.*“[433]

Leider geht Gençcan in den Neuauflagen nicht auf die Ausführungen von Uluç ein.

Şıpka/Özdoğan kritisieren durchgehend die Einzelauseinandersetzung und unterstützen auch die Kritik von Gençcan, dass so der Weg dazu eröffnet wird,

---

432 Gençcan 2018, S. 894f.; Gençcan 2019, S. 1200f.
433 E. 2012/8–365, K. 2012/561, übermittelt v. Ö.U. Gençcan.

dass eine Partei sich nur die nicht verschuldeten Vermögensgegenstände aussucht.[434]

Eine radikale Gegenposition zum Kassationshof vertritt Gümüş in einem 2009 erschienenen Aufsatz.[435] Er geht für die gesamte Auseinandersetzung von nur einem Wertzuwachs als der Differenz der Endwerte der Errungenschaften der beiden Ehegatten aus. Damit entfernt er sich natürlich vom Gesetzeswortlaut und dem schweizerischen Vorbild, die von der Verrechnung zweier Ansprüche der Ehegatten auf Beteiligung am Wertzuwachs ausgehen[436]. Kırmızı folgt ihm insoweit, als er nur eine Beteiligungsforderung (nach Verrechnung) anerkennt[437]. In seiner Musterklage führt er das gesamte Vermögen der Parteien auf.[438]

Dementsprechend entwirft er ein Muster für einen Klageantrag, der das gesamte Vermögen beider Seiten auflistet und daraus eine Forderung herleitet.[439]

Ähnlich ist die Position von Acabey zu verstehen, die sich am Begriff der „Beteiligungsforderung" zeigt. Acabey[440] sieht in der Beteiligungsforderung nur die letztlich nach Verrechnung bleibende Forderung des „wirtschaftlich schwächeren" Ehegatten. Die zu verrechnenden Forderungen beider Ehegatten bezeichnet er als „Wertzuwachsforderung".[441]

Ein Teil der Autoren zitiert ausführlich den 8. Senat mit seinen verschiedenen Definitionen, geht aber auf die Probleme der Rechtsprechung zu der Gesamtauseinandersetzung und den unabhängigen Schulden nicht ein.

Dies gilt zum Beispiel für Mortaş, der die gesetzliche Grundkonzeption nur in einem halben Satz anspricht und sodann zur Praxis der Einzelabrechnung übergeht:

> *„Das Gesetz spricht von der „Auseinandersetzung des Güterstandes". Ursprünglich war im Rahmen der Regelung des TMK der Gedanke bestimmend, dass der Güterstand kumulativ auseinandergesetzt würde. Nichtsdestoweniger ist in der Praxis anerkannt, dass ein Gut singulär auseinandergesetzt werden kann, wenn dies so beantragt ist."*[442]

434 Şıpka/Özdoğan 2017, S. 354.
435 Gümüş 2009, S. 91–94, in abgeschwächter Formulierung Dural/Öğüz/Gümüş, S. 236f.
436 Zur Kritk siehe Gençcan 2018, S. 897; Gençcan 2019, S. 1204.
437 Kırmızı, S. 198, S. 204 Fn 469.
438 Kırmızı, S. 634.
439 Kırmızı, S. 881f.
440 *„Artık değer alacağı"*, Acabey 2007, S. 493.
441 Den Begriff verwendet auch Şimşek, S. 393.
442 Mortaş, S. 399f.

Die verschiedenen Definitionen des 8. Senats zur Beteiligungsforderung werden bei ihm ohne Kommentar nebeneinander gestellt.[443] Dies zeigt, dass er der Frage keine praktische Bedeutung beimisst, ob der Senat die gesetzliche Definition (mit oder ohne Vorspann) oder eine abgewandelte verwendet.

b) Die Nicht-Objektschulden

Wie oben (E. III.4.a) dargestellt, verbindet Uluç Einzelabrechnung und Nichtberücksichtigung der Nicht-Objektschulden. Dieser Zusammenhang wird leider nicht ausgeführt. Mir erscheint es so, dass tatsächlich die Einzelabrechnung die Nichtberücksichtigung der unabhängigen Schulden nahelegt und umgekehrt, zwingend ist der Zusammenhang aber nicht. Wie die Einzelabrechnung in einem systematischen Widerspruch zur Berücksichtigung der Nichtobjektschulden steht, so steht sie auch im Widerspruch zur Berücksichtigung aller weiteren Aktiva und Passiva.

Das einzige Argument ist dabei der Verweis auf die Diskrepanz, die auftreten kann, wenn Schulden in Devisen bestehen. Dies ist nicht auf den ersten Blick verständlich, weil ja die Devisenkursentwicklung ggf. beide Ehegatten gleich belastet. Warum sollte der Inhaber der Beteiligungsforderung vor der Devisenkursentwicklung stärker geschützt sein als der andere Ehegatte? Möglicherweise ist dies zu erklären aus dem Zeitablauf zwischen Ende des Güterstandes und Auseinandersetzung. Die Bewertung der Güter erfolgt nämlich zu letzterem Zeitpunkt. Wird auf diesen Zeitpunkt hin ein Devisenbetrag in TL umgerechnet, können sich Diskrepanzen ergeben, weil möglicherweise der Nominalwert der Vermögensgegenstände nicht mitgewachsen ist. Allerdings dürfte in vielen Fällen die Inflation den Kaufkraftverlust der türkischen Lira zu den jeweiligen Devisen diesen Verlust auffangen.

Gençcan kritisiert die Beschränkung der berücksichtigten Schulden auf die Objektschulden scharf. Er zieht auch gleich die Verbindung zu dem von ihm kritisierten System der Berechnung der Ausgleichsforderung nach einzelnen Gütern.[444]

Er hebt hervor, dass alle Schulden, die sich auf die Gesamtheit der erworbenen Güter beziehen, abgezogen werden müssen.[445] Hierzu verweist er auf die Rechtsprechung seines früher zuständigen des 2. Senats in der Entscheidung vom 9.10.2008[446].

443 Mortaş, S. 302f.

444 Gençcan 2018, S. 1198; Gençcan 2019, S. 1594.

445 Gençcan 2018, S. 1317 Fn 2341; Gençcan 2019, S. 1596, Fn 1955.

446 2. Senat, E. 2008/13634, K. 2008/12889, legal, kazancı.

Er fordert, dass die Gesamtheit der auf die erworbenen Güter bezogenen Schulden bei den Passiva eingestellt wird.

Wie die meisten Autoren[447] schildert Zeytin die gesetzliche Konzeption, ohne sich mit der Rechtsprechung zur ausschließlichen Berücksichtigung der Objektschulden auseinanderzusetzen, wobei er aber die Objektschulden als Beispiel für die Massenzuweisung gesondert auflistet.[448]

c) *Schulden aus Anschaffungskrediten*

Unverständlich ist überhaupt die Zuordnung der Zahlung auf Restschulden zum Eigengut, da sie der Vermutung von Art. 230 Abs. 2 widerspricht. Sodann stellt sich aber auch die Frage, ob diese dann unter Art. 230 Abs. 1 oder Abs. 3 einzuordnen wären.

Gençcan beschreibt sehr deutlich, dass es sich bei den Leistungen aus dem Eigengut auf einen Errungenschafts-Kredit nach Art. 230 Abs. 1 ergebenden Forderung um eine konstante, keine variable Forderung handelt.[449]

Dann schildert er aber zustimmend die Rechtsprechung des 8. Senats, die die Zahlungen nach Ende des Güterstandes auf einen ehezeitlichen Kredit unter Art. 230 Abs. 3 fallen lässt.[450]

---

447 Z.B. Şeker 2007, S. 1782.

448 Zeytin 2017, S. 251f.

449 Gençcan 2018, S. 1091, 1179; Gençcan 2019, S. 1424f., 1569.

450 Gençcan 2018, S. 1125–1145, Gençcan 2019, S. 1469, insbes. S. 1127 u.H.a. U.v. 25.4.2017, E. 2015/15718, K. 2017/6145, uyap; U.v. 4.7.2017, E. 2017/12595, K. 2017/9847, uyap; U.v. 16.05.2017, E. 2015/17020, K. 2017/7195, legal; U.v. 4.4.2017, E. 2015/16765, K. 2017/5041, uyap; U.v. 16.5.2017, E. 2015/17020, K. 2017/7195, legal; U.v. 10.05.2017, E. 2017/11107, K. 2017/6836, legal, uyap; U.v. 11.4.2017, E. 2016/3466, K. 2017/5373, uyap; U.v. 11.4.2017, E. 2016/2580, K. 2017/5371, uyap; U.v. 11.04.2016, E. 2014/26256, K. 2016/6515, legal, uyap, kazancı; U.v. 18.1.2016, E. 2014/18626, K. 2016/354, legal, uyap; U.v. 11.4.2017, E. 2016/3780, K. 2017/5370, uyap; U.v. 16.3.2016, E. 2014/21623, K. 2016/4774, legal, uyap; U.v. 26.01.2016, E. 2015/9379, K. 2016/1291, legal, kazancı, uyap; U.v. 23.03.2016, E. 2014/22816, K. 2016/5304, legal, uyap; U.v. 23.03.2016, E. 2014/23324, K. 2016/5317, legal, kazancı, uyap; U.v. 4.4.2017, E. 2015/14803, K. 2017/4984, uyap; U.v. 23.3.2016, E. 2014/25681, K. 2016/5318, legal, kazancı, uyap; U.v. 4.07.2017, E. 2015/18571, K. 2017/9850, legal; Gençcan 2019, S. 1469–1502 u. H.a. U.v. 6.2.2019, E. 2016/20438, K. 2019/1069, uyap; U.v. 22.1.2019, E. 2016/21658, K. 2019/656, uyap; U.v. 26.6.2018, E. 2018/10380, K. 2018/14370, uyap; U.v. 7.11.2019, E. 2017/14471, K. 2017/14687, legal, uyap; U.v. 16.05.2017, E. 2015/17020, K. 2017/7195, legal; U.v. 4.7.2017, E. 2017/12595, K. 2017/9847, uyap; U.v. 10.05.2017, E. 2017/11107, K. 2017/6836; legal, uzap; U.v. 25.4.2017, E. 2015/15718, K. 2017/6145, uyap; U.v. 11.4.2017, E. 2016/3466, K. 2017/5373;

Soweit die Autoren die Rechtsprechung ansprechen, kritisieren sie sie nicht.[451] Şıpka/Özdoğan vollziehen die Rechenbeispiele von Uluç bezüglich der Anschaffungskredite für die Gesamtabrechnung nach.[452]

Auch eine Begründung wird nicht geliefert.

d) Die Verrechnung der Ansprüche

Die Literatur geht zum großen Teil davon aus, dass die Verrechnung von selbst zu erfolgen hat.[453] Auf eine entsprechende Forderung der Beklagtenseite soll es nicht ankommen.

Zeytin erörtert in der 3. Auflage seines Werks die Gesamtauseinandersetzung[454] in der Praxis des 8. Senats als Technik der Verrechnung der wechselseitigen Forderungen im Auseinandersetzungsverfahren.[455] Er benutzt somit den Begriff wie der Senat selbst. Die Praxis Einzelauseinandersetzung erwähnt er nicht, obwohl er sie zuvor in seinem Artikel in der NZFam unter Hinweis Şıpka/Özdoğan angesprochen hatte.[456]

Midyat[457] sieht die neue Rechtsprechung des Kassationshofs im Einklang mit der Gesetzeslage. Auch er versteht somit die Klage nicht als von vorneherein auf die Gesamtauseinandersetzung ausgerichtet.

Nach Karamercan[458] ergibt sich das Verbot, ohne Gegenantrag eine Verrechnung vorzunehmen aus der Bindung des Gerichts an die Anträge der Parteien.

Eine radikale Gegenposition zum Kassationshof vertritt – wie oben erwähnt – Gümüş in einem 2009 erschienenen Aufsatz.[459] Er geht für die gesamte Auseinandersetzung von nur einem Wertzuwachs als der Differenz der Endwerte der Errungenschaften der beiden Ehegatten aus. Damit entfernt er sich natürlich weit vom Gesetzeswortlaut und dem schweizerischen Vorbild, die von der Verrechnung zweier Ansprüche der Ehegatten auf Beteiligung am Wertzuwachs

---

U.v. 11.4.2017, E. 2016/2580, K. 2017/5371, uyap; U.v. 4.4.2017, E. 2015/16765, K. 2017/5041, uyap.

451 Mortaş, S. 294f., Karamercan 2018, S. 714–726, Karamercan 2019, S. 712- 722.

452 S.o. E.III.3.b, E.III.4.a, Şıpka/Özdoğan 2017, S. 256.

453 Sonsuzoğlu, S. 48.

454 „Küllî/iki taraflı (zweiseitige) tasfiye“.

455 Zeytin 2017, S. 328–330.

456 Zeytin 2016, S. 454.

457 Midyat 2017, S. 125.

458 Karamercan 2019, S. 993.

459 Gümüş 2009, S. 91–94, in abgeschwächter Formulierung Dural/Öğüz/Gümüş, S. 236f., Gümüş 2008, S. 377.

ausgehen.[460] Kırmızı folgt ihm insoweit, als er nur eine Beteiligungsforderung (nach Verrechnung) anerkennt.[461] Er verweist auf die höheren Kosten, die entstehen, wenn die Verrechnung nicht in der Klage vorweggenommen wird. In seiner Musterklage führt er dementsprechend das gesamte Vermögen beider Parteien auf, dementsprechend auch die Grundlage für den Beteiligungsanspruch der Gegenseite.[462]

IV. Zwischenergebnis

Der Kassationshof hat in seiner Rechtsprechung wesentliche Änderungen am Ausgleichssystem der Errungenschaftsbeteiligung vorgenommen, die zunächst das rechnerische Ergebnis betreffen.

1. Die Einzelauseinandersetzung

Die Ersetzung der Gesamtauseinandersetzung durch die Einzelauseinandersetzung ist ein grundsätzlicher Bruch mit dem schweizerischen System der Gesamtauseinandersetzung. Dieses System hat seine Legitimation auf der materiellen Seite in dem Bestreben nach vollständigem Ausgleich des in der Ehe erwirtschafteten Vermögens.

Der Wechsel erscheint dabei zunächst als ein rein methodischer Schritt, weil es das Bestreben aller potentiell Begünstigten sein sollte, das gesamte Aktivvermögen der Gegenseite in das Verfahren einzubeziehen und so aus der Einzelauseinandersetzung doch eine Gesamtauseinandersetzung zu machen.

Seine rechnerische Bedeutung erhält der Systemwechsel aber dadurch, dass bei überschuldeten Einzelgütern, die von der Klägerseite nicht einbezogen werden, der überschießende Teil der Belastung nicht in die Gesamtberechnung eingeht.

Daher geht hier die Kritik von Gençcan in die richtige Richtung. Zwar wird die Klägerseite nicht jeden mit Verbindlichkeiten belasteten Gegenstand unberücksichtigt lassen (wie Gençcan unterstellt), – wohl aber überschuldete Gegenstände.

Die Beklagtenseite hat dann keine Möglichkeit, die überschießende Verbindlichkeit in das Verfahren einzuführen.

---

460 Zur Kritk siehe Gençcan 2018, S. 897, Gençcan 2019, S. 1203f.

461 S. 198, S. 204 Fn 469.

462 Kırmızı, S. 634f., er beruft sich dabei auch auf Şıpka (Fn 852).

Die Gesamtauseinandersetzung ist System von aufeinander aufbauenden Schritten. Die Hinzurechnung nach Art. 229 TMK z.B. kann ja nur einmal erfolgen. Möglicherweise führt sie nur bei einer wirklichen Gesamtausauseinandersetzung dazu, dass überhaupt ein positiver Wertzuwachs erscheint. In der Praxis des Kassationshofs geht dieser Gedanke verloren.

Die Gesamtauseinandersetzung dient gleichzeitig der „Herstellung des Rechtsfriedens" unter den Eheleuten. Geht man von der Möglichkeit der Scheidung einer Ehe aus, muss man unter Berücksichtigung der Bedeutung des Familienlebens den Weg für ein Familienleben nach der Ehe eröffnen. Dies erfordert, dass die wirtschaftlichen Folgen der Scheidung in einem praktischen und zeitlichen Rahmen geklärt werden, der überschaubar bleibt. Dieser Weg wird durch die Einzelauseinandersetzung erheblich erschwert.

2. Die selbständigen Schulden

Die Nichtberücksichtigung aller anderen als der Objektschulden kehrt die gesetzliche Vermutung für die Zuordnung von Schulden zur Errungenschaft um.

So legitim das Ziel der Unterbindung von Manipulationen sein mag, so muss man sich doch der Tragweite bewusst sein. Die Orientierung am Ziel der Ausgleichung des gesamten in der Ehe erwirtschafteten Vermögens ist damit aufgegeben.

Die Rechtsprechung macht damit einen deutlichen Schritt in die Richtung auf einen Güterstand wie den Wahlgüterstand der „Gütertrennung mit Aufteilung" (oben C.), in dem nur bestimmte ausgewählte Aktiva der Aufteilung unterliegen.

3. Die Restschuld der Anschaffungskredite

Von Gesetzes wegen gehört die Restschuld aus Anschaffungskrediten für Güter der Errungenschaft eindeutig zur Errungenschaft und mindert somit direkt den Ausgleichsanspruch.

In der Rechtsprechung des Kassationshofs seit 2012 ist aber die Restschuld eine Verwendung des Eigenguts auf die Errungenschaft, die zu einem Ausgleichsanspruch nach Art. 230 Abs. 3 TMK führt.

Selbst wenn man die Zahlung auf die Restschuld dem Eigengut zuschlagen will, ist sie als Zahlung auf eine Schuld der Errungenschaft zu werten (Art. 230 Abs. 1). Damit nimmt sie nicht an der Wertentwicklung teil. Dies ist auch ein Bruch mit der gesetzlichen Regelung, die nur vergangene Zahlungen auf Schulden berücksichtigen will.

Daneben werden alle Raten, damit auch die Zinsen als Verwendung gewertet.

Diese Praxis führt zu einem übermäßigen Anteil des Eigentümerehegatten an der Wertentwicklung des erworbenen Gegenstands. Im Falle eines starken Wertverlusts kann sich dies (wie oben dargestellt) sehr nachteilig für ihn auswirken, weil er aus einem überschuldeten Gegenstand noch leistungspflichtig ist.

Interessant ist hier der Vergleich mit dem Fall, dass der Nichteigentümer-Ehegatte auf die Schuld des anderen nach Beginn des Scheidungsverfahrens zahlt. Da der Güterstand beendet ist, fällt dies nicht mehr unter Art. 227. Der leistende Ehegatte wird mit seinem Bereicherungsanspruch auf die allgemeine Gerichtsbarkeit verwiesen und nimmt am Wertzuwachs insoweit nicht teil.[463]

Wäre die Zuordnung des Kassationshofs konsequent, so befänden sich in der Errungenschaft nur wenige überschuldete Güter. Wenn die Zahlung auf die Restschuld aus Anschaffungskrediten in das Eigengut fällt, blieben in der Errungenschaft als solcher nicht mehr viele überschuldete Gegenstände. Denkbar wäre zum Beispiel, dass ein Betrieb sich so verschuldet, dass die Verbindlichkeiten den Wert überschreiten.

Da der Kassationshof aber nicht konsequent ist, nimmt er auch in den Fällen der Wertminderung und Überschuldung aus Anschaffungskrediten einen negativen Wertzuwachs (ZGB: Rückschlag) an, der mit Null anzusetzen ist.

Der Nichteigentümerehegatte wird daher einen derartig überschuldeten Gegenstand, ebenso wie alle anderen überschuldeten Gegenstände nicht in die Klage aufnehmen.

Der Überschuss der Verbindlichkeit gegenüber dem aktuellen Wert des Gegenstands bleibt daher zum Schaden des Eigentümerehegatten unberücksichtigt. Die Berücksichtigung würde sich zu seinen Gunsten auswirken, wenn es daneben auf seiner Seite weitere Aktiva gäbe.

Damit gilt beschränkt auf alle so überschuldeten Gegenstände die Kritik von Gençcan, der meint, der jeweils andere Ehegatte würde alle schuldbelasteten Gegenstände nicht zum Gegenstand der Klage machen.

Unzutreffend ist die Bewertung von Şıpka/Özdoğan, nach welcher die Einzelauseinandersetzung zu keinem anderen Ergebnis führt als die Gesamtauseinandersetzung. Dies gilt ohnehin nicht für Fälle, in denen es zweifelsfrei überschuldete Gegenstände gibt.

Den fehlenden Unterschied zwischen Einzel- und Gesamtauseinandersetzung leiten Şıpka/Özdoğan aus einem Beispiel mit Zuweisung der Ratenzahlung auf die Restschuld von Anschaffungskrediten zum Eigengut her.[464] Insoweit

463 U.v. 25.4.2017, E. 2017/10235, K. 2017/6142, uyap, s.a. Karamercan 2018, S. 721f., Karamercan 2018, S. 717f.

464 S.o. E. III.3b, E.III.4.a, Şıpka/Özdoğan 2017, S. 256.

würde tatsächlich kein Unterschied bestehen, wenn die Zuweisung konsequent durchgeführt würde. Da der Senat aber die Zuweisung bei Überschuldung nicht anwendet, besteht auch insoweit ein Unterschied zwischen Einzel- und Gesamtauseinandersetzung.

Was die Berücksichtigung der Zinsen als Teil der Raten angeht, so taucht an keiner Stelle der türkischen Diskussion der Gesichtspunkt auf, dass die Zinsen für Anschaffungskredite in der Regel in Zeiträumen anfallen, in denen der Zinsleistung auf der Schuldenseite die Nutzungsmöglichkeit auf der Erwerberseite gegenübersteht. In der Ehe hat diese Nutzungsmöglichkeit die ehelichen Lebensverhältnisse geprägt, nach der Zeit des Güterstandes steht sie dem Erwerber allein zu. Daher erscheint die Berücksichtigung der Zinsen in der Form der Berücksichtigung der Gesamtraten problematisch, auch wenn man die Raten nicht im Betrag, sondern nur zur Ermittlung des Anteils am Wertzuwachs nutzt.

Andererseits ist zuzugeben, dass die Nichtberücksichtigung der Zinsen zu Unbilligkeiten bei Annuitätendarlehen führt.

Im obigen Beispiel der Immobilienfinanzierung mit Annuitätendarlehen (aus der Diskussion von Uluç und Şıpka/Özdoğan) ergab die Lösung nach beiden Autoren einen Anspruch der Ehefrau von 150.000 TL.

Bei Orientierung am Restschuldbetrag hätte sie am Wertzuwachs der Immobilie stärker partizipiert und einen Beteiligungsanspruch von 170.777,44 TL gehabt.

Beim Annuitätendarlehen für die Anschaffung von Gegenständen in der Zeit des Güterstandes fällt aber der Beginn der Ratenzahlung mit seinem geringeren Tilgungsanteil in die Zeit des Güterstandes.

Auf die in der Zeit des Güterstandes geleisteten Raten entfällt also anteilig eine geringere Tilgung.

Würde man im obigen Beispiel den Restschuldbetrag fiktiv nach dem Verhältnis der Raten vor und nach Zeit des Güterstandes modifizieren, ergäbe sich ein geringfügig günstigeres Ergebnis für die Ehefrau:

Der Gesamtkredit belief sich auf 135.000 TL. Im Schnitt wurden jährlich 22.500 TL getilgt.

Während tatsächlich bei Ende der Zeit des Güterstandes noch 48.445,12 TL offen standen, wären es bei Durchschnittsrechnung fiktiv nur 45.000 TL.

Die Beteiligungsforderung der Ehefrau wäre um die Hälfte des Differenzbetrages höher, beliefe sich also auf 172.500 TL.

Dies zeigt, dass es grundsätzlich legitim sein kann, die Zinsen in die Berechnung einzubeziehen, um Unbilligkeiten auszugleichen. Dies rechtfertigt meiner Meinung nach aber nicht die Verschiebung der Zahlungen auf die Restschuld aus Anschaffungskrediten in das Eigengut.

V. Umfang von Rechtshängigkeit und Rechtskraft

Wie oben unter E. IV. 1 am Ende angesprochen hat die Aufsplitterung der Ansprüche auf einzelne Gegenstände die Wirkung, dass die Befriedung des Streits unter den (ehemaligen) Eheleuten erschwert wird. Dieser Gedanke soll nun an dem von Rechtshängigkeit und Rechtskraft weiter verfolgt werden.

Gegenstand des Verfahrens sind in der Rechtsprechung des 8. Senats nicht etwa die (bis zu) vier Gütermassen, sondern nur die von den Parteien zum Verfahrensgegenstand gemachten Güter der Gegenseite und der sich daraus jeweils ergebende Wertzuwachs.

Soweit wegen einer Ausgleichsforderung auch ein Eigengutsgegenstand zur Sprache kommt, wird dieser als „außerhalb des Verfahrens" bezeichnet.

> *„…der Ausgleich des aus dem Verkauf des nicht streitgegenständlichen Fahrzeugs geflossenen Erlöses bei der Auseinandersetzung in der Berechnung der Forderung auf Beteiligungsforderung am Wertzuwachs aus den Immobilie zugunsten des Beklagten…"*[465]

Einer zweiten Klage zur Auseinandersetzung im gleichen Güterstand kann nicht der Einwand der Rechtshängigkeit entgegen gehalten werden, wenn die Klagen sich auf unterschiedliche Gegenstände beziehen.[466]

Die Rechtskraft der Entscheidung ist damit auf die behandelten Gegenstände beschränkt.

Entsprechendes gilt, wenn im ersten Verfahren ein geringerer Betrag beantragt und ausgeurteilt wurde, als dem Kläger zugestanden hätte. Er kann dies in einem späteren Verfahren nachfordern.[467]

Die Geltendmachung eines Wertzuwachses aus einem Gegenstand ist damit technisch nicht einmal eine Teilklage;[468] allerdings behalten sich die Rechtsanwältinnen und -anwälte der Türkei routinemäßig die Ausführung weiterer Rechte vor. Dies wird von den Gerichten so hingenommen.[469]

Früher war der Vorbehalt weiterer Rechte erforderlich, um ggf. höhere Beträge aus dem gleichen Gegenstand zu fordern.[470] Nach neuer türkischer ZPO ist dieses Erfordernis umstritten, weil die Teilklage keinen Verzicht auf weitere

---

465 U.v. 5.12.2017, E. 2016/8131, K. 2017/16135, uyap.

466 U.v. 24.1.2017, E. 2015/11504, K. 2017/689, legal,uyap, s.a Şıpka/Özdoğan 2017, S. 354f.

467 U.v. 16.1.2014, E. 2013/23352, 2014/497 zit.n. Şıpka/Özdoğan 2017, S. 361f.

468 Zur ausnahmsweisen Zulässigkeit der Teilklage im deutschen Güterrecht s. z.B. BGH FamRZ 2016, 1044 m. Anm. Koch.

469 U.v. 17.2.2015, E. 2014/15598, K. 2015/4338, legal, s.a. Şıpka/Özdoğan 2017, S. 80f.

470 Gençcan 2018, S. 807, 861–864, 1028; Gençcan 2019, S. 1086f., 1152–1155, 1352.

Forderungen aus gleichem Recht mehr bedeuten soll.[471] Allerdings scheint der 8. Zivilsenat in seinen Entscheidungen weiterhin den ausdrücklichen Vorbehalt der Rechte zu fordern, so in einer vom 18.4.2019[472]. Bei dieser Entscheidung handelt es sich allerdings um eine zur ehebedingten Zuwendung nach alten Recht, so dass sie für die Errungenschaftsbeteiligung nur beschränkt aussagekräftig ist. In einer Entscheidung vom 10.4.2019[473] wird die Nichtberücksichtigung des Vorbehalts im Urteil als rechtliche Beschwer gesehen, was ebenfalls für die Annahme der Erforderlichkeit spricht. Allerdings ging es jeweils um den gleichen Vermögensgegenstand, so dass sich die Frage der Rechtskraft nicht für andere Vermögensgegenstände stellte.

Liegt eine (in der Türkei anerkannte) ausländische Güterrechtsentscheidung vor, so würde dies auf der Grundlage eines Verständnisses von Gesamtauseinandersetzung ein weiteres Verfahren in der Türkei ausschließen. Nach dem Grundsatz der Einzelauseinandersetzung wird in der Praxis ein Gutachter beauftragt, um genau zu prüfen, welche Gegenstände (z.B. Parzellen) im ausländischen Verfahren verhandelt wurden.[474]

Auch ist denkbar, dass ein Notar beauftragt wird, um Vermögenspositionen feststellen zu lassen, die in der ausländischen Entscheidung nicht berücksichtigt sind.[475]

Im Urteil des 8. Zivilsenats vom 28.2.2012[476] ging es z.B. im Wesentlichen um eine Frage der Rechtskraftwirkung. Das Amtsgericht Siegburg hatte am 4.3.2010 die Anerkennung einer türkischen Scheidung festgestellt und auf einen Ausgleich von 44.680,51 € erkannt. Das Urteil wurde wiederum mit Urteil vom 3.5.2011 in der Türkei anerkannt. Zur Prüfung der Rechtskraftwirkung soll nun

471 Şıpka/Özdoğan 2017, S. 80.

472 U.v. 18.4.2019, E. 2018/15674, K. 2019/4285, uyap.

473 E. 2017/11081, K. 2019/3953, uyap; s.a. U.v. 27.3.2019, E. 2019/479, K. 2019/3303, uyap; U.v. 18.3.2019, E. 2017/17305, K. 2019/2838, uyap; U.v. 12.3.2019, E. 2018/13790, K. 2019/2561, uyap; U.v. 6.4.2018, E. 2016/4004, K. 2018/13729, uyap.

474 U.v. 28.2.2012, E. 2011/7702, K. 2012/1241 mitgeteilt v. Ö.U. Gençcan, legal, s.a. Şıpka/Özdoğan 2017, S. 406, Uluç, S. 636f., Mortaş S. 384f.; U.v. 20.12.2012, E. 2012/4985, K. 2012/12988 zit.n. Şıpka/Özdoğan 2017, S. 406f., s.a. Karamercan 2019, S. 1021f.

475 U.v. 24.05.2017, E. 2015/18459, K. 2017/7673, legal, s.a. Gençcan 2018, 180f., Gençcan 2019, 281f., Karamercan 2019, S. 1028f.

476 E. 2011/7702, K. 2012/1241, mitgeteilt v. Ö.U. Gençcan. legal, s.a. Şıpka/Özdoğan 2017, S. 406, Uluç, S. 636f., Mortaş S. 384f. Beiläufig wird erwähnt, auf die Immobilien in der Türkei fände türkisches Recht Anwendung.

in der Türkei festgestellt werden, ob eine bestimmte türkische Immobilie dabei Berücksichtigung gefunden hat.

Zur Auseinandersetzung der nicht behandelten Gegenstände kann dann ein Verfahren geführt werden.

Folgendes Beispiel verdeutlicht die möglichen Folgen: Mit Urteil des OLG Düsseldorf vom 21.12.2011[477] ging ein Scheidungsverfahren zu Ende, welches Anfang 2005 beim Familiengericht begonnen hatte. Über den Unterhalts- und Güterrechtsantrag der Ehefrau wurde mitentschieden. Die türkischen Eheleute hatten 1985 geheiratet und sich 2004 getrennt. Die Anerkennung der Scheidung in der Türkei wurde im September 2012 rechtskräftig. Die bezüglich des Unterhalts und des Güterrechts unterlegene Ehefrau erhob im November 2012 in der Türkei eine neue Klage bezüglich sämtlicher Scheidungsfolgen, auch güterrechtlicher Art. Anfang 2019 war dieses Verfahren noch erstinstanzlich anhängig.[478]

VI. Kein Güterrecht im Scheidungsverbund

Wie oben dargestellt, erschwert die Einzelauseinandersetzung die Befriedung des Streits unter den (ehemaligen) Ehegatten. Im weiteren soll untersucht werden, ob andere Aspekte des Güterrechtsverfahrens in die gleiche oder die entgegengesetzte Richtung wirken.

In der Schweiz wird die güterrechtliche Auseinandersetzung im Scheidungsverbund geführt, die Anträge sind mit der Scheidungsklage, bzw. dem Antrag zu stellen (Art. 285 Lit. c, 290 Lit. c ZPO)[479]. Eine Abtrennung ist möglich, wenn die anderen Scheidungsfolgen unabhängig vom Ergebnis der güterrechtlichen Auseinandersetzung geregelt werden können.[480]

Demgegenüber wird die Scheidung in der Türkei als vorgreiflich angesehen, eine Güterrechtsentscheidung im Scheidungsverbund abgelehnt.[481] Im Scheidungsverbund verhandelt wird von Amts wegen der Ehegatten- und

---

477 Az. II- 5 UF 163/07, nicht veröffentlicht.

478 Zivilkammer Banaz, E. 2016/408.

479 Midyat 2017, S. 131.

480 Büchler/Vetterli, S. 118.

481 Kritisch Dural/Öğüz/Gümüş, S. 218f. Rn 1123 (mit Vergleich zum schweizerischen Scheidungsverbund); s.a. Özer Deniz, S. 37f.; 2. Zivilsenat U.v. 11.10.2011, E. 2010/11061, K. 2011/15433, legal; s. dazu a. Gençcan 2018, 921; Gençcan 2019, S. 1231f.; Yarayan, S. 1147 Fn 48; 8. Zivilsenat, U.v. 10.4.2019, E. 2018/12846, K. 2019/3941, uyap; U.v. 29.11.2018, E. 2017/14704, K. 2018/19438, uyap; U.v. 16.6.2015, E. 2015/2621, K. 2015/13319, legal, s.a. Kırmızı, S. 508f.

Kindesunterhalt für die Dauer des Scheidungsverfahrens, sowie auf Antrag Sorgerecht und Umgang sowie Unterhalt und Schadensersatz (materiell und immateriell).

Die sehr praktische Möglichkeit der Verbindung der Sachverhaltsermittlung mit der Amtsermittlung im Scheidungsverbund (nämlich zum Kindes- und Ehegattentrennungsunterhalt) wird dadurch nicht genutzt.

Ein mit der Scheidung gleichzeitiger Antrag auf Auseinandersetzung ist abzutrennen, und das Verfahren auszusetzen.[482]

Entsprechendes gilt im Falle eines im Ausland betriebenen Scheidungsverfahren.[483] Allerdings gibt es in diesem Fall kein vorgreifliches türkisches Verfahren, so dass die Güterrechtsklage teilweise auch als unzulässig abgewiesen wurde, da keine Anerkennung des ausländischen Scheidungsurteils vorlag.[484]

Zuletzt hat aber auch im Falle eines im Ausland anhängigen Scheidungsverfahrens der 8. Senat die Abtrennung und Aussetzung verlangt.[485]

Gençcan führt hierzu im Abschnitt über die ehebedingte Zuwendung aus und zitiert aus Entscheidungen:

> *„c. Der Abschluss des Scheidungsverfahrens muss abgewartet werden*
> *Nachdem die Klage auf Errungenschaftsbeteiligung / ehebedingte Zuwendung vom Scheidungsverfahren abgetrennt worden ist, muss abgewartet werden, bis das Scheidungsverfahren abgeschlossen ist.*
>
> *„… In dem durch den Vertreter der Klägerin Hatice Öztürk gegen den Beklagten Muhsin Öztürk eröffneten Errungenschaftsbeteiligungs-Verfahren wurde verhandelt und die Klage abgewiesen mit der Begründung, dass die Ehe der Parteien noch andauert, dass es kein rechtshängiges Scheidungsverfahren gebe, und dass der gesetzliche Güterstand noch nicht beendet worden sei. Gegen die aus diesen Gründen abgewiesene Klage hat der Klägervertreter Rechtsmittel eingelegt. Bei dem Verfahren geht es um die Forderung aus ehebedingter Zuwendung mit der Begründung, dass auch die Klägerin sich an dem Erwerb der innerhalb der Ehezeit erworbenen Immobilien beteiligt habe. Damit über dieses Verfahren verhandelt werden kann, muss der zwischen den Parteien bestehende Güterstand beendet worden sein (Art. 225/2 des türkischen Zivilgesetzbuches). Die Gerichtsakte des vor dem 6. Familiengericht Ankara geführten Scheidungsverfahrens, Geschäfts-Nr. 2005/11224,*

---

482 Şıpka/Özdoğan 2017, S. 30; Şıpka 2013, S. 113f.; Kırmızı, S. 255; Uğur, S. 63; s. z.B. 2. Zivilsenat, U.v. 11.5.2011, E. 2009/7767, K. 2010/9437, legal, s.a. Kırmızı 2012, S. 544.

483 Şıpka/Özdoğan 2017, S. 33.

484 Şıpka/Özdoğan 2017, S. 392–398; Gençcan 2018, S. 491–509; Gençcan 2019, S. 681–704.

485 U.v. 7.6.2017, E. 2017/12270, K. 2017/8504, kazancı, uyap, s.a. Gençcan 2018, S. 927, Gençcan 2019, S. 1237.

Urteils-Nr. 2006/1299, Klägerin Hatice Öztürk, Beklagter Muhsin Öztürk, wurde herangezogen und bei deren Überprüfung wurde festgestellt, dass die Klägerin ihren Scheidungsantrag nicht weiter verfolgt und die Trennung beantragt hat, dass das Gericht nach der durchgeführten Verhandlung gemäß Art. 170 und 171 TMK das Getrenntleben der Parteien für eine Dauer von einem Jahr beschlossen hat, dass die Klägerin bezüglich der Scheidung und Trennung gegen das Urteil kein Rechtsmittel eingelegt hat, dass daher zwischen den Parteien kein Scheidungsverfahren anhängig sei. Aus diesen Gründen wurde die Klage abgewiesen.
Bei der Überprüfung der oben erwähnten Gerichtsakte des 6. Familiengerichts Ankara, Geschäfts-Nr.2005/122, Urteils-Nr. 2006/1299 wurde festgestellt, dass die Klägerin Hatice Öztürk eine Scheidungsklage eingereicht hat, und dadurch ein Scheidungsverfahren eröffnet worden ist, dass sie in der Sitzung vom 04.07.2006 den Scheidungsantrag aufgeschoben und ein ein-jähriges Getrenntleben beantragt hat, dass das Gericht durch das Urteil vom 18.12.2006, 2006/1299, dem Antrag der Klägerin auf Trennung stattgegeben und gemäß Art 170 und 171 des türkischen Zivilgesetzbuches das Getrenntleben der Parteien für eine Dauer von einem Jahr beschlossen hat, dass die Klägerin bezüglich der Unterhaltszahlung und der Beklagte gegen das Urteil insgesamt Berufung eingelegt haben, dass der 2. Zivilsenat des Kassationshofs durch sein Urteil vom 09.04.2008, Geschäfts-Nr. 2007/7588, Urteils-Nr. 2008/4950, mit der Begründung „ ein vom beklagten Ehemann benannter Zeuge sei nicht angehört worden" das Urteil aufgehoben hat, dass in dem nach der Aufhebung unter der Geschäfts-Nr. 2008/638 geführten Verfahren der Klägervertreter in der Sitzung vom 05.12.2008 die Scheidung beantragt hat, dass das Gericht, da auch der Beklagte die Scheidung beantragt hat, durch das Urteil vom 18.12.2008, Geschäfts-Nr. 2008/638, Urteils-Nr. 2008/1362, die Ehe der Parteien geschieden hat und dass das Urteil, ohne dass dagegen Rechtsmittel eingelegt wurde, am 06.02.2009 Rechtskraft erlangt hat. Wie in diesem Fall ersichtlich, ist der unter den Parteien bestehende Güterstand durch Rechtskraft des Scheidungsurteils beendet. Obwohl das Gericht im vorliegenden Fall den Abschluss des Verfahrens hätte abwarten, nach der Rechtskraft des Scheidungsurteils die Beweise der Parteien sammeln und nach den gesammelten Beweisen hätte entscheiden müssen, wurde bei der Überprüfung der herangezogenen Gerichtsakte unterstellt, dass die Scheidung nicht weiter verfolgt und gegen das Urteil keine Berufung eingelegt worden sei. Mit dieser Falschbewertung und ohne den Abschluss des Verfahrens abzuwarten, entschieden zu haben, war nicht richtig.
(8. Zivilsenat, U.v. 14.9.2009, E. 1897, K. 4148)"[486]
„... Das Verfahren wurde am 29.08.2003 eröffnet und bei dem Verfahren geht es um die ehebedingte Zuwendung (Art. 227 des türkischen Zivilgesetzbuches). In dem von der beklagten Ehefrau beantragten Scheidungsverfahren wurde ein Urteil verkündet, es ist aber noch nicht rechtskräftig. Es wurde für nicht richtig befunden, dass das Gericht, obwohl es das Ergebnis des Scheidungsverfahrens hätte abwarten und je nachdem, wie das Verfahren ausgegangen ist, hätte entscheiden müssen, mit fehlender Überprüfung entschieden hat. (2. Zivilsenat, U.v. 5.11.2007, E. 2006/20454, K. 2007/15040)"[487].

---

486 Gençcan 2018, S. 566–568; Gençcan 2019, S. 861–863.
487 S.a. kazancı, legal.

„Die Forderung der Klägerin bezieht sich auf die ehebedingte Zuwendung. Die Auseinandersetzung der Errungenschaftsbeteiligung kommt erst mit der Rechtskraft des Scheidungsurteils auf die Tagesordnung (Art. 225/2 des türkischen Zivilgesetzbuches). Es verstößt gegen Verfahrensordnung und Gesetz, in der vorliegenden Art zu entscheiden, ohne das Ergebnis des Scheidungsverfahrens unter den Parteien abzuwarten. (2. Zivilsenat, U.v. 18.12.2006, E. 2006/9899, K. 2006/17850)“[488]

„Die Klägerin hat auch die 10 Milliarden Lira als Gegenwert der ehebedingten Zuwendung an dem auf dem Namen ihres Ehemannes eingetragenen und am 17.02.2003 verkauften Haus gefordert (Art. 227 TMK). Es steht fest, dass die Parteien noch im Güterstand der Errungenschaftsbeteiligung leben (Art. 202 TMK) Ohne Rechtskraft des Scheidungsspruchs ist die Auseinandersetzung des Güterstandes undenkbar (Art 214 des türkischen Zivilgesetzbuches). Die Antragsgebühr ist entrichtet. Es ist nicht angebracht, durch das Gericht die verfahrenswertabhängige Gebühr vervollständigen zu lassen und das Verfahren abzutrennen. Dass das Gericht nicht bedacht hat, die Verfahrensvoraussetzung, also die Beendigung des Scheidungsverfahrens festzustellen sowie nach Bewertung der Beweismittel zu urteilen, ist ebenfalls nicht angebracht. …(2. Zivilsenat, U.v. 16.3.2005 E. 2005/2994, K. 2005/4123)“[489]

Dies ist ständige Rechtsprechung des 2. und des 8. Senats.[490]

Im Falle der einverständlichen Scheidung wird von den Ehegatten nach Art. 166 Abs. 3 TMK eine vollstreckbare Einigung über Schadensersatz und Unterhalt gefordert. Diese muss der Richter auf Angemessenheit prüfen.

Eine Einigung zum Güterrecht ist möglich, wird aber nicht gefordert.[491] Dies verwundert insoweit, als der Kassationshof von den Parteien ein „wirtschaftliches Projekt“ fordert, welches der Richter auf seine Angemessenheit prüft.[492]

Wie Gümüş[493] richtig kritisiert, ist dies schwer vorstellbar, wenn der Richter die möglichen güterrechtlichen Folgen der Scheidung nicht kennt.[494]

---

488 S.a. kazancı.

489 S.a. kazancı, legal.

490 8. Senat, U.v. 27.12.2011, E. 2011/6354, K. 2011/7732, legal, s.a. Şıpka/Özdoğan, S. 536; U.v. 4.2.2014, E. 2013/6216, K. 2014/1659, legal; U.v. 10.3.2009, E. 2007/17601, K. 2009/4148, legal; 2. Zivilsenat, U.v. 5.11.2007, E. 2006/20454, K. 2007/15040, legal, s.a. Gençcan 2018, S. 568 Fn 329, Gençcan 2019, S. 863; U.v. 16.3.2005, E. 2005/2994, K. 2005/4123, legal, s.a. Gençcan 2018, S. 568 Fn 331, Gençcan 2019, S. 863.

491 Großer Zivilsenat U.v. 24.2.2010, E. 2010/2–96, K. 2010/106 zit n. Kırmızı, S. 261f., 264–270; 8. Senat U.v. 24.2.2015, E. 2014/16757, K. 2015/4903, legal, s.a. Şıpka/Özdoğan 2017, S. 363f.

492 Z.B. 2. Senat, U.v. 21. 12. 1994, E. 1994/12452, K. 1994/12840, YKD 95, 383, legal; U.v. 1. 2. 1993, E. 1992/13460, K. 1993/664, YKD 93, 1324, legal; U.v. 23. 1. 1995, E. 1995/33, K. 1995/717, YKD 95, 722, legal.

493 Gümüş 2008, S. 301.

494 S. hierzu a. Odendahl 2003, S. 655.

Schon in seinem Beitrag von 2005[495] hatte Gümüş ausführlich dargestellt, wie die im Scheidungsverbund ohnehin behandelten Fragen einerseits die Scheidung verzögern, andererseits inhaltlich mit den güterrechtlichen Lösungen so eng verbunden sind, dass eine getrennte Behandlung nicht sinnvoll ist.

Der Ausschluss des Güterrechts aus dem Scheidungsverbund erleichtert zwar die Scheidung, hat aber ansonsten eine Reihe von Nachteilen. Der Abschluss der rechtlichen Auseinandersetzungen unter den Eheleuten verzögert sich. Insbesondere verlängert sich die Zeitspanne zwischen dem Ende des Güterstandes und dem Bewertungszeitpunkt. Gerade bei hoher Inflation ist das ungünstig.

VII. Auskunft

Die Gesamtauseinandersetzung bezieht sich auf das gesamte Vermögen der Eheleute. Ihre Abwicklung unterstellt, dass dieses Vermögen bekannt ist.

Ein einfacher Weg, um das Verfahren der Auseinandersetzung auf das gesamte Vermögen zu beziehen, ist eine vorgeschaltete wechselseitige Auskunft. Das Bestehen eines Auskunftsanspruchs würde somit die Herbeiführung einer Lösung des Streits unter den (ehemaligen) Eheleuten erleichtern.

1. Kein Auskunftsanspruch

Die Türkei hat den Auskunftsanspruch aus Art. 170 des schweizerischen ZGB nicht übernommen.[496] Dem Autor gegenüber hat das Mitglied der Regierungskommission Professor Akıntürk dies (im Jahre 2002) damit erklärt, dass die Befürchtung bestand, die türkischen Gerichte würden sonst überlastet.

Der Anspruch gehört allerdings zu den Ehewirkungen und besteht nach Scheidung nicht mehr.

Uluç sieht trotz der gegenteiligen gesetzgeberischen Entscheidung die Möglichkeit, einen Auskunftsanspruch aus dem Gesetz herzuleiten:

> *„Wenn auch Art. 170 des schweizerischen ZGB nicht in den TMK übernommen wurde, so kann doch gesagt werden, dass ein Ehegatte gestützt auf die Regelungen über die Ehewirkungen in Art. 186 Abs. 3 und Art. 196 TMK das Recht hat, von dem anderen Ehegatten Auskunft über sein Vermögen zu fordern.*
> *Die Ehegatten tragen gemeinsam, ein jeder nach seinen Kräften, unter Einsatz von Arbeit und Vermögen zu den Ausgaben der Gemeinschaft bei (Art. 186 Abs. 3 TMK). Auf Begehren eines Ehegatten setzt der Richter die Geldbeträge jedes Ehegatten zum Unterhalt der*

---

495 Gümüş 2005 pasim.

496 Gençcan 2019, S. 278, Fn 679 unter Verweis auf Odendahl; Mortaş S. 29 Fn 65; Zeytin 2017, S. 69.

Familie fest (Art. 196 abs. 1 TMK). Zu den in den Artikeln genannten Gegenständen gehört die Verpflichtung des anderen Ehegatten, dem fordernden Ehegatten Auskunft zu geben. Schließlich ist die Verweigerung der Auskunft zu diesen Themen nach Art. 206 Abs. 2–4 TMK ein Grund, eine Klage auf Übergang zur Gütertrennung zu erheben, bzw. ihr stattzugeben.
Neben den erwähnten Art. 186 und 196 TMK ergibt sich ein Erfordernis der Auskunftserteilung auch aus Art. 216, der die Überschrift „Inventar" trägt und der zu den güterrechtlichen Regelungen gehört. Jeder Ehegatte kann jederzeit vom anderen verlangen, dass er die Aufnahme eines Inventars seiner Vermögenswerte in öffentlicher Urkunde herbeiführt (Art. 216 Abs. 1 TMK). Wenn ein Ehegatte das Inventar in öffentlicher Form fordert, darf der andere sich dem nicht entziehen."[497]

Daneben habe ich in der türkischen Literatur kaum Hinweise gefunden, dass von einem Auskunftsanspruch im engeren Sinne ausgegangen würde.[498]

Soweit die Möglichkeit, bei verweigerter Auskunft die Gütertrennung (Art. 185 Abs. 4 TMK) herbeizuführen, als indirekte Begründung erwogen wird, halten die Autoren dies angesichts der klaren gesetzgeberischen Entscheidung nicht für tragfähig.[499]

Hieraus ergibt sich das auch in der Türkei erkannte Problem, wie der ausgleichsberechtigte, i.d.R. wirtschaftlich schwächere Teil seine Forderungen begründen und beweisen kann.

---

497 Uluç, S. 228.

498 Die Annahme eines Auskunftsanspruchs durch deutsche Gerichte bei Geltung türkischen Güterrechts geht zurück auf eine Entscheidung des OLG Hamm aus dem Jahre 2006 (U.v. 16.02.2006 – 4 UF 224/05):
„Der Umstand, dass das türk. Familienrecht keinen allgemeinen Auskunftsanspruch vorsieht, steht dem geltend gemachten Auskunftsanspruch gleichfalls nicht entgegen. Der Senat neigt zu der Auffassung, dass sich ein Auskunftsanspruch der Kl. bereits aus dem in Art. 216 ZGB normierten Anspruch der Ehegatten auf Inventarerrichtung ergibt, der in seiner Ausgestaltung über einen gewöhnlichen Auskunftsanspruch noch hinausgeht. Dies kann letztlich aber offen bleiben, das Fehlen eines (allgemeinen) Auskunftsanspruchs ist mit den Besonderheiten des türk. Prozessrechts zu erklären, das weitgehende Ermittlungsmöglichkeiten der Gerichte vorsieht. Diese stehen den deutschen Gerichten nicht in vergleichbarem Umfang zur Verfügung, weshalb es geboten ist, im Wege der Anpassung den deutschen Auskunftsanspruch zu übernehmen (vgl. Odendahl, a. a. O.)." Das Gericht begründet also alternativ: über den Inventaranspruch und über Anpassung. Zuletzt ebenso AG Nürtingen B.v. 19.9.2013, FamRZ 2014, 1295.

499 Z.B. Şeker 2006, S. 230.

Einige Autorinnen und Autoren schildern die sich daraus ergebenden Probleme. Zu ihnen gehört z.B. Özer Deniz, die deswegen die Übernahme einer dem schweizerischen Art. 170 entsprechenden Auskunftspflicht befürwortet.[500]

Rumpf leitet im Gutachten vom 6.9.2016 gestützt auf Gençcan aus dem Inventaranspruch einen Auskunftsanspruch her.[501] Er beschränkt dies aber auf die Zeit vor der Scheidung.

2. Inventaranspruch

Nach Art. 216 TMK können die Eheleute jederzeit voneinander verlangen, dass sie an der Erstellung eines notariellen Inventars mitwirken.

Mortaş stellt verschiedene Entscheidungen zur Inventarerstellung zusammen:

Der früher zuständige 2. Senat hat am 28.6.2005[502] entschieden, dass das Inventar nur beim Notar erstellt werden kann, und hat dementsprechend ein erstinstanzliches Urteil bestätigt, mit welchem eine anderweitige Erstellung abgelehnt worden war.

Das 2. Familiengericht Bursa hat mit Urteil vom 6.11.2008[503] die Feststellungen eines Gutachters in den Feststellungstenor seines Urteils übernommen. Die Klage war gerichtet auf die Feststellung eines Inventars nach Art. 216 während des laufenden Scheidungsverfahrens. Die Feststellungen beziehen sich zum Teil auf den Zeitpunkt der Einleitung des Scheidungsverfahrens, zum Teil auf frühere oder spätere Zeitpunkte. Das Urteil wurde vom 8. Senat am 22.10.2009[504] ohne weitere Begründung bestätigt.

In vergleichbarer Konstellation hat das 2. Familiengericht Istanbul es am 24.11.2009[505] abgelehnt, ein Rechtsschutzbedürfnis anzunehmen, es sei eine Leistungsklage möglich. Für die Inventarerstellung sei allein der Notar zuständig. Davon, dass dies nach Scheidung nicht mehr möglich sei, spricht die Entscheidung nicht. Das Urteil wurde am 4.10.2010[506] vom 8. Senat bestätigt. Mortaş schließt sich der Auffassung des Istanbuler Gerichts an. Als einzige Sanktion sieht er den Übergang zur Gütertrennung nach Art. 206 TMK.

500 Özer Deniz, S. 59.
501 Gutachten für AG Rottweil, 4 F 333/14 v. 6.9.2016.
502 E. 2005/5168, K. 2005/10173, zit.n. Mortaş, S. 45.
503 E. 2005/404, K. 2008/1085, zit.n. Mortaş, S. 45–47.
504 E. 2009/2071, K. 2009/5048, zit.n. Mortaş, S. 48.
505 E. 2009/757, K. 2009/100588, zit.n. Mortaş, S. 48–49.
506 E. 2010/1084, K. 2010/4516, zit.n. Mortaş, S. 49.

In den mir im Internet zugänglichen Entscheidungen des 8. Senats findet sich zum Inventar nur eine einzige, nämlich vom 7.2.2017[507], die wiederum nicht inhaltlich auf einen möglichen Anspruch eingeht. Die Klägerin hatte neben der Feststellung des Inventars auf einen Betrag aus Errungenschaftsbeteiligung geklagt. Das Familiengericht hatte die Klage abgewiesen, weil kein Anspruch aus Zuwendung nach altem Recht bestand. Dies wurde vom Senat beanstandet, ohne auf das Inventar einzugehen.

Auch diese Entscheidung verstärkt eher den Eindruck, dass das Inventar in der türkischen Rechtspraxis keine Rolle spielt.

Şıpka/Özdoğan[508] gehen davon aus, dass das Gericht auf Antrag und gestützt auf Art. 195 TMK sowohl den Notar mit der Inventarerstellung beauftragen, als auch das Inventar selbst erstellen kann.

Gençcan[509] betont, dass der Notar für die Erstellung des Inventars zuständig ist- unter Verweis sowohl auf Entscheidungen des 8.[510] wie seines eigenen, des 2. Senats[511]. Dem schließt sich Uluç an.[512]

Mit richterlicher Hilfe erzwungen werden kann die Inventarerstellung nach Art. 196 TMK allerdings nur vor Einleitung des Scheidungsverfahrens, da die Regelung zu den Ehewirkungen gehört.[513]

Für die anderen Fälle sind sie der Auffassung, dass der Weg ins Beweissicherungsverfahren (Art. 400–406 türk ZPO) offen stehen muss. Für Gerichtsentscheidungen zum Thema verweisen sie auf Mortaş.

Gençcan geht wohl davon aus, dass das Inventar nur bei bestehender Ehe verlangt werden kann, da er von den „Eheleuten“ spricht, die die Forderung erheben können.[514]

Bei Karamercan habe ich keine Erwähnung des Inventars gefunden, auch nicht bei seinen ausführlichen Darlegungen zu Art. 206 TMK.[515]

Mit der überwiegenden Meinung ist festzuhalten:

---

507 E. 2016/1244, K. 2017/1284, uyap.

508 Şıpka/Özdoğan 2017, S. 172f.

509 Gençcan 2018, 180f., Gençcan 2019, S. 281.

510 U.v. 24.05.2017, E. 2015/18459, K. 2017/7673, legal, s.a. Gençcan 2018, 180f., Gençcan 2019, S. 281.

511 U.v. 28.6.2005, E. 2005/5168, K. 2005/10173, zit.n. Gençcan 2018, 181, Gençcan 2019, S. 282.

512 S. 283.

513 Şıpka/Özdoğan 2017, S. 145.

514 Gençcan 2018, S. 177, Gençcan 2019, S. 278.

515 Karamercan 2018, S. 234–265, Karamercan 2019, S. 228–255.

1) Das Inventar kann nur bei bestehender Ehe gefordert werden.
2) Die Inventarerstellung kann durch den Notar erfolgen.

3. Türkisches Prozessrecht

Die Klage auf Errungenschaftsbeteiligung wird nach dem neuen türkischen Prozessrecht (Art. 107 türkische ZPO) in der Regel als „Klage mit unbestimmter Forderung" gewertet.[516]

Im Gegensatz zu den Verfahren auf Kindesunterhalt und Unterhalt während des Scheidungsverfahrens gehört das Güterrechtsverfahren nicht zu den Verfahren, in denen der türkische Richter von Amts wegen ermittelt.[517]

Hier ermittelt der Richter von sich aus weitmöglich die Verhältnisse der Parteien. Dies unterlässt er nur dann, wenn beide Parteien ausdrücklich auf Unterhalt verzichten.

Indirekt stellt damit das Scheidungsverfahren eine wichtige Informationsquelle für das Güterrechtsverfahren dar, wie ich im Jahre 2003 ausgeführt habe.[518]

Die Tatsache, dass Gençcan, der Vorsitzende des 2. Zivilsenats des türkischen Kassationshofs, meinen Hinweis in sein Güterrechtskompendium übernommen hat, zeigt gerade, dass das türkische Güterrechtsverfahren solche Hilfen nicht bietet.[519]

Im türkischen Güterrechtsverfahren gibt es eine solche Amtsermittlung nicht[520]. Hier bietet sich dem Kläger nur die in der Türkei „übliche" Amtsermittlung.[521]

---

516 Şıpka/Özdoğan 2017, S. 74–78.

517 Der Verfasser hatte im Jahre 2003 (FamRZ 2003, 651) die unzutreffende Auffassung vertreten, im türkischen Güterrechtsverfahren herrsche die gleiche Amtsermittlung wie im Kindes- und Trennungsunterhaltsverfahren. Dabei wurde hingewiesen auf ein Urteil des OLG Hamm zum Unterhaltsrecht, in welchem es heißt:
„Auch kennt das türk. Recht an sich keinen Auskunftsanspruch; ein solcher Anspruch ist entbehrlich, da in Unterhaltsprozessen die Untersuchungsmaxime gilt. Jedoch wird er im Wege der Rechtsfortbildung für die Anwendung in Deutschland bejaht, um die Lücke zwischen den unterschiedlichen Prozeßordnungen zu schließen. (vgl. für türk. Recht: Jayme, IPRax 1989, 330; für griechisches Recht beim Zugewinnausgleich: OLG Hamm, IPRax 1988, 108; Jayme/Bissias, IPRax 1988, 94). Dieser Ansicht folgt der Senat, weil anders eine Harmonisierung der beiden Rechtsordnungen nicht zu erreichen ist."

518 Odendahl, FamRZ 2003, 651.

519 Gençcan 2018, S. 177; Gençcan 2019, S. 278.

520 Gençcan 2018, S. 886; Gençcan 2019, S. 1192.

521 Diese Differenzierung fehlt in Ausführungen des Verfassers im Jahre 2003.

Ein Ausforschungsverbot, wie es sich noch in älteren deutschen ZPO-Lehrbüchern findet, kennt die türkische Praxis nicht:

Karamercan[522] führt einige Urteile des für Güterrechtssachen zuständigen 8. Senats auf, in welchen die Aufgaben der Tatsacheninstanz beschrieben werden:

Im Urteil des 8. Senats vom 25.5.2015[523] heißt es, dass es ausreicht, wenn der Kläger den Typ der Immobilie (Haus, Ackerland…) und das Stadtviertel angibt. Das Gericht hat sodann das Grundbuchamt anzuschreiben.

Im Urteil des 8. Senats vom 22.6.2015[524] wird das Gericht verpflichtet gesehen, vom Kläger Informationen über das Kennzeichen eines Fahrzeugs zu erfragen und sodann dessen Verkaufsdaten sowie die einer Immobilie bei den Behörden zu ermitteln.

Zur Ermittlung des Werts einer Firma muss das Gericht Auskünfte bei den Finanzbehörden und der Stadtverwaltung einholen.[525].

Im Urteil vom 22.01.2013[526] wies der Senat auf die Ermittlungsschwierigkeiten der Klägerseite hin und verpflichtete die Vorinstanz, den Immobilienbesitz der Beklagtenseite beim Grundbuchamt anhand des Eigentümerverzeichnisses zu ermitteln. Allerdings hatte auch hier die Klägerseite zuvor ihre Kenntnisse über solches Eigentum vorgebracht.

Der Große Zivilsenat hat in seinem Urteil vom 12.9.2012 ausgeführt:

> *„Da der klägerische Ehegatte in der öffentlichen Urkunde nicht aufgeführt ist, muss man auf seine Behauptung hin, der dort genannte Betrag ….sei nicht der wirkliche Kaufpreis, Ermittlungen anstellen….*
> *Aufgabe des Gerichts ist es, durch Feststellungen im …betreffenden Stadtteil und Anhörung von Gutachtern für Bauwesen und Vermögen den Verkehrswert der verkauften Immobilien im Zeitpunkt des Verkaufs zu ermitteln…“*[527]

---

522 Karamercan 2018, S. 1072–1091; Karamercan 2019, S. 1074–1095.

523 E. 2014/5355, K. 2015/11642, legal. So auch U.v. 18.4.2013, E. 2012/11951, K. 2013/5880, zit.n. Karamercan2019, S. 1074f.; U.v. 25.5.2015, E. 2014/5355, K. 2015/11642, legal, s.a. Karamercan 2019 S. 1075.

524 E. 2014/7615, K. 2015/13731, legal, uyap, s.a. Karamercan 2018, S. 1074, Karamercan 2018, S. 1075f.; desgl. U.v. 2.6.2009, E. 2009/972, K. 2009/2791, zit.n. Gençcan 2018 S. 734; U.v. 13.10.2009, E. 2009/2866, K. 2009/4785, zit.n. Gençcan 2018, S. 734f., Gençcan 2019, S. 1011f.

525 U.v. 26.5.2009, E. 2009/1187, K. 2009/2619, kazancı, s.a. Gençcan 2018, S. 734f., Şıpka/Özdoğan 2017, S. 625.

526 E. 2012/4763, K. 2013/606, legal, kazancı, uyap, s.a. Kırmızı, S. 566.

527 E. 2012/8–365, K. 2012/561, uyap. So in der gleichen Fallkonstellation der 8. Senat U.v. 14.2.2017, E. 2015/11367, K. 2017/1809, uyap, s.a. Şıpka/Özdoğan 2017, S. 553.

In einer neueren Entscheidung des 8. Senats heißt es:

> „*Was das Gericht zu tun hat, ist, bezüglich der Vermögensgegenstände, die die Klägerseite ausdrücklich bezeichnet hat, und die nach den Angaben in der Klageschrift festgestellt werden können, die Institutionen wie Grundbuchamt, Verkehrsbehörde, Handelsregister und Finanzamt anzuschreiben, und im Rahmen von Klagebegründung und -erwiderung nach den zu erhebenden Beweisen eine Entscheidung zu treffen.*“[528]

Şıpka/Özdoğan sehen in den hier den Gerichten auferlegten Ermittlungspflichten die Lösung der Auskunftsproblematik.[529]

Es herrscht also im „normalen“ Zivilprozess und damit auch im Güterrechtsverfahren eine aus unserer Sicht „beschränkte“ Amtsermittlung.

Gestützt werden kann diese Praxis auf Art 219ff der türkischen ZPO.[530]

Insbesondere sagt Art. 221:

> „(1) *Das Gericht ordnet die Vorlage einer bestimmten Urkunde an, wenn diese zum Beweis des Vortrags der Parteien erforderlich ist und sich in der Hand einer dritten Person oder Einrichtung befindet.*
> (2) *Jeder, dem aufgegeben wurde, die Urkunde vorzulegen, muss diese vorlegen; kann er dies nicht, muss er den Grund dafür unter Beweisführung offenlegen. Sieht das Gericht die Erklärung nicht als ausreichend an, kann es die Person als Zeuge vernehmen.*
> (3) *Die zur Vorlage Verpflichteten können sich der Vorlage und dem diesbezüglichen Zeugnis nach den Regeln über das Zeugnisverweigerungsrecht entziehen. Auf die Vorlage- bzw. Zeugnisverpflichteten finden die Regeln über den Zeugenbeweis Anwendung.*“[531]

---

528 U.v.: 23.05.2017, E. 2016/6356, K. 2017/7557, legal, s.a. Şıpka/Özdoğan 2017, S. 51f.

529 Şıpka/Özdoğan 2017, S. 51, 174.

530 Ges. Nr. 6100 v. 12.01.2011, r.g. Nr. 27836 v. 4.2.2011; hierzu Erdönmez, S. 143f., er verweist auch auf § 142 ZPO in der Fassung von 2002 (S. 19).

531 „(1) *Mahkeme, üçüncü kişi veya kurumun elinde bulunan bir belgenin taraflarca ileri sürülen hususun ispatı için zorunlu olduğuna karar verirse, bu belgenin ibrazını emreder.*
(2) *Belgeyi ibraz etmesine karar verilen herkes, elindeki belgeyi ibraz etmek; belgeyi ibraz edememesi hâlinde ise bunun sebebini delilleri ile birlikte açıklamak zorundadır. Mahkeme yapılan açıklamayı yeterli görmezse, bu kimseyi tanık olarak dinleyebilir.*
(3) *Belgeyi ibraz zorunda olanlar, tanıklıktan çekinmeye ilişkin hükümlere göre, belgeyi ibrazdan veya bu konudaki tanıklıktan çekinebilirler. Belgeyi ibraz veya bu konuda tanıklık yapmak zorunda olanlar hakkında, tanıklara ilişkin hükümler uygulanır.*“

4. Ergebnis

Mangels Auskunftsanspruchs fehlt es im türkischen Recht an einer einfachen Möglichkeit, die Kenntnisse zu sammeln, von denen für eine Gesamtauseinandersetzung unterstellt wird, dass sie die Grundlage für eine solche Auseinandersetzung liefern können.

Der Inventaranspruch ist in der Ausgestaltung umstritten, er wird in der Praxis kaum genutzt. Er ist auf die Zeit der bestehenden Ehe beschränkt, was im Hinblick auf den zeitlichen Abstand zwischen Scheidungs- und Güterrechtsverfahren die mögliche Bedeutung einschränkt.

VIII. Verjährung

Durch den Verzicht auf die Gesamtauseinandersetzung geht die Chance auf eine sachliche Konzentration im Prozess der „Herstellung des Rechtsfriedens“ unter den Eheleuten auf dem Gebiet des Güterrechts verloren.

Im Anschluss hieran stellt sich die Frage, ob durch eine Verjährungsfrist eine solche Konzentration in zeitlicher Hinsicht tendenziell erreicht wird.

1. Verjährungsfrist im Güterrecht

In Art. 146 des türkischen Obligationengesetzbuches (TBK, Gesetz Nr. 6098 v. 11.1.2011) heißt es:

> *„Soweit im Gesetz nicht anders geregelt, unterliegen alle Forderungen einer Verjährung von 10 Jahren.“*

Zuvor galt insoweit Art. 125 des alten TBK (Gesetz Nr. 818 v. 22.4.1926) mit der sinngemäß gleichen Formulierung.

Art. 5 des Zivilgesetzbuches (TMK) lautet

> *„Bestimmungen allgemeiner Art in diesem Gesetz und im Obligationengesetzbuch finden, so weit angemessen, auf alle zivilrechtlichen Beziehungen Anwendung.“*

Damit findet Art. 146 TBK auch im Familienrecht Anwendung.

Eine zehnjährige Verjährung gilt auch in der Schweiz, im Fall der Auseinandersetzung nach Scheidung spielt diese wegen des Scheidungsverbunds aber praktisch keine Rolle.

Mit dem neuen TMK (Gesetz Nr. 4721 vom8.12.2001) gibt es in Art. 178 nun erstmals[532] eine familienrechtliche Verjährungsregel, die lautet:

> *„Die Ansprüche, die anlässlich der Beendigung der Ehe durch Scheidung entstehen, verjähren ein Jahr nach Rechtskraft des Scheidungsurteils."*[533]

Unstreitig waren damit die klassisch als Scheidungsfolgesachen anerkannten und im Scheidungsverbund behandelten Bereiche von Geschiedenenunterhalt (yoksulluk nafakası, Art. 175 TMK) und materiellem und immateriellem Schadensersatz (maddî/manevî tazminat, Art. 174 TMK) erfasst. Nur diese werden auch in der Anwendung des Art. 166 Abs. 3 TMK als diejenigen Bereiche angesehen, die bei der einverständlichen Scheidung von der Vereinbarung der Ehegatten erfasst sein müssen.[534]

Das Güterrecht selbst kennt eine ausdrückliche Ausschlussfrist[535] nur für die Forderungen gegen Dritte nach Art. 241 TMK.

Kontrovers diskutiert wurde daher von Anfang an die Einbeziehung der güterrechtlichen Forderungen in den Geltungsbereich des Art. 178 TMK.

Die Anwendung von Art. 178 TMK käme natürlich nur für güterrechtliche Auseinandersetzungen nach Scheidung in Betracht, dies hätte z.B. zur Folge, dass güterrechtliche Forderungen nach Scheidung und solche nach anderweitiger Beendigung des Güterstandes (z.B. durch Tod) einer unterschiedlichen Verjährung unterworfen worden wären. Auch hätten wohl die Ansprüche aus ehebedingter Zuwendung nach altem und neuem Recht unterschiedlich behandelt werden müssen.

Die Auseinandersetzung spiegelt sich wider in einem Urteil des von 2002 bis 2008 zuständigen 2. Zivilsenats vom 5.2.2007. Der Senat lehnt die Anwendung von Art. 178 gegen das Votum seines späteren Vorsitzenden Gençcan ab:

> *„Die Klage bezieht sich auf die Auflösung des Güterstands der Errungenschaftsbeteiligung und wurde am 25.8.2005 erhoben.*
> *Das Scheidungsverfahren war am 16.9.2002 eingeleitet und durch Scheidungsurteil vom 2.6.2004 abgeschlossen worden.*
> *Mit Schreiben vom 24.10.2005 hat der Beklagte den Einwand der Verjährung erhoben mit der Begründung, die Jahresfrist des Art. 178 TMK sei abgelaufen. Das Gericht 1. Instanz*

532 Akıntürk/Ateş, S. 309.

533 Übersetzung Rumpf/Odendahl, S. 62f.

534 8. Zivilsenat U.v. 24.2.2015, E. 2014/16757, K. 2015/4903, legal, s.a. Şıpka/Özdoğan 2017, S. 363f., 411.

535 Art. 241 ist von Amts wegen zu berücksichtigen (Zeytin, S. 262 Rn. 725).

hat die Klage abgewiesen, weil zwischen der Rechtskraft des Scheidungsurteils und der Erhebung der vorliegenden Klage mehr als ein Jahr verstrichen war.

Das TMK/Gesetz Nr. 4721 enthält keine Bestimmung zur Verjährung der Beteiligungsforderung. Nach Art. 125 des Obligationenrechtsgesetzbuches (TBK)[536] *unterliegen Forderungen in der Regel einer Verjährung von 10 Jahren.*
In dieser Bestimmung heißt es „soweit hierzu keine andere Regelung vorhanden ist, unterliegt jede Klage der zehnjährigen Verjährung". Die Formulierung „jede Klage" ist im Sinne von „alle Forderungen" zu verstehen.
Der Beginn der Verjährung ist das Ende des Güterstandes (Art. 225).
Nach der allgemeinen Bestimmung in Art. 5 TMK werden die Verjährungsregelungen des TBK in angemessenem Umfang auf alle Zivilrechtsbeziehungen angewandt.
Auf den vorliegenden Fall ist die 10-jährige Verjährungsfrist anzuwenden.
Der Verjährungseinwand hätte zurückgewiesen werden müssen, die Klage hätte in der Sache behandelt werden müssen, die Beweismittel hätten gewürdigt werden müssen. In der vorliegenden Form ist das Urteil rechtswidrig ergangen.
Auf die Revision hin wird das Urteil mit Stimmenmehrheit aufgehoben, der Kostenvorschuss wird zurückgezahlt, die zweiwöchige Frist für einen Berichtigungsantrag bleibt vorbehalten.

Minderheitsvotum
Mit der werten Mehrheit besteht „Einigkeit" dahin, dass die Parteien nach Nüfus-Registerauszug am 2.6.2004 geschieden wurden, dass die Klägerin am 25.8.2005 eine Klage auf Beteiligungsforderung erhoben hat (Art. 234 TMK), dass das Gericht 1. Instanz auf die Einrede der Verjährung des Beklagten hin die Klage abgewiesen hat mit der Begründung, dass die Klägerin mit dem ihr mit der Scheidung entstandenen Recht wegen Ablaufs von einem Jahr seit Scheidung der Verjährung unterliege, und der Kläger Revision eingelegt hat.

Worum geht es?
Es steht fest, dass die Parteien am 8.4.1978 geheiratet haben und am 2.6.2004 geschieden wurden, und dass sie vom 1.1.2002 bis zum 2.6.2004 dem Regelgüterstand (gesetzlicher Güterstand= Errungenschaftsbeteiligung) (Art. 202 Abs. 1, 218–241 TMK) unterstanden (Art. 10 Abs. 2 Einführungsgesetz TMK Nr. 4722), weil sie keinen Güterrechtsvertrag geschlossen hatten.
Wann kann die Beteiligungsforderung der Frau realisiert werden, die sich -ohne Güterrechtsvertrag- daraus ergibt, was bleibt, wenn vom Wert der vom Ehemann zwischen dem 1.1.2002 und dem 2.6.2004 erworbenen Güter nach Hinzurechnung und Ausgleich die diesbezüglichen Schulden abgezogen werden?
Gleich aus welchem Grund eine Forderung „gleich welcher Art" entstanden ist, so stellt es in der Regel auch für die Forderungen aus dem Güterrecht (Eren, S. 1234–1235, Oğuzman/Öz, S. 445) ein Hindernis für die klageweise Geltendmachung dar, wenn man eine Weile untätig bleibt. Mit anderen Worten: es greift die Verjährung[537] *ein. (Eren, S. 1234–1235, Oğuzman/Öz, S. 445, Tekinay, S. 829).*

---

536 Gesetz Nr. 6098 v. 11.1.2011, r.g. v. 4.2.2011 Nr. 27836.
537 Hier findet sich im türkischen Original in Deutsch das Wort „Verjaehrung"!

1) *Verjährungsfrist*

Nach Art. 132 Abs. 3 TBK gilt die Verjährung unter Eheleuten während bestehender Ehe nicht.

Unabhängig vom Güterstand und vom Entstehungszeitpunkt der Schuld gilt zwischen den Eheleuten Art. 132 Abs. 3 TBK (Becker, S. 138, Oğuzman/Öz, S. 451).

Dabei ist gleich darauf hinzuweisen, dass die Beteiligungsforderung (Art. 231) auch bei bestehender Ehe entstehen kann, wenn etwa auf die Aufhebungsklage hin die Eheleute in die Gütertrennung übergehen (Art. 206) oder sie einen anderen Güterstand wählen (Art. 203).

Die Frage der Verjährungsfrist muss getrennt behandelt werden je nachdem, ob zwischen den Ehegatten ein Güterrechtsvertrag besteht oder nicht.

A) *Verjährung im Falle des Bestehens eines Güterrechtsvertrages ……..* (hier nicht übersetzt)

B) *Verjährung im Falle des Nichtbestehens eines Güterrechtsvertrages Ohne Bestehen eines Güterechtsvertrages beginnt*

– *die einjährige Verjährungsfrist mit der Beendigung des Güterstandes (Art. 225) und der Kenntnis vom Bestehen der Beteiligungsforderung (Art. 231),*

– *die zehnjährige Verjährungsfrist in allen Fällen mit dem Ende des Güterstandes (Art. 225).*

a) *Die einjährige Frist*

Besteht zwischen den Parteien kein Güterrechtsvertrag, so beträgt die Verjährungsfrist ein Jahr ab dem Ende des Güterstandes und der Kenntnis von der Beteiligungsforderung.

Ein Jahr beträgt auch die Verjährungsfrist für die Ergänzungsklage (Art. 241) des Ehegatten oder seiner Erben von dem Zeitpunkt an, an dem sie von der Verletzung ihrer Rechte erfahren. Dabei geht es nicht um die „volle Kenntnis" (Hausser/Basler, Art. 220 Nr. 29, Zeytin, S. 247) der Ergänzungsbedürftigkeit, ebenso wie es bei der Beteiligungsforderung (Art. 231) nicht um die „volle Kenntnis" der Rechtsverletzung geht (Nach der Gegenauffassung wäre der Beginn des Laufs der Jahresfrist sogar unmöglich: Dural/Oğuzman/Öğüz, S. 391).

b) *Die zehnjährige Frist*

Ohne Güterrechtsvertrag endet die Verjährung für die Beteiligungsforderung (Art. 231) auf jeden Fall nach 10 Jahren ab dem Ende des Güterstandes (Art. 225).

2) *Die allgemeine Verjährungsfrist von 10 Jahren widerspricht der Systematik des Gesetzes*

Dass die werte Mehrheit ohne Unterschied allgemein die zehnjährige Verjährung anwendet, widerspricht der Systematik des Gesetzes.

a) *Widerspruch zu den Regelungen über die Scheidungsfolgen*

Die Beteiligungsforderung ist keine Scheidungsfolgesache.

Es ist aber eine Tatsache, dass nach Art. 178 TMK eine Verjährungsfrist von einem Jahr für alle Forderungen gilt, die sich aus dem Ende der Ehe durch Scheidung ergeben.

In der amtlichen Begründung[538] *heißt es dazu:*

538 S. Başöz/Çakmacı, S. 155.

„Die Bestimmung unterwirft die Klagen, die wegen der Scheidung zu erheben sind, einer Verjährungsfrist von einem Jahr. Es soll hierdurch verhindert werden, dass die Ehegatten „noch Jahre" nach Ende der Ehe durch Scheidung mit Forderungen nach materiellem und immateriellem Schadensersatz oder erstmalig mit einer Forderung nach Bedürftigkeitsunterhalt konfrontiert werden. Wie für alle Forderungen muss es auch für Forderungen nach Schadensersatz und Unterhalt, die sich aus der Scheidung ergeben, eine Verjährung geben. Die Frist beginnt mit der Rechtskraft des Scheidungsurteils."

Die Scheidung ist ein Umstand, der zum Ende der Ehe (Ömer Uğur Gençcan, Boşanma Hukuku, Yetkin Verlag, Ankara 2006, S. 63) und zum Ende des Güterstandes führt.

Dass der Gesetzgeber, der nicht will, dass die Eheleute nach Jahren noch mit Forderungen nach Schadensersatz und (erstmalig) Unterhalt konfrontiert werden, bezüglich der Beteiligungsforderung anders denken sollte, widerspricht der Systematik des TMK/Gesetz Nr. 4721.

b) *Widerspruch zur Regelung über die Ergänzung der Errungenschaft*

Bei der Auseinandersetzung des Güterstandes können der ausgleichsberechtigte Ehegatte bzw. die Erben von Dritten die Herausgabe des ihnen unentgeltlich Überlassenen fordern, wenn das Vermögen oder der Nachlass des ausgleichspflichtigen Ehegatten nicht ausreichen, um die Beteiligungsforderung zu decken. Die Forderung verfällt ein Jahr nach Kenntnis des ausgleichsberechtigten Ehegatten oder der Erben von der Rechtsverletzung, auf jeden Fall aber nach fünf Jahren.

Angesichts dessen, dass das Recht des ausgleichsberechtigten Ehegatten und der Erben nach einem Jahr ab Kenntnis von der Verletzung ihrer Rechte, auf jeden Fall aber nach fünf Jahren verfällt, macht man praktisch die Ergänzungsklage unanwendbar, wenn man auf die Beteiligungsforderung eine zehnjährige Verjährungsfrist anwendet.

3) *Die Tatsache des Verlustes von Beweismitteln*

Die Annahme einer allgemeinen Verjährungsfrist, wie die werte Mehrheit dies ohne Rücksicht auf die Existenz eines Güterrechtsvertrages zugrunde legt, bringt die Eheleute noch „nach Jahren" in gegnerische Positionen.

Der größte Nachteil dessen sind die Schwierigkeiten der Beweisführung.

Der Sinn der Verjährung ist es:

- *die Gerichte davor zu schützen, dass sie sehr weit zurückliegende Vorgänge ermitteln zu müssen,*
- *die Parteien davor zu schützen, dass sie Beweismittel (Urkunden, Quittungen usw.) über lange Zeit aufbewahren müssen (Eren, S. 1233, Oğuzman/Öz, S. 443, JdT 1965 I 249, Kılıçoğlu, S. 600, Tekinay, S. 830, BGE 90 II 428).*

Überflüssig zu erwähnen, welche Schwierigkeiten und Rechtsverluste es mit sich bringt, wenn in einem Verfahren über eine Beteiligungsforderung wegen eines Todesfalles die Ehe -sagen wir- 30 Jahre bestanden hat, danach 10 Jahre vergangen sind, und nun Vorfälle bewiesen werden müssen, die 40 Jahre zurückliegen, die entsprechende Urkunde nicht aufbewahrt wurde, bzw. die Zeugen sogar verstorben sind.

So wie der unschuldige oder weniger schuldige Teil, dessen Interessen durch die Scheidung geschädigt sind, keinen „materiellen Schadensersatz", so wie die Seite, die durch die Ereignisse, die zur Scheidung geführt haben, in ihren Persönlichkeitsrechten verletzt wurde, keinen „immateriellen Schadensersatz" und wie der Ehegatte, der wegen der Scheidung

bedürftig wird, ohne dabei überwiegend schuldig zu sein, keinen unbefristeten Bedürftigkeitsunterhalt soll noch nach Jahren verlangen können, so darf es auch dem Ausgleichsberechtigten nicht erlaubt sein, noch nach 10 Jahren die Beteiligungsforderung geltend zu machen.
Das öffentliche Interesse, die Rechtssicherheit und der soziale Friede erfordern dies. Es kann nicht das Gerechtigkeitsempfinden verletzen, wenn jemand nicht geschützt wird, der seine Rechte über lange Zeit hinweg nicht wahrnimmt. (Eren, S. 1233, Tekinay, S. 830).
Aus diesem Gründen schließe ich mich der Auffassung der werten Mehrheit nicht an.
Ö.U. Gençcan, Richter"[539]

Der 2. Senat blieb bei seiner Auffassung.[540]

Die Zuständigkeit im Kassationshof wechselte im Februar 2009 zum 8. Zivilsenat.[541] Dieser schloss sich zunächst der Auffassung von Gençcan an und wandte eine einjährige Verjährungsfrist an, so mit Urteilen vom 14.7.2009[542] (Beteiligungsforderung), 4.2.2010[543] (Beteiligungsforderung), 9.6.2009[544] (Zuwendung n. neuem Recht), 26.5.2009[545] (Zuwendung n. altem Recht).

Seit März 2010 hat der 8. Senat aber begonnen, eine 10-jährige Verjährungsfrist anzuwenden, so mit Urteilen vom 29.3.2010[546] (Zuwendung nach altem Recht), 27.4.2010[547] (Beteiligungsforderung), 25.5.2010[548] (Zuwendung nach altem Recht), 1.6.2010[549] (Beteiligungsforderung), 10.6.2010[550] (Zuwendung nach altem Recht), 13.7.2010[551] (Zuwendung nach altem Recht), 20.9.2010[552] (Beteiligungsforderung), 20.1.2011[553] (Zuwendung nach altem Recht),

539 E. 2006/9383, K. 2007/1228, legal, kazancı, uyap, s.a. Şıpka/Özbilen/Şensöz, Anhang 1, Uluç, S. 709, Acar, S. 275.
540 Z.B. U.v. 10.11.2008, E. 2007/15136, K. 2008/14789 (Zuwendung nach altem Recht), legal, s.a. Özuğur, S. 97.
541 Präsidium des Yargıtay, Beschl. Nr. 1/2009 v. 26.1.2009 Abschn. I 3 (r.g. Nr. 27132 v. 5.2.2009).
542 E. 2009/2539, K. 2009/3905, zit.n. Gençcan 2019, S. 1293f.
543 E. 2009/4306, K. 2010/470, zit.n. Gençcan 2019, S. 1295.
544 E. 2009/982, K. 2009/2991, legal, uyap, s.a. Özuğur, S. 97.
545 E. 2009/873, K. 2009/2621, legal, uyap.
546 E. 2010/948, K. 2010/1424, legal.
547 E. 2010/953, K. 2010/2148, legal, uyap.
548 E. 2010/1651, K. 2010/2743, legal.
549 E. 2010/1695, K. 2010/2923, legal, uyap, s.a. Kırmızı 2012, S. 261.
550 E. 2010/802, K. 2010/3138, legal, uyap.
551 E. 2010/1855, K. 2010/3896, uyap, YKD 2011, 243.
552 E. 2010/2285, K. 2010/4122, legal.
553 E. 2010/3082, K. 2011/146, legal.

1.3.2011[554] (Zuwendung nach altem Recht), 7.3.2011[555] (Zuwendung nach altem Recht), 11.4.2011[556] (Herausgabeforderung), 11.4.2011[557] (Beteiligungsforderung), 4.7.2011[558] (Zuwendung nach altem Recht), 3.11.2011[559] (Beteiligungsforderung), 27.12.2011[560] (Zuwendung nach altem Recht) und 17.1.2012[561].

Die Änderung entspricht einer Rechtsprechung des Großen Zivilsenats, der im Einzelfall mit dem Verfahren befasst wurde bzw. wird, wenn ein Familien- bzw. Berufungsgericht sich der Entscheidung des Fachsenats „widersetzte" d.h. auf seiner Auffassung „beharrte" (direnme).

In einem Verfahren wegen Zuwendung nach altem Recht hatte der 8. Senat in dem oben erwähnten Urteil vom 26.5.2009 die einjährige Verjährungsfrist angewandt. Dieses Urteil wurde vom Großen Senat mit Urteil vom 5.5.2010 aufgehoben.[562]

Im Jahre 2012 schloss sich der 8. Senat dann aber in einigen Entscheidungen wieder der Auffassung von Gençcan an, mit der hauptsächlichen Begründung im Urteil vom 26.06.2012[563], dass eine lange Verjährung den Rechtsfrieden störe. In die gleiche Richtung entschied der 8. Senat am 8.5.2012[564] und 11.10.2012[565].

Eine nachhaltige Festlegung trat letztlich daher erst ein mit dem Urteil des Großen Senats vom 17.4.2013[566], mit welchem ein Urteil des 8. Senats vom 8.5.2012 aufgehoben wurde. Der Große Senat hat dann zugunsten der 10-jährigen Frist entschieden mit dem Argument, dass Art. 178 TMK nicht eingreife, weil auch die Beteiligungsforderung keine spezifische Scheidungsfolge sei.

---

554 E. 2010/6209, K. 2011/1087, legal, uyap, YKD 2011, 182.

555 E. 2010/3449, K. 2011/1210, legal.

556 E. 2010/5567, K. 2011/2071, legal, uyap (dort ist das Datum falsch!).

557 E. 2010/4114, K. 2011/2038, legal, uyap, s.a. Uluç, S. 714ff.

558 E. 2010/5958, K. 2011/3908, legal.

559 E. 2011/4853, K. 2011/5695, zit.n. Uluç, S. 716ff.

560 E. 2011/6184, K. 2011/7754, uyap.

561 E. 2011/6982, K. 2012/130, legal.

562 E. 2010/8–231, K. 2010/255, legal, kazancı, s.a. Uluç, S. 711ff., Şıpka/Özdoğan 2017, S. 547.

563 E. 2012/5049, K. 2012/6308, zit.n. der aufhebenden Entscheidung des Großen Senats vom 5.10.2016, E. 2016/1061, K. 2016/959, legal, uyap.

564 E. 2012/2002, K. 2012/3979, kazancı, s.a. Kılıçoğlu 2016, S. 539 Nr. 25, Uyar, S. 4155.

565 E. 2012/8103, K. 2012/8982, legal.

566 E. 2013/8–375, K. 2013/520, legal, kazancı, uyap, s.a. Uluç, S. 721ff., Gençcan 2018, S. 834–837, Gençcan 2019, S. 1126f., Özuğur, S. 98, Şıpka/Özdoğan 2017, S. 55, 62.

Seitdem entscheidet der 8. Senat durchgängig in diesem Sinne, in letzter Zeit z.B. am 20.1.2016[567], 3.3.2016[568], 19.04.2016[569] 7.11.2016[570], 29.11.2016[571], 7.2.2017[572] und 21.03.2017[573].

Der Große Senat hat seine Haltung am 5.10.2016 bekräftigt:

„Der Rechtsstreit, der im Wege des Beharrens vor den Großen Zivilsenat kommt, dreht sich um die Frage, ob die Verjährungsfrist in den Verfahren, bezüglich der Errungenschaftsbeteiligung von Ehegatten wegen Gütern, die nach Inkrafttreten des TMK/Ges Nr. 4721 erworben wurden, wenn die Ehe durch Scheidung endet, nach Art. 178 TMK ein Jahr beträgt, oder nach Art. 5 TMK i.V.m. Art. 146 des Schuldrechtsgesetzbuches (Art. 125 des Schuldrechtsgesetzbuches Nr. 818) zehn Jahre, – und je nach dem Ergebnis die weitere Frage, ob die Klageerweiterung von der Verjährung erfasst wird.
Es wurde schließlich in die materielle Rechtsprüfung eingetreten, ...
Kein Konflikt besteht zwischen Instanzgericht und Fachsenat bezüglich des geltenden Güterstandes.
Der Konflikt bezieht sich auf die Verjährungsfrist, die auf die Beteiligungsforderung bezüglich der von den Eheleuten unter Geltung des Güterstandes der Errungenschaftsbeteiligung erworbenen Güter anzuwenden ist, wenn die Ehe durch Scheidung endet.
Bekanntermaßen trat am 1.1.2002 der TMK/Gesetz Nr. 472) in Kraft, und die „Errungenschaftsbeteiligung“ wurde gesetzlicher Güterstand. In diesem Güterstand wird als Erfordernis der ehelichen Solidarität dem einen Ehegatten ein Anspruch auf die in der Ehezeit erworbenen Güter zuerkannt. Diese Forderung, die in der Lehre als „Beteiligungsforderung“ bezeichnet wird, ist ein Begriff mit Bezug auf den Güterstand der „Errungenschaftsbeteiligung“ und wird in Art. 231ff. TMK geregelt.
Es muss festgestellt werden, dass der TMK/Gesetz Nr. 4721 im Rahmen der als gesetzlicher Güterstand eingeführten Errungenschaftsbeteiligung keine spezielle Verjährungsfrist für die Beteiligungsforderung vorgesehen hat. (KILIÇOĞLU, Ahmet: "Katılma Alacağında Zamanaşımı", Fırat Öztan'a Armağan, C. I, Ankara 2010, S. 1289; ACAR, Faruk: Aile Konutu, Mal Rejimleri, Eşin Yasal Miras Payı, 3.B, Ankara 2012, S. 275; SONSUZOĞLU, Elif: Medeni Kanun'da Mal Rejimi Düzenlemeleri ve Vergi Hukukundaki Etkileri, İstanbul 2006, S. 50; ..., Ali İhsan Özuğur: Mal Rejimleri, 5. B. Ankara 2008, S. 82).
Wie auch immer hat eine Minderheit der Mitglieder des Großen Zivilsenats entsprechend der Umstrittenheit der Frage in der Lehre die Auffassung vertreten, dass die einjährige Verjährungsfrist des Art. 178 TMK auf diese Verfahren anzuwenden sei, dass in sehr klarer

567 E. 2014/19336, K. 2016/604, legal, kazancı, uyap, s.a. Gençcan 2018, S. 838f., Gençcan 2019, S. 1126f.

568 E. 2015/22109, K. 2016/3833, kazancı, uyap.

569 E. 2016/3224, K. 2016/7130, uyap.

570 E. 2016/16582, K. 2016/15089, legal, kazancı, uyap.

571 E. 2016/16582, K. 2016/15089, legal, kazancı, uyap

572 E. 2016/6712, K. 2017/1285, uyap.

573 E. 2015/15009, K. 2017/3963, legal. s.a. Şıpka/Özdoğan 2017, S. 160.

Weise in dieser Bestimmung die Verjährung der mit der Rechtskraft der Scheidung entstehenden Forderung geregelt sei, dass diese Bestimmung nicht nur die Scheidungsfolgensache wie Unterhalt und materiellen und immateriellen Schadensersatz, sondern auf alle wegen der Scheidung entstehenden Rechte anzuwenden sei. Dies wurde von der Mehrheit des Großen Senats abgelehnt.

Aufgrund des Charakters der Beteiligungsforderung wird vertreten, dass sie keine Scheidungsfolge sei (CEYLAN, Ebru: Türk ve İsviçre Hukukunda Boşanmanın Hukuki Sonuçları, İstanbul 2006; S. 68; KILIÇOĞLU, S. 1292), es handele sich nicht um eine „sich aus der Beendigung der Ehe durch Scheidung", sondern aus der Beendigung des Güterstandes der Errungenschaftsbeteiligung ergebende Klage (DURAL, Mustafa/ÖĞÜZ, Tufan/GÜMÜŞ, Alper: Türk Özel Hukuku, C.III, Aile Hukuku, İstanbul 2005, S. 391). Scheidungsfolgen sind die mit der Scheidung oder isoliert geltend gemachten Gegenstände wie materieller und immaterieller Schadensersatz (Art. 174 Abs. 1,2 TMK) und Unterhalt (Art. 175 TMK). Es muss erwähnt werden, dass die Begründung zu Art. 178 ausdrücklich darauf hinweist, dass sie sich nur auf die Scheidungsfolgen von Schadensersatz und Unterhalt bezieht.
Allerdings wird in der Lehre auch vertreten, dass die güterrechtlichen Forderungen zwar keine Scheidungsfolge seien, dass die güterrechtliche Auseinandersetzung aber zum Familienrecht gehöre und daher die Anwendung des Art. 178 angemessen sei (ACAR, S. 284; …, S. 82). Dieser Gedanke verstößt bei Berücksichtigung der Stellung der Norm in der Gesetzessystematik gegen das Analogieverbot bei der Verjährung, so sehr auch die Auffassung vertreten wird, es handele sich nicht um eine Analogie sondern um eine erweiternde Auslegung.
Bei Prüfung der Gesetzessystematik ergibt sich, dass Art. 178 sich im „Zweiten Buch, erster Abschnitt, zweite Abteilung: Scheidung", dabei unter der Überschrift „Schadensersatz und Unterhalt bei Scheidung" befindet. Die Beteiligungsforderung hat ihren Platz im TMK „Zweites Buch, Erster Abschnitt, Vierte Abteilung – Güterstand" (Art. 231ff.).
Es wird allgemein akzeptiert, dass sich für die Fälle, in denen der Güterstand anders als durch „Scheidung" beendet wird, die Verjährungsfrist nach Art. 146 des Schuldrechtsgesetzbuches 10 Jahre beträgt. Auch in dem oben zitierten Urteil des Fachsenats wird akzeptiert, dass bei Beendigung des Güterstandes anders als durch Scheidung, etwa durch Tod eines Ehegatten oder bei Annahme eines anderen Güterstandes oder Aufhebung der Ehe durch das Gericht gemäß Abs. 2 der gleichen Bestimmung durch Verweis in Art. 5 TMK auf Art. 146 des Schuldrechtsgesetzbuches die Verjährungsfrist 10 Jahre beträgt.
Es entspricht auch nicht den Zielsetzungen des Gesetzgebers, wenn man die Verjährungsfrist bestimmt nur gestützt auf die Formulierung „Rechte, die sich aus der Beendigung der Ehe durch Scheidung ergeben". Hätte nämlich der Gesetzgeber eine Verjährungsfrist für die Güterstände vorsehen wollen, hätte er dies nicht nur für die Scheidung, sondern auch für die anderen Beendigungstatbestände (Art. 225) getan.
(KILIÇOĞLU, S. 1292).
Daher ist es nicht möglich, die Verjährungsfrist für die Beteiligungsforderung nach Art. 178 TMK zu bestimmen.

Die Beteiligungsforderung ist ein gesetzlicher Geldanspruch, der mit Entstehung abgetreten, gepfändet und verpfändet werden kann.
(AKINTÜRK, Turgut/ATEŞ Karaman, Derya: Türk Medeni Hukuku: Aile Hukuku, C. 2, 14. B., İstanbul 2012, S. 174; ZEYTİN, Zafer: Edinilmiş Mallara Katılma Rejimi ve Tasfiyesi, 2. B, Ankara 2008, S. 234; YETİK, Nurten: Boşanma, Anlaşmalı Boşanma ve Mal Rejimleri, 3. B, Ankara 2008, S. 128; KIRMIZI, Mustafa: Edinilmiş Mallara Katılma Rejimi ve Aile Konutu, İstanbul 2012, S. 245; GÜMÜŞ, Mustafa Alper: Teori ve Uygulamada Evliliğin Genel Hükümleri ve Mal Rejimleri, İstanbul 2008, S. 380).
Es ist offensichtlich, dass sich aus dieser Eigenschaft ergibt, dass über die Verweisung des Art. 5 TMK die allgemeinen Regeln des Obligationengesetzbuches (TBK) anzuwenden sind (ŞIPKA, Ş.: "Edinilmiş Mallara Katılma Rejiminde, Tasfiyeyi ve Katılma Alacağını Talep Hakkına İlişkin Zamanaşımı Süreleri", Bilge Öztan'a Armağan, Ankara 2008, S. 843).
Da es in Art. 146 des Schuldrechtsgesetzbuches heißt „Soweit sich im Gesetz keine andere Regelung findet, unterliegt jede Forderung der 10-jährigen Verjährung", ist auf die Verjährung der Beteiligungsforderung die 10-jährige Verjährung anzuwenden nach Art. 146 des Schuldrechtsgesetzbuches (Art. 125 a.F., Gesetz Nr. 818) (Dural/Öğüz/Gümüş, S. 391; Şıpka/Özdoğan S./Özdoğan S., S. 846; Kılıçoğlu, S. 1294).
Die gleichen Grundsätze wurden betont in den Urteilen des Großen Zivilsenats vom 17.04.2013 (E. 2013/8-375, K. 2013/520) und vom 12.06.2013 (E. 2013/8-1013, K. 2013/816).
Im vorliegenden Fall haben die Parteien am 29.8.1984 geheiratet, der Rechtstreit bezieht sich auf die Beteiligungsforderung an den nach dem 1.1.2002 erworbenen Gütern. Das am 21.7.2006 eingeleitete Scheidungsverfahren wurde am 20.1.2009 rechtskräftig durch Scheidung abgeschlossen. Zum Zeitpunkt der Klageerhöhung (ıslah) vom 19.1.2011 war damit die 10-jährige Verjährungsfrist nicht abgelaufen.
Daher ist das Beharrungsurteil des Instanzgerichts zu bestätigen, da es sich gegen die Rückverweisungsentscheidung des Fachsenats richtet, welches auf die Klageerhöhung in der Beteiligungsforderung die einjährige Verjährung angewandt hatte."[574]

Uluç[575], bis 2015 Vorsitzender des 8. Zivilsenats, verteidigt die Rechtsprechung seines Senats, er sieht den Wendepunkt zur gefestigten Rechtsprechung im o.g. Urteil des Großen Senats vom 17.4.2013. Er spricht sich de lege ferenda für eine kürzere Verjährung aus, wie andere Autoren weist er auf die ohnehin lange Gesamtdauer von Scheidungsverfahren und anschließendem Güterrechtsverfahren hin, was sich schon daraus ergibt, dass das Güterecht nicht im Scheidungsverbund behandelt wird.[576]

574 E. 2016/1061, K. 2016/959, (ein Minderheitsvotum) legal, uyap.
575 Uluç, S. 708f.
576 Uluç, S. 720.

Gençcan[577], Vorsitzender des 2. Zivilsenats, hält weiterhin eine einjährige Verjährungsfrist für maßgeblich, soweit nicht eine Güterstandsvereinbarung vorliegt. Abweichendes gilt für ihn nur für den Fall, dass die Ehe vor dem 1.1.2002, also vor dem Inkrafttreten von Art. 178 TMK endete (also bei der ehebedingten Zuwendung nach altem Recht).[578] In einem Post auf seiner Facebookseite vom 23.4.2017 fordert er in einem offenen Brief an den Justizminister und die Parlamentsabgeordneten die gesetzliche Einführung einer einjährigen Verjährung.[579]

Midyat unterstützt die Rechtsprechung des Kassationshofs, fordert aber de lege ferenda eine „kurze" Verjährungsfrist.[580]

Kaçak[581] schließt sich der Auffassung von Gençcan an, wonach im Falle der Güterstandsvereinbarung und für die Forderung aus Zuwendung nach altem Recht die 10-jährige, ansonsten die einjährige Verjährung gilt. Die gleiche Auffassung vertritt Sonsuzoğlu.[582]

Özdamar/Kayış[583] stellen in den Vordergrund, dass auf jeden Fall einheitliche Verjährungsfristen gelten müssten, damit verzerrte Ergebnisse vermieden werden. Da auf die Zuwendung nach altem Recht ohnehin die 10-Jahresfrist gelte, müsse dies dann diese Frist sein. De lege ferenda schlagen sie eine (verlängerbare) Frist von 5 Jahren vor.

Özuğur[584], Ehrenvorsitzender des 2. Zivilsenats, geht von einer zehnjährigen Verjährungsfrist aus, soweit die Eheleute nicht durch Güterrechtsvertrag einen Güterstand gewählt haben (insoweit nimmt er eine einjährige Verjährung an).

Kılıçoğlu[585] hält nicht mehr an seiner früheren Meinung fest, dass eine einjährige Verjährung gelte. De lege ferenda fordert er eine dreijährige Verjährungsfrist.[586]

Şıpka begründet in einem Beitrag im Jahre 2008 ausführlich ihre Auffassung von der Geltung der 10-jährigen Frist.[587] Diese Position findet sich dann auch bei Şıpka/Özdoğan.[588]

577 Gençcan 2018, S. 829f.; Gençcan 2019, S. 1292.
578 Gençcan 2018, S. 849f.; Gençcan 2019, S. 1134f.
579 https://www.facebook.com/OmerUgurGENCCAN?fref=ts (Stand 8.5.2017).
580 Midyat 2019, S. 149.
581 Kaçak, S. 148f.
582 Sonsuzoğlu, S. 51.
583 Özdamar/Kayış, S. 140.
584 Özuğur, S. 98f.
585 Kılıçoğlu 2016, S. 167f., S. dazu Şıpka/Özdoğan 2017, S. 60 Fn. 10.
586 S. Kılıçoğlu 2016, S. 170.
587 S. Şıpka 2008, S. 846; s.a. Şıpka 2013, S. 115 Fn 4.
588 Şıpka/Özdoğan 2017, S. 53, 353, 482,559.

Gümüş[589] lehnt die Annahme einer einjährigen Verjährungsfrist ab.

Acar[590] will wie Gençcan für den Fall der Scheidung Art. 178 TMK anwenden. Eine einheitliche Anwendung mit dem Fall des Todes eines Ehegatten hält er nicht für erforderlich, da sich dort ein Gleichlauf mit der erbrechtlichen Verjährung ergibt.

Dural/Öğüz/Gümüş[591] und Öztan[592] gehen von einer 10-jährigen Verjährung aus.

Kırmızı[593] und Karamercan[594] referieren die Rechtsprechung des Kassationshofs ohne eigene Stellungnahme. Kırmızı sieht den Wendepunkt zur gefestigten Rechtsprechung eher im o.g. Urteil des Großen Senats vom 5.5.2010, Karamercan eher im o.g. Urteil vom 17.4.2013. Letztere Auffassung teilt Moroğlu.[595]

Özer Deniz[596] und Sarı[597] sehen keine Möglichkeit der Anwendung von Art. 178.

Auch Zeytin[598] lehnt eine Anwendung von Art. 178 ab.

Çataltepe[599] befürwortet die zehnjährige Verjährungsfrist wegen der Einheitlichkeit für alle Konstellationen unter den Ehegatten.

Günarslan[600] sieht de lege lata ebenfalls eine 10-Jahresfrist, fordert aber um des Rechtsfriedens willen eine erhebliche Verkürzung durch den Gesetzgeber.

Zusammenfassend lässt sich feststellen, dass es seit 2013 eine gefestigte Rechtsprechung gibt, die auf alle güterrechtlichen Forderungen unter den Ehegatten die 10-jährige Verjährung anwendet. Die herrschende Meinung in der Literatur teilt diese Auffassung.

---

589 Gümüş 2008, S. 389–391.

590 Acar, S. 367.

591 S. 239 Rn 1237.

592 Öztan 2015, S. 513.

593 Kırmızı, S. 245–250.

594 Karamercan 2018, S. 923–967, Karamercan 2019, S. 937–993.

595 Moroğlu Yargıtay, S. 329; Moroğlu Kadınlar, S. 110.

596 Özer Deniz, S. 103f.

597 Sarı, S. 251f.

598 Zeytin, S. 263 Rn. 727.

599 Çataltepe, S. 770 Rn 8/374.

600 Günarslan, S. 189.

2. Beginn

Die Verjährung beginnt nach allgemeiner Auffassung mit dem Ende des Güterstandes,[601] im Falle der Scheidung aber frühestens mit der Rechtskraft des Scheidungsurteils.

In Art. 153 des Obligationsgesetzbuches[602] heißt es:

> *„Unter den folgenden Umständen beginnt die Verjährung nicht zu laufen und falls sie bereits läuft, ruht sie:*
>
> *...*
>
> *2.bezüglich der Forderungen eines Ehegatten gegen den anderen während des Bestands der Ehe,"*

Der 8. Senat hatte am 14.1.2015 einen Fall zu entscheiden, bei dem die Parteien von 1977 bis 1992 und dann wieder von 2000 bis 2011 verheiratet waren. Bei der zweiten Scheidung war die Verjährung für eine Zuwendungsforderung nach altem Recht aus der Zeit der ersten Ehe noch nicht abgelaufen.[603]

Problematisch ist dabei die Behandlung ausländischer Urteile:

Art. 59 des IPRG von 2007[604] lautet:

> *„Ein ausländisches Urteil erwächst in materielle Rechtskraft oder hat Strengbeweiswirkung in dem Augenblick, in welchem es formell rechtskräftig wird."*[605]

Dementsprechend hat der 8. Senat in einer Reihe von Entscheidungen (nach Anerkennung) auf die Rechtskraft des (anerkannten) ausländischen Urteils abgestellt.[606]

Was die lange Verjährungsfrist auch bei dieser Praxis bedeuten kann, ist an dem vom 8. Senat am 21.9.2010[607] entschiedenen Fall ersichtlich: Es ging um

601 Kırmızı, S. 251.

602 Gesetz Nr. 6098 v. 11.1.2011, r.g. v. 4.2.2011 Nr. 27836.

603 E. 2013/16165, K. 2015/589, legal, kazancı, uyap, s.a. Karamercan 2018 S. 954f., Karamercan 2019, S. 968–970, Şıpka/Özdoğan 2017 S. 549, Gençcan 2018, S. 847, Gençcan 2019, S. 1326f.

604 S.u. H. IV.

605 Rumpf/Odendahl, S. 57.

606 U.v. 13.7.2010, E. 2010/1855, K. 2010/3896, uyap, s.a. Kırmızı 2012 S. 265f.; U.v. 3.4.2012, E. 2012/981, K. 2012/2448, zit.n. Kılıçoğlu 2016 S. 183, s.a. Şıpka 2013, S. 119; U.v. 14.5.2013, E. 2012/13856, K. 2013/7208, kazancı, s.a. Şıpka/Özdoğan 2015 S. 355f.; U.v. 17.2.2014, E. 2013/17758, K. 2014/2032, legal, kazancı, uyap, s.a. Şıpka/Özdoğan 2017 S. 401, Uğur S. 62, Karamercan 2018, S. 990–999 (Eheschließung 1969, Scheidung in Amsterdam 1993, Anerkennung in der Türkei rechtskräftig 2008); U.v. 21.3.2014, E. 2014/4434, K. 2014/4886, legal, kazancı.

607 E. 2010/253, K. 2010/4228, kazancı.

eine Zuwendung nach altem Recht. Die Eheleute hatten 1973 geheiratet und 1985 wurde ein Grundstück erworben. Das deutsche Scheidungsurteil (Amtsgericht Pfaffenhofen) wurde am 26.11.1998 rechtskräftig, das entsprechende Anerkennungsurteil für die Türkei am 15.3.2003. Die im Jahre 2007 erhobene Forderungsklage war nicht verjährt.

Nach der neueren Rechtsprechung wäre dazu auch noch 6 Jahre Zeit gewesen. Im Jahre 2015 änderte nämlich der 8. Senat (mit der Änderung seines Vorsitzes im November 2015[608]) seine Rechtsprechung und berechnete die Verjährung nicht ab Rechtskraft des ausländischen Urteils, sondern ab Rechtskraft der Anerkennung in der Türkei.[609] Der Senat hat bei der Rechtsprechungsänderung sogar den (unzulässigen) Weg der Berichtigung gewählt, um mit Urteil vom 22.10.2015[610] ein eigenes Urteil vom 5.6.2014[611] abzuändern, welches sich noch an Art. 59 IPRG orientierte.

Tatsächlich hatte sich die Klägerseite in dem o.g. am 21.9.2010 entschiedenen Fall (Scheidung 1998!) die Ausführung weiterer Rechte vorbehalten. So erfolgte am 14.3.2013, also einen Tag vor Ablauf der 10-Jahres-Frist nach der Rechtskraft des Anerkennungsurteils eine erneute Klage. Der 8. Senat entschied am

---

608 Karamercan 2018, S. 990; Karamercan 2019, S. 1004.

609 U.v. 16.4.2015, E. 2015/3525, K. 2015/8509, legal, s.a. Şıpka/Özdoğan 2017 S. 401f., Karamercan 2019, S. 1013–1015 (Hier hatten die Eheleute 1971 geheiratet. Die Ehe wurde 1993 durch das Amtsgericht Ahlen geschieden. Die Anerkennung für die Türkei wurde 2015 rechtskräftig. Die Güterrechtsklage war schon zuvor im Jahre 2011 erhoben worden.) Desgl. U.v. 7.3.2019, E. 2017/10223, K. 2019/2384, uyap; U.v. 29.6.2015, E. 2014/8546, K. 2015/14155, legal, uyap, s.a. Şıpka/Özdoğan 2017 S. 402f.; U.v. 29.9.2015, E. 2015/6010, K. 2015/16970, kazancı, s.a. Karamercan 2018 S. 1012–1014; U.v.22.10.2015, E. 2014/23308, K. 2015/18783, kazancı, s.a. Karamercan 2018 S. 1014–1016; U.v. 23.12.2015, E. 2014/15616, K. 2015/23014, zit.n. Karamercan 2018 S. 1016–1018; Karamercan 2019, S. 1015–1017; U.v. 17.12.2015, E. 2015/3239, K. 2015/12520, zit.n. Karamercan 2018 S. 1021f., Karamercan 2019, S. 1019–1021; U.v. 10.2.2016, E. 2014/21309, K. 2016/2135, legal, s.a. Gençcan 2018, S. 847–849, Gençcan 2019, S. 1326f.; Kılıçoğlu 2016 S. 183; U.v. 3.3.2016, E. 2015/22109, K. 2016/3833, legal, kazancı, uyap.

610 E. 2014/23308, K. 2015/18783, kazancı.

611 E. 2013/13153, K. 2014/11554, (zwei Minderheitsvoten) zit.n. Karamercan 2018 S. 1000–1005, Karamercan 2019, S. 1005–1010, s.a. Şıpka/Özdoğan 2015 S. 356. Weitere Entscheidung im gleichen Fall U.v. 22.10.2015, E. 2014/23308, K. 2015/18783, kazancı. Hier hatten die Eheleute 1977 geheiratet, die Ehe wurde 2002 in den Niederlanden geschieden, das Urteil wurde 2004 in der Türkei anerkannt. Die Güterrechtsklage wurde 2012 in der Türkei erhoben.

23.12.2015, also 16 Jahre nach der Scheidung, dass auch diese Klage nicht verjährt sei.[612]

Welche Auswirkungen diese Rechtsprechung im Einzelfall haben kann, zeigt ein am 18.2.2013[613] vom 2. Zivilsenat entschiedener Fall. Die Scheidung erfolgte 1994 außerhalb der Türkei, der Ehemann verstarb 1996. Seine Erben leiteten 17 Jahre nach der Scheidung das Anerkennungsverfahren ein.[614]

Kılıçoğlu unterstützt diese neue Rechtsprechung unter Hinweis darauf, dass vor Anerkennung des Scheidungsurteils in der Türkei kein Güterrechtsverfahren eingeleitet werden könne,[615] ebenso nimmt Gençcan Stellung.[616]

Wenig praktische Bedeutung hat in der bisherigen Rechtsprechung daneben die Wertung, dass die Verjährung nicht vor Kenntnis von dem Anspruch beginnt.[617] In dem Minderheitsvotum von Gençcan zum Urteil seines Senats vom 5.2.2007 heißt es:

> *„Besteht zwischen den Parteien kein Güterrechtsvertrag, so beträgt die Verjährungsfrist ein Jahr ab dem Ende des Güterstandes und der Kenntnis von der Beteiligungsforderung."*[618]

Generell wird davon gesprochen, dass die Verjährung mit Rechtskraft der Scheidung beginne.[619]

Bei der Gesamtauseinandersetzung entsteht der Anspruch mit der rechtskräftigen Beendigung des Güterstandes. Von diesem Umstand werden die Beteiligten am Scheidungsverfahren in der Regel sofortige Kenntnis haben – ebenso wie die Erben vom Ende des Güterstands des Erblassers.

In Verbindung mit der Frage des Umfangs der Rechtskraftwirkung können sich zukünftig aber durchaus Probleme ergeben, wenn eine ausgleichsberechtigte Seite nach der Scheidung von einem Vermögensgegenstand der anderen Seite erfährt.

---

612 E. 2014/15616, K. 2015/23014, zit.n. Karamercan 2018, S. 1016–1018, Karamercan 2019, S. 1015–1017.

613 E. 2012/11659, K. 2013/3996, uyap.

614 Die Klagebefugnis für die Erben wurde erst durch Art. 52, 58 des IPRG von 2007 (Ges. Nr. 5718, s.u. H. IV) eröffnet.

615 Kılıçoğlu 216, S. 183.

616 Gençcan 2018, S. 847, 1004; Gençcan 2019, S. 1326; ebenso Uğur, S. 62.

617 Özuğur, S. 99.

618 E. 2006/9383, K. 2007/1228, legal, kazancı, uyap, s.a. Şıpka/Özbilen/Şensöz, Anhang 1, Uluç, S. 709, Acar, S. 275.

619 Öztan 2015, S. 513 Fn 2255 unter Hinweis auf Großer Zivilsenat U.v. 17.4.2013, E. 2013/8–375, K. 2013/520, legal, kazancı, uyap, s.a. Uluç, S. 721ff., Gençcan 2019, S. 1116, Özuğur, S. 98, Şıpka/Özdoğan 2017 S. 63.

Geht man vom Grundsatz der Gesamtauseinandersetzung aus, so bedeutet Kenntnis von der Rechtskraft der Scheidung gleichzeitig Kenntnis vom Entstehen des Anspruchs.[620]

Endet der Güterstand durch Tod, kann es durchaus sein, dass die Erben erst erheblich nach Ende des Güterstandes hiervon und von ihrer Erbeneigenschaft erfahren.

Bei der Einzelauseinandersetzung könnte ohnehin die Betrachtung eine andere sein. Es könnte vertreten werden, dass die den Beginn der Verjährung auslösende Kenntnis die Kenntnis von einem bestimmten Vermögensgegenstand ist. Nach Kılıçoğlu reicht es nicht aus, dass der Ausgleichberechtigte vom Ende des Güterstandes erfährt, er muss für den Lauf der Verjährung auch von der Existenz eines bestimmten Gutes aus der Errungenschaft Kenntnis haben.[621]

Angesichts der langen Verjährungsfrist scheint dieser Gedanke noch keine große Rolle gespielt zu haben.

620 Gençcan 2018, S. 977; Gençcan 2019, S. 1116; Sonuzoğlu, S. 51.

621 Kılıçoğlu 2016, S. 182, der Gedanke fehlt allerdings bei Kılıçoğlu 2017 (S. 376).

F. Ergebnis: Die Deformation des Güterstands in Richtung auf eine „Beteiligung am erworbenen Gut"

Die Besonderheiten der Praxis des Kassationshofs zeigen sich im Unterschied zur schweizerischen Vorlage (und damit auch zur gesetzgeberischen Intention) in Folgendem:

- Das rechnerische Ergebnis ist wesentlich zunächst dadurch verändert, dass Schulden, die nicht Objektschulden sind, unberücksichtigt bleiben.
- Dies wird verknüpft mit einer Ablehnung der Gesamtauseinandersetzung und der Ermittlung des auszugleichenden Wertzuwachses aus einzelnen Vermögensgegenständen.
- Dabei bleibt eine überschießende Verpflichtung aus einem überschuldeten Gegenstand unberücksichtigt, die bei Vorhandensein anderer Vermögenswerte ansonsten durch Verrechnung mit deren Wert berücksichtigt würde.
- Verbleibende Schuldraten aus Anschaffungskrediten werden entgegen dem Gesetzeswortlaut dem Eigengut zugeschlagen, wodurch eine Ausgleichsforderung entsteht, mit der der Eigentümerehegatte stärker am Wertzuwachs teilnimmt. Bei Überschuldung wird er vor den Folgen dieser Methode geschützt.
- Die Einzelauseinandersetzung ermöglicht eine Zersplitterung der Auseinandersetzung in verschiedene Gerichtsverfahren.
- Der fehlende Auskunftsanspruch erschwert den Zugriff auf das Gesamtvermögen in einem Verfahren – auch unter Berücksichtigung gerichtlicher Hilfen bei der Ermittlung.
- Die fehlende Einbeziehung des Güterrechts in den Scheidungsverbund fördert eine zeitliche Streckung des Gesamtprozesses der Auseinandersetzung. Bei der Auseinandersetzung über Unterhalt und Schadensersatz nach Scheidung ist die Berücksichtigung der Vermögensverhältnisse erschwert.
- Auf der Grundlage der Festlegung einer gesetzlichen Verjährung von 10 Jahren – ggf. nach Anerkennung einer ausländischen Scheidung in der Türkei oder sogar nach Kenntnis von einem bestimmten Vermögensgegenstand – ergibt sich ein ggf. lange gestreckter Prozess der Auseinandersetzung, der dem Leitbild einer befriedenden Gesamtauseinandersetzung diametral entgegengesetzt ist.

Im materiellen Ergebnis wird vom Ziel des gleichgewichtigen Ausgleichs zwischen den Ehegatten deutlich abgewichen, vom Verfahrensablauf her erscheint ein wesentlich anderes System, welches dem Ziel der Befriedung des Verhältnisses unter den Ehegatten mit oder in einer absehbaren Zeit nach der Scheidung fast kein Gewicht beimisst.

Die Abweichung von der gesetzgeberischen Vorlage geht so weit, dass man von einer wesentlichen Deformation sprechen kann, die in Richtung auf einen Güterstand der „Beteiligung am erworbenen Gut" geht. Die vom 8. Senat verwendeten Definitionen legen diese Bezeichnung nahe.

Die seit mehr als 10 Jahren bestehende Praxis des Kassationshofs kann man auch als einen Schritt in Richtung auf den von der vorbereitenden Kommission entworfenen Güterstand der „Gütertrennung mit Aufteilung" werten[622]. Die dort in der Regel vorgesehene Realteilung wird naturgemäß immer auf das einzelne Gut bezogen. Schulden werden dort nur als Objektschulden berücksichtigt.

Soweit die Literatur sich mit der Praxis des Kassationshofs beschäftigt, werden einzelne Aspekte von verschiedenen Autoren (insbes. Gençcan, Şıpka/Özdoğan) kritisiert.

Eine Diskussion, die zu einer Änderung der Praxis des Kassationshofs führen könnte, kann ich allerdings zurzeit nicht erkennen.

Die deutsche Praxis wird bei Anwendung türkischen Ehegüterrechts der ständigen Rechtsprechung des Kassationshofs Rechnung tragen müssen.

622 Fahri Akçin, der Uluç 2015 als Vorsitzender des 8. Senats nachfolgte, erklärte in einem Vortrag im Februar 2016, der Güterstand der Gütertrennung mit Aufteilung sei „gerechter und der türkischen Gesellschaft angemessener" (S. 187).

G. Exkurs: Die Immobilie im türkischen Güterrechts-IPR

Mit dem OLG Karlsruhe im Beschluss vom 27.2.2018[623] hat – soweit ersichtlich – erstmalig ein deutsches Obergericht eine Statutspaltung im (neuen) türkischen Güterrechts-IPR abgelehnt.[624] Wegen der großen Zahl von Ehepaaren in Deutschland, für die einerseits nach Art. 15 EGBGB (i.V.m. Art. 15 des türkischen IPRG) türkisches Ehegüterrecht gilt, und die andererseits Immobilienbesitz in Deutschland haben, ist die Frage der Bestimmung des Statuts von enormer praktischer Bedeutung. Es geht dabei um die Frage, ob Art. 15 Abs. 2 IPRG für in Deutschland belegene Immobilien eine Rückverweisung auf deutsches Güterrecht enthält.

I. Gesetzliche Ausgangslage

Art. 15 des türkischen IPR-Gesetzes[625] lautet in der seit dem 12.12.2007 geltenden Fassung:

> „(1) *Die Ehegatten können hinsichtlich ihres ehelichen Vermögens ausdrücklich das Recht ihres Aufenthaltes oder eines ihrer im Zeitpunkt der Eheschließung geltenden Heimatrechte wählen; ist eine solche Wahl nicht getroffen worden, findet das im Zeitpunkt der Eheschließung geltende gemeinsame Heimatrecht, wenn ein solches nicht gegeben ist, das im Zeitpunkt der Eheschließung am gemeinsamen Aufenthaltsort geltende Recht oder, falls auch ein solcher nicht vorhanden ist, das türkische Recht Anwendung.*
> (2) *Bei der güterrechtlichen Auseinandersetzung findet bei unbeweglichem Vermögen das Recht des Ortes der Belegenheit Anwendung.*“

623 Az. 14 W 113/16Wx, FamRZ 2018, 858 m. Anm. Fornasier; nun auch OLG Hamm, B.v. 21.3.2019, Az.: 10 W 31/17, ZErb 2019, 178 m. Anm. Süß, ZErb 2019, 249–254, https://www.justiz.nrw.de/nrwe/olgs/hamm/j2019/10_W_31_17_Beschluss_20190321.html

624 Für Rückverweisung über Art. 15 Abs. 2 IPRG: OLG Köln, B.v.11.2.2014, 2 Wx 245/13 (juris); OLG Bremen, B. v. 7.5.2015, 4 WF 52/15, FamRZ 2016, 129. Zum Zeitpunkt der Entscheidung des OLG Zweibrücken vom 10.1.2008 (FamRZ 2008, 1366) dachte wohl noch niemand in Deutschland an das soeben verabschiedete türkische IPRG.

625 Ges. Nr. 5718, r.g. Nr. 26728 v. 12.12.2007, gem. Art. 65 in Kraft mit Veröffentlichung. Übersetzung bei Rumpf/Odendahl, S. 55, s.u. H. IV.

Das OLG Karlsruhe musste sich mit der Auslegung von Abs. 2 auseinandersetzen, weil es in dem dem Gericht vorliegenden Fall um ein deutsches Grundstück ging, welches nach 2007 erworben worden war. Die Ehe war vor 2007 geschlossen worden. Bezüglich der Rückwirkung des IPR-Gesetzes gelten die allgemeinen Regelungen. Danach werden Vorgänge, die vor dem Inkrafttreten des Gesetzes stattgefunden haben, nicht von dem Gesetz erfasst. Aus diesem Grund hat das türkische Verfassungsgericht entschieden, dass der Gesetzgeber aus verfassungsrechtlichen Gründen zwingend keine Rückwirkung des vom 1.1.2002 an geltenden Güterstandes anordnen durfte.[626] Diese Grundsätze dürften auch auf evtl. Änderungen durch das IPR-Gesetz gelten. Hierauf weist Rumpf in einem Gutachten von 2014 hin.[627] Das Rückwirkungsverbot stand hier der Anwendung von Art. 15 n.F. aber nicht entgegen, weil er Erwerb nach 2007 erfolgt war.

II. Entstehungsgeschichte

In der türkischen Literatur gibt es nur verkürzte Darstellungen der Entstehungsgeschichte der Bestimmung. Ausführlich dargestellt sind sie nur bei *Rumpf* zu finden.[628]

Das IPRG von 1982 kannte keine Sonderregelung für Immobilien. Die Anknüpfung erfolgte nach einer Anknüpfungsleiter, die in den ersten zwei Stufen ähnlich wie auch jetzt an Staatsangehörigkeit und Wohnsitz anknüpfte.[629] In der dritten Stufe als Auffangtatbestand wurde generell an die Belegenheit der Vermögensgegenstände angeknüpft.

Der ursprüngliche Entwurf des aktuellen IPRG enthielt den Abs. 2 noch nicht und damit auch keinerlei Belegenheitsanknüpfung. Nach der amtlichen Begründung sollten die Probleme, die sich aus der mit dem Belegenheitsstatut verbundenen Spaltung des Statuts ergeben, beseitigt werden. Die amtliche Begründung sieht hier insbesondere ein Problem wegen der seit dem 1.1.2002 geltenden Errungenschaftsbeteiligung als gesetzlichem Güterstand.

Dieses Motiv der amtlichen Begründung schwingt in den folgenden Diskussionen immer noch mit, weil ihm niemals ausdrücklich entgegengetreten wurde. Die Begründung legt aber auch schon den Grundstein für die Betrachtungsweise, die Anknüpfung und Rechtsfolge in unzulässiger Weise vermengt. Ob ein gespaltenes Statut praktikabel ist, kann ja richtigerweise nicht davon abhängen,

---

626 U.v. 18.9.2008, E. 2006/37, K. 2008/141, r.g. Nr. 27089 v. 23.12.2008, legal.

627 Gutachten f. AG Ludwigsburg S. 7.

628 Gutachten f. AG Ludwigsburg S. 10; Gutachten f. AG Rottweil, S. 11.

629 Art. 14, Ges. Nr. 2675 v. 20.5.1982, r.g. Nr. 17701 v. 22.5.1982, in Kraft ab 22.11.1982.

welcher Güterstand statistisch mehrheitlich zur Anwendung kommt. Ein gespaltenes Statut produziert ggf. Probleme ja gerade an den Unterschieden der berufenen Güterstände.

In der amtlichen Begründung heißt es dann weiter:[630]

> *Die Unterkommission hat einen neuen Absatz eingefügt, wonach bei der Auseinandersetzung der ehelichen Güter zur Verdeutlichung in der Anwendung auf die Auseinandersetzung der Immobilien das Recht des Landes anzuwenden ist, in welchem diese sich befinden.*"

Die gesamte weitere Diskussion ist nun davon bestimmt, dass der Begriff der „Auseinandersetzung" in Abs. 2 der Bestimmung einen klaren normativen Gehalt für den Bereich der güterrechtlichen Auseinandersetzung gibt, andererseits die Verwendung des Begriffs der „Verdeutlichung" in der amtlichen Begründung den normativen Gehalt bestreitet. Wenn aber nur verdeutlicht werden soll, ist die Frage, auf welche Norm, bzw. welchen normativen Gehalt Bezug genommen wird. Dabei kann es sich nur um die sachenrechtliche Belegenheitsanknüpfung des Art. 21 handeln, dessen Abs. 1 wie folgt lautet: *Das Eigentum und die sonstigen dinglichen Rechte an beweglichen und unbeweglichen Sachen unterliegen dem Recht des Ortes ihrer Belegenheit im Zeitpunkt des Rechtsaktes.*

Diese Bestimmung wird in der akademischen Literatur deutlich vom Güterrechts- und anderen Statuten abgegrenzt. Wie unten dargelegt wird, ist aber in der Rechtsprechung keine klare Trennung zwischen den Statuten vorhanden, und gelegentlich spielt über den Gedanken der öffentlichen Ordnung auch die Frage der ausschließlichen Zuständigkeit herein. Es scheint daher nicht sicher, was mit Art. 15 Abs. 2 verdeutlicht werden sollte.

Einige Abgeordnete der MHP hatten hier ein Problem erkannt und vorgeschlagen, Abs. 2 zu streichen. Am 27.11.2007 wurde der Entwurf im Parlament beraten.

Zum Abänderungsantrag führte der Abgeordnete Faruk Bal aus Konya aus:

> „*…In dem vorliegenden Artikel wird zur Festlegung des zuständigen Gerichts für Immobilien in den ehelichen Gütern bestimmt, dass das Gericht am Ort der Belegenheit der Immobilien zuständig sein soll. Das ist ohnehin so. In…Art. 21 des Entwurfs steht ohnehin, dass für Immobilien das Gericht der Belegenheit zuständig ist. Warum schreiben wir das hier nochmal? Ich glaube, um den Kopf zu verwirren. Wenn nur unser Kopf verwirrt ist, ist das nicht schlimm. Wir verstehen es, haben den Fehler begriffen. Die verwirrten Köpfe*

630 Öztekin Gelgel/Erdem, Art. 15, S. 66.

sind nicht –verehrte Abgeordnete– die Köpfe in der Türkei, es sind die Köpfe der Juristen im Ausland."[631]

Weiter führt er aus, hier würde der Eindruck erweckt, die allgemeine Regel (des Art. 21) erfasse diesen Fall nicht, er müsse daher gesondert geregelt werden. Daraus könnte der Schluss gezogen werden, auch andere Fälle seien nicht von der allgemeinen Regel erfasst. Türkische Staatsangehörige könnten so das Opfer von Fehlurteilen im Ausland werden.

Hierauf erwiderte der Vorsitzende des Rechtsausschusses Ahmet Iyimaya:

„*Um Fehlern in der Anwendung vorzubeugen: ....Abs. 2....bezieht sich auf das Ehegüterrecht und ist ein Begriff des Familienrechts. Es sind die ehelichen Güter. Die andere Bestimmung bezieht sich vollständig auf die dinglichen Rechte. Es sind unterschiedliche Bestimmungen, unterschiedliche Abschnitte.*"[632]

Sodann wurde der Änderungsantrag abgelehnt, der Vorschlag des Rechtsausschusses verabschiedet.

Soweit mir ersichtlich bezieht sich nur *Rumpf* auf die Ausführungen von *İyimaya*, die den normativen Gehalt der Vorschrift deutlich unterstreichen und die der Verabschiedung zugrunde gelegt wurden.

III. Literatur

Die ersten Bearbeitungen in Lehrbüchern wiederholen den Gesetzestext und erwecken damit zumindest den Eindruck, dass die Bestimmung im Sinne einer Spaltung des Statuts nach Belegenheit bei den Immobilien verstanden wird. Dem entsprach dann auch die Behandlung in deutschen Publikationen.[633]

Şensöz war dann im Jahre 2009 die Erste, die diese Auffassung kritisierte.[634] Von der Entstehungsgeschichte erwähnt sie nur die Begründung des Unterausschusses. Sie kritisiert die Autoren, die von einem gespaltenen Statut ausgehen.[635]

Sie postuliert einen allgemeinen Rechtsgrundsatz der Vermeidung eines gespaltenen Statuts, obwohl der türkische Gesetzgeber ein solches nach altem Recht vorgesehen hatte und im Erbrechts-IPR immer noch vorsieht. Die

631 https://www.tbmm.gov.tr/develop/owa/tutanak_g_sd.birlesim_baslangic?P4=20005&P5=B&page1=53&page2=53.

632 https://www.tbmm.gov.tr/develop/owa/tutanak_g_sd.birlesim_baslangic?P4=20005&P5=B&page1=53&page2=53

633 Z.B. Odendahl/Kortak, S. 16; Odendahl 2009, S. 569–572, s. aber auch Emmerling de Oliveira/Heggen, S. 41.

634 Şensöz, S. 200.

635 U.a. auch Odendahl 2010, S. 1497.

Regelung des türkischen Erbrechts-IPR in Art. 20 IPRG hält sie für eine Ausnahme, die die Regel bestätigt.

Zunächst scheint es, als wolle sie den Anwendungsbereich der Vorschrift auf die bloße dingliche Umsetzung der nach Abs. 1 vorgesehenen Auseinandersetzung beschränken.

Dann aber schreibt sie:

> *„Sofern sich bei der Feststellung des anzuwendenden Rechts nach Art. 15 Abs. 1 ein Recht ergibt, welches die* ***„dingliche“*** *Auseinandersetzung (Teilung) vorsieht, ist es so zu verstehen, dass am Ende des Verfahrens bei der dinglichen Aufteilung der ehelichen Güter (in der Form der Aufteilung des Eigentums) bei dem Vollzug der Auseinandersetzung der ehelichen Güter das Recht der Belegenheit anzuwenden ist.“*[636]

Tekinalp führt zum Thema in der 11. Auflage von 2011 noch aus:

> *„ c. Gemeinsame Vorschrift bezüglich der Auseinandersetzung der ehelichen Güter*
> *Während der Arbeiten des Unterausschusses der Nationalversammlung wurde von den Mitgliedern bezogen nur auf die Auseinandersetzung der ehelichen Güter für die Immobilien (Fn 83: Der Vorschlag bezog sich auf die Auseinandersetzung der Immobilien in der Türkei. Die verabschiedete Fassung ist aber doppelseitig. Es besteht kein Zweifel, dass diese Art der Regelung der Art der Auseinandersetzungsprozedur der Immobilien angepasst ist.) eine völlig neue Vorschrift in Art. 15 des IPRG von 2007 vorgeschlagen und von der Unterkommission verabschiedet. Nach dieser Bestimmung wird die Auseinandersetzung der Immobilien dem Recht der Belegenheit unterworfen (Art. 15 Abs.2). Die Formulierung drückt aus, dass das Prinzip der Statuseinheit bezüglich der ehelichen Güter nicht verletzt ist. Nur bei der Auseinandersetzung muss das Belegenheitsrecht der Immobilien angewandt werden. Ziel der Regelung ist, beim Vollzug bezüglich der Auseinandersetzung der Immobilien im Güterstand Klarheit und Erleichterung zu schaffen. Wenn zum Beispiel das Scheidungsverfahren in der Türkei eingeleitet wird, der Güterstand beendet wird, und die Auseinandersetzung stattfindet, kann der türkische Richter auf die ehelichen Güter ein fremdes Recht als Recht als gemeinsames Heimatrecht oder als gemeinsames Aufenthaltsrecht anwenden. Nach dieser Bestimmung wird der Richter, wenn sich bei den ehelichen Gütern Immobilien befinden, bei deren Auseinandersetzung für jede einzelne – außerhalb des Güterstatuts- das Belegenheitsrecht anwenden. Es ist offensichtlich, dass diese Regelung sinnvoll ist bei der Auseinandersetzung der Immobilien in der Türkei, aber im Prinzip auch für die im Ausland (Fn: 83a: für die Gegenauffassung s. Şensöz, S. 173). Im Gegensatz dazu wird auf die Auseinandersetzung der anderen Güter und Recht das ‚Ehegüterstatut‘ angewandt.“*[637]

636 S. 202, Hervorhebung im Original.
637 Tekinalp, S. 203f.

Obwohl hier vom „Vollzug" der Auseinandersetzung und von der Statuseinheit die Rede ist, muss man die Abgrenzung in Fußnote 83a zu Şensöz so verstehen, dass deren Auffassung nicht geteilt wird.

Tekinalp/Uyanık übernehmen dann aber in der folgenden und jüngsten (12.) Auflage des Werks die Position von Şensöz:

> *„Die Bestimmung des Art. 15 Abs. 2 .... ist irreführend. Bei dem auf die Auseinandersetzung der ehelichen Güteranzuwendenden Recht ist nicht nach „beweglich" oder „unbeweglich" zu unterscheiden. Beim anzuwendenden nationalen Recht ist danach zu unterscheiden, sondern danach, ob wertmäßig oder in natura auseinandergesetzt (geteilt) wird. Wenn das anzuwendende nationale Recht eine dingliche Auseinandersetzung vorsieht (des Eigentums oder der dinglichen Rechte), werden die türkischen Immobilien ausschließlich dem türkischen Recht unterworfen (Art. 21 IPRG). ....Abschließend ist festzuhalten, dass Art. 15 Abs. 2 Anwendung findet, wenn das anzuwendende nationale Recht eine dingliche Teilung vorsieht. Sieht aber das nach Art. 15 Abs. 1 anzuwendende Recht eine Teilung in Geld vor, so wird Art. 15 Abs. 2 nicht beachtet und die Einheit des Güterstands gewahrt:"*[638]

Die Auffassung wird unterstützt von Kırmızı.[639]

Akıncı/Gökyayla[640] führen im Gegensatz dazu aus, dass nach Art. 15 Abs. 2 die Immobilien nach dem Recht der Belegenheit auseinandergesetzt würden. Zweck der Regelung sei es, klarzustellen, dass türkische Immobilien immer nach türkischem Recht auseinandergesetzt werden.

Gümüş[641] geht davon aus, dass die Parlamentarier bei der Verabschiedung des Art. 15 Abs. 2 von der falschen Vorstellung geleitet waren, dass die Errungenschaftsbeteiligung eine dingliche Aufteilung vorsehe. Als einziger öffnet er somit den Weg zur Wertung als Redaktionsversehen.

Nomer ging in den Vorauflagen immer nur kurz auf Art. 15 Abs. 2 ein – in einer Art, die auf die Annahme eines gespaltenen Status schließen ließ.[642] In der 21. Auflage[643] macht er Ausführungen zum Begriff der „Auseinandersetzung" (tasfiye) in Art. 15 Abs. 2. Er ersetzt ihn laufend durch den Begriff „Aufteilung" (paylaşım) und nimmt dabei auf den ersten Schritt der Auseinandersetzung nach dem türkischen ZGB, nämlich der Rückforderung der im gegenseitigen Besitz befindlichen Güter und der Zuweisung von Miteigentumsanteilen nach Art. 226 Bezug. Der Begriff der Auseinandersetzung sei irreführend (yanıltıcı),

---

638 Tekinalp/Uyanık, S. 162.
639 Kırmızı, S. 313 Fn 613.
640 Akıncı/Demir, S. 76.
641 Gümüş 2009, S. 91 Fn 1.
642 So wurde er auch von Tarman (S. 210) verstanden, ebenso von Şensöz (S. 201).
643 Nomer, Ergin, S. 265. Ebenso die 22. Auflage von 2017, S. 268.

weil er weiter sei als Begriff der Aufteilung. Die Aufteilung der Immobilien in diesem Sinne reduziert er auf den Vollzug im Grundbuch. Die Aufnahme der Bestimmung des Art. 15 Abs. 2 hält er für unnötig und für einen Übergriff in das Recht des Auslands.

Çelikel/Erdem[644] wiederholen lapidar, die neue Vorschrift des Art. 15 Abs. 2 diene der Klarheit in der Anwendung. Das u.g. Urteil vom 26.5.2011 erwähnen sie an anderer Stelle als Beleg dafür, dass Art. 15 Abs. 1 zu beachten sei.[645] Ein Bezug zur eigentlichen Problematik wird damit nicht hergestellt.

Ähnlich kurz schreiben Toker/Ruhi, dass bei der Auseinandersetzung von Immobilien Belegenheitsrecht Anwendung fände, um die Anwendung zu erleichtern.[646]

Şıpka/Özdoğan[647] wollen Art. 15 Abs. 2 nur auf die dinglichen Regelungen wie in Art. 226 und 240 TMK anwenden. Auf die Auseinandersetzung der Errungenschaftsgemeinschaft eines türkischen Paares wollen sie auf jeden Fall türkisches Recht anwenden, hier also auch ausländische Immobilien mit ihrem Wert einsetzen. Wenn die Ehewohnung sich in Deutschland befindet, soll sie zugewiesen werden können, wenn das deutsche Recht derlei vorsieht.[648] Auf eine Immobilie in einem Land, dessen Güterrecht eine dingliche Zuweisung vorsieht, soll aber dessen Recht nicht angewandt werden.

Uluç, der bis 2015 den Vorsitz des Güterrechtssenats am Kassationshof innehatte, warnt vehement vor einer Auslegung, die zur Annahme eines gespaltenen Güterstatuts führt, (yanlış ... yorumdan kesinlikle kaçınılmalıdır) und stützt sich dabei in der Literatur ausschließlich auf Şıpka. Er postuliert, dass Art. 15 Abs. 2 nur auf dingliche Rechte Anwendung finde und führt aus, dass die Errungenschaftsbeteiligung einen Ausgleich in Geld vorsehe. Dementsprechend sieht er einen Anwendungsbereich von Art. 15 Abs. 2 dort, wo die Errungenschaftsbeteiligung oder die Gütertrennung mit Aufteilgut eine dingliche Zuweisung vorsehen wie z.B. in Art. 226 Abs. 2 TMK (Zuweisung von Miteigentumsanteilen) oder Art. 240 (Zuweisung der Ehewohnung). Nicht anwenden will er die Bestimmung aber auf Art. 239, der ein Wahlrecht des Schuldners auf dingliche Erfüllung vorsieht.

Im Einzelnen schreibt Uluç:

---

644 Çelikel/Erdem, S. 255.
645 Çelikel/Erdem, S. 254.
646 S. 116f.; s.a. Can/Toker, S. 382.
647 Şıpka/Özdoğan 2017, S. 387, in diesem Sinne wohl auch Şıpka 2013, S. 120.
648 Şıpka/Özdoğan 2017, S. 388.

„4- Art. 15 Abs. des IPR-Gesetzes Nr. 5718 -Die Auseinandersetzung der Immobilien unter den Ehegütern
Nach Art. 15 Abs. 2 des IPR-Gesetzes Nr. 5718 „wird bei der Auseinandersetzung der Güter auf die Immobilien das Recht des Landes angewandt, in dem sie sich befinden."
Wenn es um die Auseinandersetzung der ehelichen Güter geht, so besteht kein Zweifel, dass die in der Türkei befindlichen Immobilien entsprechend dem türkischen Gesetz auseinandergesetzt werden. Auf die Auseinandersetzung von in anderen Ländern gelegenen Immobilien wird das Recht des Landes angewandt, in welchem sie liegen (Art. 15 Abs. 2 IPR-Gesetz). Unter diesen Umständen können die Immobilien bei der Auseinandersetzung (Aufteilung) unterschiedlichen Regeln unterliegen.
Wie sehr auch das Gesetz mit der Formulierung „Auseinandersetzung der Güter" nur auf den Vorgang der Auseinandersetzung hingewiesen hat, so kann doch die Hinzufügung einer solchen Bestimmung zum IPR-Gesetz Nr. 5718 Anlass für falsche Umsetzungen sein. Man muss sich ganz bestimmt davor hüten, wegen Art. 15 Abs. 2 des IPR-Gesetzes Nr. 5718 eine Auslegung zu wählen, die zur Anwendung verschiedener Rechtsordnungen auf bewegliche und unbewegliche Sachen führt.

Ob nun die Regel in Art. 15 Abs. 2 des IPR-Gesetzes Nr. 5718 steht, dass „bei der Auseinandersetzung der Güter auf die Immobilien das Recht des Landes angewandt wird, in dem sie sich befinden, oder auch nicht, so wird die doch nur auf die Auseinandersetzung der Immobilien angewandt, wenn die Aufteilung „dinglich vorgenommen wird." Das heißt, dass es so verstanden werden muss, dass auf die Auseinandersetzungsvorgänge der streitgegenständlichen Ehegüter das Recht der Belegenheit der Immobilie anzuwenden ist, wenn im Güterrechtsverfahren nach Art. 15 Abs. 1 das anzuwendende Recht bestimmt wird, und danach ein Recht angewandt wird, welches eine „DINGLICHE" Auseinandersetzung (Aufteilung) zugrunde legt, und als Resultat des Verfahrens die Ehegüter dinglich (in der Form der Aufteilung des Eigentums) geteilt werden. Eine gegenteilige Auffassung führt die Rechtsanwender zu falschen Ergebnissen. Dieser Ansicht schließe ich mich ausnahmslos an.

a- *Die Begründung für die Regelung von Art. 15 Abs. 2 des Gesetzes Nr. 5718 und meine Meinung*
Mit dem Inkrafttreten des ZGB Nr. 4721 am 1.1.2002 wurde als gesetzlicher (Regel-) Güterstand die „Errungenschaftsbeteiligung" übernommen. Das gleiche Gesetz sah als Wahlgüterstände vor: 1. Gütertrennung, 2. Gütertrennung mit Aufteilgut, 3. Gütergemeinschaft. Sowohl für die Geltungsdauer der „Gütertrennung" nach Art. 170 ff. des alten ZGB/Ges. Nr. 742 als auch im Zeitalter der Geltung der „Errungenschaftsbeteiligung" nach Art. 202 ff des neuen ZGB(Gesetz Nr. 4721 kann aufgrund des Urteils des Großen Senats für Rechtsprechungsvereinheitlichung vom 7.10.1953 (E. 1953/8, K. 1953/7) in Verfahren bezüglich der Auseinandersetzung der Güterstände (Zuwendung, Errungenschaftsbeteiligung oder Mehrwertanteil) nichts Dingliches (in der Form einer Aufteilung des Eigentums) gefordert werden. Das, was der Kläger in diesen Verfahren fordern kann, ist ein Forderungsrecht in der Art eines persönlichen Rechts. Daher ist in diesen Verfahren in der Regel kein Raum für die Anwendung der Regelungen über die ausschließliche Zuständigkeit nach Art. 12 ZPO n.F. (Art. 13 ZPO a.F.).

Denn, wenn auch die Forderung aus einer Immobilie herrührt, so kann doch auf das Dingliche hin nach dem oben erwähnten Urteil des Großen Senats für Rechtsprechungsvereinheitlichung vom 7.10.1953 (E. 1953/8, K. 1953/7) keine Entscheidung getroffen werden. Es ist nur möglich, die Forderungen aus Zuwendung, Errungenschaftsbeteiligung und/ oder Mehrwertanteil in die Entscheidung einzubeziehen, weil die Immobilie in die Auseinandersetzung des Güterstandes hineingehört. Daher findet in der Regel Art. 15 Abs. 2 in Verfahren dieser Art keine Anwendung. In der Regel geht es in den Güterständen nicht um eine dingliche Auseinandersetzung (durch Aufteilung des Eigentums), sondern um eine FINANZIELLE (als Forderung).

b- Nach Art. 15 Abs. 2 des Gesetzes Nr. 5718 anwendbare Bestimmungen bezüglich der Errungenschaft aus dem ZGB (Art. 226 Abs. 2, Art. 240 Abs. 1–3)

Allerdings kann es auch bei der Errungenschaftsbeteiligung Ausnahmen zu der obigen Regel geben. So ist zum Beispiel eine solche Ausnahme, dass nach Art. 226 Abs. 2 ZGB bei der Auseinandersetzung ein Ehegatte bei Miteigentum „ein Ehegatte im Rahmen der Auseinandersetzung neben den übrigen gesetzlichen Maßnahmen verlangen kann, dass ihm dieser Vermögenswert gegen Auszahlung des Anteils des andern Ehegatten ungeteilt zugewiesen wird, wenn er ein überwiegendes Interesse nachweist.“

Eine andere Ausnahme findet sich in Art. 240 ZGB……

….Wie gesehen, ist in beiden Fällen das Recht am Eigentum der Gegenstand des Verfahrens. In diesen Fällen ist Art. 15 Abs. 2 des IPR-Gesetzes Nr. 5718 anzuwenden. Das kann auch im Rahmen der "Gütertrennung mit Aufteilung“ oder der „Gütergemeinschaft“ der Fall sein. In den Fällen, in denen diese Ausnahmefälle vorliegen, wird in der Regel nach Art. 15 Abs. 2 des IPR-Gesetzes Nr. 5718 „bei der Auseinandersetzung der Güter das Recht des Landes angewandt, in welchem die Immobilien sich befinden “. In diesen Fällen kommt die ausschließliche Zuständigkeit nach Art. 12 n.F. ZPO (Art. 13 a.F. ZPO) zur Geltung.

Denn bei der Erstellung des Grundbuchs können die Maßnahmen zur Übertragung des Eigentums nur bei dem Grundbuchamt des Landes durchgeführt werden, in dem sich die Immobilie befindet.

Im Übrigen ist es in Fällen des Art. 239 ZGB das Recht des Schuldners, eine Sachleistung zu erbringen. Dies kann keine der Ausnahmen sein, da hier kein Bezug zur dinglichen Aufteilung besteht.

Ein anderes Thema ist, dass man sich nicht damit begnügen darf, wegen Unzuständigkeit eine Klage abzuweisen, wenn bei Auslandbeteiligung der Einwand der Unzuständigkeit erhoben wird. Auch kann nicht entschieden werden, „dass hier die Gerichte eines anderen Landes zuständig“ sind. Denn die Gerichte haben nicht die Zuständigkeit zu entscheiden, ob die Gerichte eines anderen Landes zuständig sind. Anderenfalls käme man in Konflikt mit den zwingenden Normen des IPR-Gesetzes wie auch mit den Normen bilateraler und multilateraler Abkommen (das Urteil des 8. Zivilsenats vom 20.7.2013 Grund-Nr. 2013/219, Urteils-Nr. 2013/10820[649] wurde als Beispiel hierfür aufgenommen).“[650]

649 Richtig: U.v. 10.7.2013, E. 2013/219, K. 2013/10820, legal, kazancı.

650 Uluç, S. 618–620.

Mortaş[651] spricht schon in der Kapitelüberschrift von einer Anknüpfungsregel für Immobilien und einleitend allgemein davon, dass bei der Auseinandersetzung von Immobilien Belegenheitsrecht Anwendung finde. Sodann zitiert er aber ein Urteil des 8. Senats vom 19.10.2012[652], welches die Zugrundelegung einer in der Schweiz getroffenen Güterrechtsvereinbarung u.a. mit der Begründung ablehnt, auf dingliche Rechte an türkischen Immobilien finde nach Art. 21 IPRG türkisches Recht Anwendung. In der nächsten von ihm wiedergegebenen Entscheidung geht es um ein Paar, welches bei Eheschließung die türkische Staatsangehörigkeit hatte, mit Immobilien in der Türkei, wobei keine Seite eine Rechtswahl nach Art. 15 Abs. 3 IPRG vorgetragen hatte. Sodann gibt er das u.g. Urteil des 8. Senats vom 26.1.2011[653] wieder. Abschließend weist Mortaş unter Bezug auf Akıncı/Demir Gökyayla darauf hin, dass die Güterechtsspaltung eines der Probleme (sakıncalar) der Regelung sei.

Ersen Perçin[654] weist ebenfalls auf die Entstehungsgeschichte der Vorschrift hin, wonach sie „Klarheit in der Anwendung" bringen sollte. Die Norm müsse im Gegensatz zur Auffassung eines Teils der Lehre auf die dingliche Aufteilung beschränkt werden, weil sonst das international akzeptierte Ziel der einheitlichen Behandlung der Güter nicht erreicht werden könne. De lege ferenda schlägt sie vor, vor dem Wort Auseinandersetzung das Wort „dingliche" einzufügen.[655]

Şanlı/Esen/Ataman-Figanmeşe nehmen auf Ersen Perçin Bezug:

> *„Was die Anwendung von Art. 15 Abs.2 IPRG angeht, so hat die Frage große Bedeutung, ob er die dingliche oder die finanzielle Auseinandersetzung der ehelichen Güter regelt. Bei der finanziellen Auseinandersetzung geht es nämlich nicht um die Übertragung dinglicher Rechte, es geht auch nicht darum, dass die Behörden am Belegenheitsort der Immobilie direkt eine Zuständigkeit ausüben. Art. 15 Abs. 2 IPRG wird also nur Anwendung finden, wenn die Immobilie dinglich auseinandergesetzt werden muss. Da die Auseinandersetzung der Güterstände in der Regel finanziell realisiert wird, ist festzustellen, dass die dingliche Auseinandersetzung und damit Art. 15 Abs. 2 IPRG einen Ausnahmecharakter haben."*[656]

Gençcan[657] spricht nur kurz von der Anwendung von Belegenheitsrecht auf Immobilien und zitiert dazu ein bei seinem Senat nach altem IPRG ergangenes

---

651 Mortaş, S. 349.

652 E. 2012/3568, K. 2012/9488, kazancı, s.a. Uluç, S. 630–632, Şıpka/Özdoğan 2017, S. 389; Karamercan 2019, S. 1023f.

653 E. 2010/2292, K. 2011/381 legal, uyap, s. a. Şıpka/Özdoğan 2017, S. 390, Uluç, S. 632–636, Uyar, S. 3817.

654 Ersen Perçin, S. 190.

655 Ersen Perçin, S. 262.

656 Şanlı/Esen/Ataman-Figanmeşe, S. 139f., Fn 77.

657 Gençcan 2019, S. 92–95.

Urteil vom 18.09.2007.[658] Dabei wurde nach dem damaligen Auffangtatbestand auf alle Güter Belegenheitsrecht angewandt. Dies bezieht das Urteil auf die gesamte Auseinandersetzung.

Tarman[659] bezieht sich auf Nomer in der 19. Auflage (2011) und geht von einem gespaltenen Statut aus.

In zwei Gutachten (vom 19.12.2014 und 6.9.2016)[660] setzt Rumpf sich mit der der hier vorliegenden Frage auseinander. Im Gegensatz zu den türkischen Autor-inn-en zitiert er als einziger Iyimayas Äußerung im Plenum und stützt darauf die Interpretation der Entstehungsgeschichte in dem Sinne, dass das Parlament damit für ein gespaltenes Statut gestimmt hat.

Die Annahme eines allgemeinen Rechtsgrundsatzes der Vermeidung der Spaltung des Güterstandes lehnt er ab, ebenso wie die Versuche türkischer Autor-inn-en, den Begriff der „Auseinandersetzung" auf die dingliche „Aufteilung" zu reduzieren.

Zusammenfassend ist zur türkischen Literaturmeinung festzustellen, dass nur noch drei Werke bzw. Autoren (Mortaş, Tarman und Akıncı/Gökyayla) eindeutig von einem insgesamt gespaltenen Statut für Immobilien ausgehen.

Nur ein bis zwei Autoren (Nomer und wohl Gümüş) stehen für eine Reduktion der Bestimmung auf den dinglichen Vollzug der Auseinandersetzung.

Der Rest will ein gespaltenes Statut vermeiden, bietet dafür aber kein schlüssiges Konzept an. Die Differenzierung nach der Ausgleichsmethode führt dazu, dass sinnwidriger Weise der Anwendungsbereich auf einen Teil der Rechtsfolgenseite verlegt wird. Eine solche Spaltung des Statuts führt zu keinerlei handhabbaren Ergebnissen. Ich kann mir nicht vorstellen, wie in einen Güterstand die Rechtsfolgen eines anderen eingebaut werden können.

IV. Rechtsprechung

Die Rechtsprechung des türkischen Kassationshofs ist weder umfangreich noch eindeutig:

Ekşi gibt ein Urteil des seit 2009 für güterrechtliche Streitigkeiten zuständigen 8. Senats vom 21.6.2010[661] wieder. Ein schweizerisches Gericht hatte festgestellt, dass die Eheleute eine türkische Immobilie (im Scheidungsverbund) je

658 E. 2007/4557, K. 2007/12159, legal, kazancı.

659 Tarman, S 210.

660 Rumpf, Gutachten f. AG Ludwigsburg, S. 10f.; AG Rottweil, S. 11.

661 E. 2009/6260, K. 2010/3402, zit.n. S. 118, s.a. Şıpka/Özdoğan 2017, S. 386, Şıpka 2013 S. 119f.

zur Hälfte unter sich aufgeteilt hatten. Die Anerkennung dieses Urteils wurde nach Art. 21, 59 IPRG wegen ausschließlicher türkischer Zuständigkeit auf den Scheidungsausspruch beschränkt, sodann einem Anspruch der Ehefrau aus ehebedingter Zuwendung nach altem Recht stattgegeben.

Im Urteil des 8. Senats vom 26.1.2011[662] wird die Anwendung von türkischem Recht auf eine ehebedingte Zuwendung nach altem und neuem Recht durch Zahlung auf einen Kredit befürwortet, welcher in Deutschland für den Kauf einer türkischen Immobilie aufgenommen worden war. Dabei wird auf Art. 15 Abs. 2 und auf Art. 21 IPRG verwiesen. Nach Art. 15 Abs. 1 wäre wohl deutsches Recht anzuwenden gewesen. Anknüpfungsereignis war in diesem Fall, dass der Ehemann vor der Scheidung die mit dem gemeinsamen Kredit finanzierte Immobilie an seine Mutter veräußert hatte. Das erstinstanzliche Gericht hat diesen Vorgang als Umgehungsgeschäft (*muvazaa*) rückgängig gemacht und der Ehefrau Entschädigung wegen der Zuwendung zugesprochen. Dies wurde vom 8. Senat bestätigt. Die Grundbuchberichtigung als dinglicher Vorgang könnte sich sicher über Art. 21 begründen lassen, aber für die Zuwendungsentschädigung nach türkischem Recht kann nur Art. 15 Abs. 2 herangezogen werden.

Mit Urteil vom 26.5.2011[663] entschied der 8. Senat im Fall der Eheleute B., deren Scheidung durch das Familiengericht Worms im Jahre 2004 rechtskräftig geworden war. (Wohl wegen ihrer deutschen Staatsangehörigkeit wurde die Frage der Anerkennung des Urteils in der Türkei nicht problematisiert.) Sie stritten über die Vermögensansprüche aus einer Immobilie, die sie in der Nähe von Silifke erworben hatten. Das Grundgericht in Silifke gestand Frau B. 16.959,84 TL aus ehebedingter Zuwendung nach altem Recht zu. Dies hob der 8. Senat auf mit der Begründung, dass nach Art. 15 Abs. 1 maßgebliche deutsche Sachrecht sehe mit der Zugewinngemeinschaft einen Ausgleich in Geld vor. Eine Möglichkeit zur Anwendung türkischen Rechts gebe es hier nicht: „nur bei Verstoß gegen den türkischen ordre public, und wenn die Immobilie sich in der Türkei befindet, wird türkisches Recht angewandt.“ Wegen dieses letzten Satzes gibt auch diese Entscheidung Rätsel auf. Das Urteil geht auf ein Gutachten von Şensöz zurück.

Im Urteil des 8. Senats vom 27.6.2011[664] geht es um eine ehebedingte Zuwendung in eine türkische Immobilie. Bei Eheschließung waren beide Ehegatten

662 E. 2010/2292, K. 2011/381 legal, uyap, s. a. Şıpka/Özdoğan 2017, S. 390, Uluç, S. 632–636, Uyar S. 3817.

663 E. 2010/5330, K. 2011/3103, legal, uyap, s.a. Şıpka/Özdoğan 2017, S. 386,391, Uluç S. 644–646.

664 E. 2010/6537, K. 2011/3729, kazancı, s.a. Uluç, S. 638–640.

türkische Staatsangehörige. Beiläufig wird erwähnt, dass auf die türkische Immobilie nach Art. 15 Abs. 2, 21 und 41 IPRG auf die Immobilie türkisches Recht Anwendung fände.

Im Urteil des 8. Senats vom 24.10.2011[665] geht es um die (abgelehnte) Möglichkeit, eine österreichische Güterrechtsentscheidung in der Türkei zu vollstrecken, bevor die Scheidung in der Türkei anerkannt ist. Beiläufig wird erwähnt, dass auf die türkische Immobilie nach Art. 15 Abs. 2 IPRG türkisches Recht Anwendung fände. Dies sei auch ein Erfordernis des türkischen ordre public.

Im Urteil des 8. Zivilsenats vom 28.2.2012[666] geht es im Wesentlichen um eine Frage der Rechtskraftwirkung. Das Amtsgericht Siegburg hatte am 4.3.2010 die Anerkennung einer türkischen Scheidung festgestellt und auf einen Zugewinnausgleich von 44.680,51 € erkannt. Das Urteil wurde wiederum mit Urteil vom 3.5.2011 in der Türkei anerkannt. Zur Prüfung der Rechtskraftwirkung soll nun in der Türkei festgestellt werden, ob eine bestimmte türkische Immobilie dabei Berücksichtigung gefunden habe. Beiläufig wird erwähnt, auf die Immobilien in der Türkei fände türkisches Recht Anwendung – mit Verweis auf „Art. 5, 15, 21 IPRG".

Im Urteil vom 19.10.2012[667] leitet der 8. Senat die Anwendung türkischen Rechts auf die Auseinandersetzung einer türkischen Immobilie direkt aus der für dingliche Rechte geltenden Norm des Art. 21 IPRG her.

Im Urteil vom 10.7.2013[668] hebt der 8. Senat eine Entscheidung auf, in welcher das Familiengericht eine Zuständigkeit zur güterrechtlichen Auseinandersetzung einer englischen Immobilie abgelehnt hatte. Es gehe nicht um dingliche Rechte. Die Möglichkeit der Anwendung englischen Rechts wird nicht in Betracht gezogen.

Auch im Urteil vom 3.6.2015[669] spricht der 8. Senat an, dass die Auseinandersetzung türkischer Immobilien nach türkischem Recht erfolgt. Allerdings konnte hier noch nicht entschieden werden, weil die in Duisburg erfolgte Scheidung noch nicht anerkannt war.

Im Urteil vom 9.2.2016[670] ging es offensichtlich um eine Immobilie in der Türkei, die russischen Eheleuten gehörte. Unter Hinweis auf Art. 15 Abs 1 forderte

665 E. 2010/7122, K. 2011/5363, uyap, s.a. Şıpka/Özdoğan 2017, S. 392, Uluç, S. 640–642.

666 E. 2011/7702, K. 2012/1241, mitgeteilt v. Ö.U. Gençcan, legal, s.a. Şıpka/Özdoğan 2017, S. 406, Uluç, S. 636f., Mortaş S. 384f.

667 E. 2012/3568, K. 2012/9488, kazancı, s.a. Şıpka/Özdoğan 2017, S. 365f, 378, 389.

668 E. 2013/219, K. 2013/10820, legal, kazancı, s.a. Uluç, S. 620, 622ff.

669 E. 2014/5326, K. 2015/12307, kazancı, s.a. Şıpka/Özdoğan 2017, S. 397.

670 E. 2016/1206, K. 2016/2027, legal, uyap, s.a. Toker/Ruhi S. 117–119.

der Senat die Anwendung russischen Rechts. Er geht also so vor wie im Urteil vom 26.5.2011, ohne aber eine Begründung im Hinblick auf Abs. 2 anzudeuten.

V. Ergebnis

Soweit es um Vermögensbewegungen vor November 2007 geht, kommt eine Berücksichtigung von Belegenheitsrecht nach Art. 15 Abs. 2 des türkischen IPR-Gesetzes schon aufgrund des Rückwirkungsverbots nicht in Betracht.

Bezogen auf Vorgänge nach dem Inkrafttreten des IPRG ist die Rechtslage wiederum ist nicht eindeutig. Die Annahme eines gespaltenen Statuts dürfte nach Wortlaut und Entstehungsgeschichte die zutreffende sein, sie hat sich aber nicht durchgesetzt.

Soweit in der Rechtsprechung auf Art. 15 in dem Sinne verwiesen wird, dass man dies als Hinweis auf ein gespaltenes Statut verstehen könnte, ist dies meist nicht tragend. Formelhaft wird auch immer wieder auf die Geltung türkischen Rechts für türkische Immobilien verwiesen.

Im Gegenteil lässt meiner Meinung nach die Positionierung der meisten Autoren einschließlich des früheren Vorsitzenden des 8. Senats Uluç eher die Prognose zu, dass die Gerichte die Mühen des gespaltenen Statuts zu meiden versuchen werden. Für den Fall, dass man von einem gespaltenen Statut ausgeht, stellen sich nämlich erhebliche Anpassungsprobleme.[671]

Ebenso muss aber gesagt werden, dass letztlich die türkischen Gerichte vor der Anwendung ausländischen Rechts auf türkische Immobilien zurückscheuen werden, wenn dort in der Auseinandersetzung dingliche Zuweisungen vorgesehen sind. Hierüber könnte es dann zur Annahme eines gespaltenen Statuts kommen.

In welche Richtung die Rechtsprechung geht, wird wohl von den Fallgestaltungen abhängen, die demnächst vom Kassationshof zu entscheiden sein werden.

671 Odendahl 2009 S. 574.

H. Anhänge

I. Zusammenfassung in türkischer Sprache

Türk Yargıtay Kararlarına Göre Edinilmiş Mallara Katılma Rejiminin Tasfiyesi

1) Çalışmanın Amacı

Bu çalışmanın konusunu, edinilmiş mallara katılma rejiminin tasfiyesine ilişkin olarak Türk Yargıtay uygulamasının son on yılda, 2001 yılında İsviçre'den iktibas edilen modelden önemli ölçüde ayrılması oluşturmaktadır.

Yargıtay'ın bu uygulaması, eşlerin müştereken edindikleri malların eşler arasında yine eşit olarak paylaştırılması amacından ayrılmakta olmasının yanında, boşanma sürecinde eşler arasındaki „yasal barış"ın sağlanması düşüncesine de uygun düşmemektedir.

Tezin katkısı, bahsi geçen Yargıtay uygulamasının eleştirisini sistematik hale getirmektir. Zira bu konu Türk hukuk doktrininde yalnızca belirli bazı yönlerden eleştirilmiş ve genel hatlarıyla ele alınmıştır. Genel olarak Türk hukuk doktrininde Yargıtay içtihatları üzerinde özel unsurlarına sınırlı çalışma yapılmaktadır.

Örneğin Türk hukuk literatüründe, tüketici kredisi sözleşmelerinden doğan bakiye borcun ödenmesi (E. III. 3 b) ile emeklilik halinde ikramiye ödemesi (D. I. 4.) konularına ilişkin hiçbir eleştirel tartışma yer almamaktadır.

2) Yöntem

Bu çalışmada, edinilmiş mallara katılma rejiminden doğan uyuşmazlıklarda görevli olan Yargıtay 8. Hukuk Dairesi'nin büyük çoğunluğu kamuya yayınlanmış olan yaklaşık 1800 kararı arasından seçilen kararlar dğerlendirip ve aynı zamanda bir yön çıkarılmıştır. Türk akademik literatüründe bu konuda sistematik bir çalışmanın bulunmaması nedeniyle bu çalışmanın yapılması zorunluluğu doğmuştur.

3) Çalışmanın Konusu

a) Giriş: „ Edinilmiş Mallar" ve „ Kazanılmış Mallar"

Giriş bölümünde Alman okuyucusuna Edinilmiş Mallara Katılma rejimi ile Kazanca Katılma kavramları arasındaki farklılıklar aktarılmaktadır. Bu iki mal rejimleri birbirine önemli ölçüde benzerlik taşıdığından, bu konunun nispeten detaylı biçimde ele alınması gerekmiştir.

Evlilik sırasında iktisap edilen bir maldaki konjoktürel değer artışının, evliliğin sona ermesi halinde tasfiyenin (paylaşmanın) dışında tutulması fikri, fazla karmaşık olması nedeniyle Alman zasa koyucusu tarafından reddedilmiştir. Buna karşılık İsviçre yasa koyucusu ise, muhtemelen vergi beyannamelerine olan güvenin de etkisiyle, bu konuyu düzenlemeyi tercih etmiştir.

Buna göre, bir malvarlığını tasfiyeye tabi olmaktan çıkarmak isteyen kişinin, bu malın kaynağı evlilikten önce mevcut olduğunu ve evlilik devam ederken nasıl korunduğunu ispat etmesi gerekir. Ancak bu takdirde, ilgili maldaki konjoktürel değer artışının tasfiyeye tabi olmaktan kurtulmasını sağlayabilir.

Bu bağlamda, edinilmiş mallara katılma rejimine tabi olmaktan çıkan malvarlığı hiçbir zaman (Almanya'da da olduğu gibi) bir parasal değere indirgenemez. Bu malvarlığı fiziksel durumunu korumaya devam eder ve bu sayede ekonomik değeri de (konjoktürel değer artışı veya kaybı) takip edilebilir.

İsviçrede, Alman Federal Mahkemesinin katkıdan doğan hak kavramını oldukça sınırlandırıcı biçimde ele aldığı eleştirisi mevcuttu. Edinilmiş malların tasfiyesi sırasında eşlere ait herhangi bir mala ilişkin tüm konjoktürel değişimlerin de dikkate alınması gerekir. Zira herhangi bir mala ilişkin değer artış payının varlığı halinde, bu değerin de tasfiye rejimine dahil olması gerekecektir. Yalnızca bu sayede konjoktürel değer artışının tasfiye sırasında paylaşmaya tabi olacak edinilmiş mallardan ve paylaşmaya tabi olmayacak kişisel mallardan ayırt edilmesi sağlanabilir.

İsviçre/Türk hukuku'nun bu husustaki çözümü, değer artışı halinde paylaşmanın nominal katkı (başlangıçtaki değer) oranında yapılması yönündedir. Ancak, özellikle Türkiye'deki çoğu zaman yüksek enflasyon nedeniyle, bu oran çok da büyük bir rol oynamamaktadır.

İsviçre ve Türkiye'de, mal rejiminin tasfiyesi, evliliğin ölüm nedeniyle sona ermesi halinde de gündeme gelir. Alman bakış açısına göre, miras hukukunda olduğu gibi mal rejiminin tasfiyesinde de dava konusu malların değerinin tasfiyeden çok daha uzun bir süre sonra belirlenmesi, şaşırtıcıdır. Özellikle de Türkiye'de bu belirleme, evliliğin sona ermesinden çok uzun bir süre sonra gerçekleştirilmektedir.

b) Türk Hukukunda Edinilmiş Mallara Katılma Rejiminin İktibası

Bu çalışma, edinilmiş mallara katıma rejiminin temel özelliklerinin anlaşılabilmesi amacıyla Türk hukukunda bu rejimin iktibas edilmesinin ardındaki ana faktörleri belirlemeye çalışmaktadır.

A) Yasal Düzenleme Bakımından

Türkiye'deki komisyon tarafından geliştirilen ve Avusturya modeline dayanan asıl taslak, aynî paylaşım şeklinde sınırlı bir tasfiye rejimi öngörmekteydi. Paylaşmalı mal ayrılığı olarak isimlendirilen bu rejim, nihayetinde (kanunda) seçimlik mal rejimi olarak yer aldığından ve uygulamada nadir rastlandığından, bu çalışmada kısaca ele alınmıştır. Bunun yanında özellikle, Türk hukukundaki yargı içtihatlarının edinilmiş mallara katılma rejiminin tasfiyesi konusuna yaklaşımı da inceleme konusu yapılacaktır.

Yasal mal rejimi olarak kabul edilen Edinilmiş mallara katılma rejimi ile ilgili bu çalışmada öncelikle yasanın lafzi ifadesi incelenmiştir. Bu noktada, Almanca metin dikkate alınmaksızın doğrudan Fransızca metin üzerinden çeviri yapılmış olması oldukça önemli bir husus olarak karşımıza çıkar. Bunun en önemli yansıması ise, „edinilmiş mallar" ifadesinin tercümesinde Almanca'da tekil bir ifade olan „Errungenschaft" terimi yerine Fransızca'da çoğul bir ifade olan „les acquêts" teriminin esas alınmasıdır. Bu ise, edinilmiş malvarlığının ayrı ayrı mallar olarak ele alınmasına ve uygulamada mahkemeler nezdinde her bir malın ayrı ayrı tasfiyeye konu edilmesine kapı açmıştır.

Bunun ardından ise tercüme sonucunda ilgili yasa maddelerinin içeriğinde ortaya çıkan, bilinçli bir tercih ürünü olarak görülemeyecek bazı örneklere yer verilmiştir. Örneğin bunlardan biri, emekli aylığın yerine geçen tazminatların tasfiyeye dahil olan ve olmayan şeklinde ikili bir yasal ayrıma tabi tutulmuş olmasıdır (MK m.228/II). Yanlış tercüme nedeniyle aslında emekli maaşın yedeği niteliğinde olmayan emeklilik ikramiyeleri de Türk yargı uygulamasında bu kurala tabi tutulmaktadır.

Bu mal rejimi sistemine ilişkin olarak yasa koyucu tarafından bilinçli olarak tercih edilen tek ciddi ayrım ise artık değerdeki katılma oranının hakkaniyete göre azaltılması ya da ortadan kaldırılmasında karşımıza çıkar. İsviçre'de olmayan bu uygulamaya göre, Türk hukukunda (zina ya da hayata kast nedeniyle boşanma halinde,) hâkim kusurlu eşin artık değerdeki pay oranının hakkaniyete uygun olarak azaltılmasına veya kaldırılmasına karar verebilmektedir. Buna karşılık, uygulamadaki boşanma sebeplerine bakıldığında bu anılan sebeplerin oranı çok düşük olduğundan, yasal açıdan her iki ülkede de aynı mal rejiminin öngörülüdüğünü söylemek mümkündür.

B) Uygulama Bakımından

Edinilmiş mallara katılma rejiminin iktibasının uygulamaya yansıması bu çalışmada esasen tasfiye halinde artık değerin belirlenmesi bakımından (edinilmiş malların eşler arasında adil bir şekilde paylaşımı) ve dava süreci bakımından (eşler arasındaki uyuşmazlığı çözme amacına hizmet etmesi) incelenmektedir.

I) Edinilmiş Malların tek tek Tasfiyesi ve Borçlar

Yargıtayın oturmuş uygulamasında değer artış payı her bir mal için tek tek belirlenmekle birlikte, bu çalışmada öncelikle Türk hukuk doktrininde hemen hemen tüm yazarlarca kabul edilen -malvarlığının bir bütün olarak (küllî) tasfiyesi-konusu ele alınmak zorundaydı.

Bu çalışmada öncelikle somut olaya göre değişen Yargıtay kararları üzerinden malların tek tek tasfiye edilmesi örneklerine değinilmiştir. Zira Yargıtay kararlarına bakıldığında malların tek tek tasfiye edilmesinin gerekçesine rastlanmamaktadır. Bu konu doktrinde yalnızca Hakim Uluç tarafından ele alınmış ve bunun yanında ayrıca Gençcan ve Şıpka/Özdoğan tarafından eleştirilmiştir. Ardından, tarafların malların tek tek tasfiyesine ilişkin taleplerinin mahkeme kararlarında nasıl ele alındığı ve bu çeçevede artık değerin hesaplanması hangi tanımlamalarla belirlendiğini incelenmek lazımdı.

Edinilmiş malların tek tek tasfiye edilmesi, örneğin herhangi bir mala ilişkin olarak aşırı borç bulunması halinde o aşırı borcun tasfiyede hesaba katılmamasına yol açar. Bu borçlar, örneğin Türkiye`de genellikle kredi kart hesabından doğan borçlar, tasfiyeye dahil edilmez. Sadece „mala ilişkin borçlar" (Objektschulden) dikkate alınır. Bu ise eşlerin malvarlıkları arasındaki paylaşımı öngörememelerine yol açar. Öte yandan, „hatır senetleri" aracılığıyla yapılan manipülasyonlar en baştan itibaren tasfiye dışında tutulur.

Bu borçların büyük bir kısmı mal iktisabına yönelik tüketici, mortgage ve benzeri kredi ilişkilerinden doğmaktadır. Ancak örneğin satın alınan otomobille bir trafik kazası meydana gelmesi nedeniyle bu malın borcunun değerinden daha fazla olması bunun istisnasıdır. Buna ilişkin bir kararında Yargıtay, artık değerin sıfır olduğuna hükmetmiştir. Bunun yanında Yargıtay, edinilmiş malvarlığına dahil bir malı satın almaya yönelik kredilerden kalan borçlar bakımından özel bir sistem geliştirmiştir. Borcun vadesinde kalan taksitler kişisel malin katkisi olarak kabul edilir. Böylece bunlar ilgili malvarlığındaki değer artışına katılırlar. Bu hesaplamada bütün meblağ dikkate alındığından, faiz de dolaylı bir şekilde değer artışının belirlenmesi aşamasına dahil edilir. Bu uygulamada ‚vasıflandırmada değişmezlik prensibi'çiğnenmektedir, çünkü edinilmis malların borçları kişisel mal sayılır. Bu uygulamanın altında yatan sebep, genellikle mal rejiminin sona ermesi ile tasfiyenin gerçekleştirilmesi ve bu doğrultuda enflasyona bağlı olarak aşırı yüksek bir nominal değer artışı olabilir.

II) Eşler Arasındaki Uyuşmazlığı Çözmeye Yönelik Uygulamalar

Evliliğin boşanma ile sona ermesi halinde eşlerin mal paylaşımı konusunda uyuşmazlık yaşaması nedeniyle bunun çözümüne ilişkin çeşitli uygun olmayan düzenlemeler yapılmıştır:

- Derdestlik ve kararların kesin kara alanı yalnızca davaya konu olan mallar bakımından geçerlidir. Yalnızca karşılıklı davalar birleştirilirler. Farklı mallara ilişkin katılma alacağı davaları ayrı mahkemelerce görülebilir. Mal rejimine ilişkin olarak bir yabancı mahkeme kararı söz konusu ise, bu davaya hangi mal varlıklarının dahil edildiği bir bilirkişi tarafından belirlenir.
- Mal rejimi davası, ancak boşanma davasının sonuçlanmasından sonra veya buna ilişkin bir yabancı mahkeme ilamının Türkiye'de tanınmasından sonra açılabilir. (İsviçre'de boşanma kararı genelikle mal rejimi hükmünü de kapsıyor.)
- İsviçre hukukunun aksine, türk hukukunda yasal bilgi edinme hakkı düzenlenmemiştir. Envanter talebi de uygulamada önemli bir rol oynamamaktadır. Mahkemenin tarafları bu belgeleri ibraz etmeye zorlama olasılığı, uyuşmazlığın çözümüne yalnızca kısmi bir katkı sağlar.
- Katılma alacağı davası, 10 yıllık zamanaşımı süresi içerisinde açılabilir. Bu süre, hakim görüşe göre, boşanmanın kesinleşmesi veya yabancı boşanma kararının Türkiye'de tanınmasından itibaren işlemeye başlar.

c) Ek Açıklamalar

Çalışmanın içeriği bakımından iki noktaya daha değinilmesi gerekmektedir:

A) Eski TMK Uyarınca Katkı Payı Alacağı

1990'lı yıllardan itibaren Yargıtay, yasal mal ayrılığı rejiminden doğan yükümlülüklere dayanan katkı payı alacağı kurumunu geliştirmiştir. Bu ise özellikle de çalışan kadın eşin lehine olmuştur. Zira kadın eşin elde ettiği gelir büyük ölçüde katkı olarak değerlendirilmiş ve bu uygulama sonucunda 2001 yılı sonuna kadar elde ettiği gelir, edinilmiş mallara katılma rejimi içinde kişisel malvarlığı olarak kabul edilmiştir.

B) Milletlerarası Özel Hukuk Kuralları Uyarınca Taşınmazların Tasfiyesi

2007 tarihli Milletlerarası Özel Hukuk ve Usul Hukuku Hakkında Kanunu'nun kabulü ile birlikte, bu kanunun 15. maddesinin 2. fıkrası uyarınca malların tasfiyesinde taşınmazlar için bulundukları ülke hukukunun uygulanacağı düzenlenmiştir. Bu durum ise malın bulunduğu yer hukukunun uygulanması gerekip gerekmediği sorusunu beraberinde getirmektedir. Bu ise 2007 yılından sonra

Almanya'da edinilen taşınmazlar bakımından Alman hukukuna bir iade atfı yapıldığı anlamına gelir. Buna karşılık, Türk hukuk doktrininde iade atfı reddetme eğilimi göze çarpar. Ancak, ne Türk ne de Alman içtihatlarında bu konuda net bir sonuca varılmıştır.

II. Türkisches Zivilgesetzbuch (TMK), Gesetz Nr. 4721 v. 22.11.2001 (Auszug)[672]

4. Abschnitt Das Güterrecht der Ehegatten
1. Unterabschnitt Allgemeine Vorschriften
A. Gesetzlicher Güterstand
Art 202
Die Ehegatten unterstehen grundsätzlich den Vorschriften über die Errungenschaftsbeteiligung. Sie können sich durch Güterrechtsvertrag auf einen der anderen gesetzlich vorgesehenen Güterstände einigen.
B. Güterrechtsvertrag
I. Inhalt des Vertrages
Art 203
Ein Güterrechtsvertrag kann vor oder nach der Heirat geschlossen werden.
Die Vertragsparteien können ihren Güterstand nur innerhalb der gesetzlichen Schranken wählen, aufheben oder ändern.
II. Vertragsfähigkeit
Art 204
Wer ein Güterrechtsvertrag schließen will, muss urteilsfähig sein.
Unmündige oder Entmündigte bedürfen der Zustimmung ihres gesetzlichen Vertreters.
III. Form des Vertrages
Art 205
Der Güterrechtsvertrag muss notariell beurkundet oder beglaubigt werden. Allerdings können die Parteien auch bei Antragstellung auf Eheschließung durch schriftliche Mitteilung eine Güterstandswahl treffen.
Der Güterrechtsvertrag muss von den vertragschließenden Personen sowie gegebenenfalls vom gesetzlichen Vertreter unterzeichnet werden.

---

672 R.g. Nr. 24607 v 8.12.2001, in Kraft 1.1.2002; letzte Änderung durch Gesetz Nr. 6217 v 31.3.2011, r.g. Nr. 27905 v 14.4.2011. Übersetzung aus Rumpf/Odendahl, in: Bergmann/Ferid/Henrich, Internationales Ehe- und Kindschaftsrecht mit Staatsangehörigkeitsrecht, Länderbericht Türkei, S. 62–113, Abdruck mit freundlicher Genehmigung des Verlags.

C. Außerordentlicher Güterstand

I. Auf Antrag eines Ehegatten

1. Anordnung

Art 206

Auf Antrag eines Ehegatten kann das Gericht den Güterstand der Gütertrennung anordnen, wenn ein wichtiger Grund dafür vorliegt.

Ein wichtiger Grund liegt insbesondere vor,

1. wenn das Vermögen des anderen Ehegatten überschuldet ist, oder sein Anteil am Gesamtgut gepfändet ist,
2. wenn der andere Ehegatte die Interessen des Antragstellers oder der Gemeinschaft in Gefahr gebracht hat,
3. wenn der andere Ehegatte in ungerechtfertigter Weise die erforderliche Zustimmung zu einer Verfügung über Gesamtgut verweigert,
4. wenn der andere Ehegatte dem Antragsteller die Auskunft über sein Vermögen, sein Einkommen, seine Schulden oder über das Gesamtgut verweigert,
5. wenn der andere Ehegatte dauerhaft urteilsunfähig ist.

Ist ein Ehegatte dauerhaft urteilsunfähig, so kann auch sein gesetzlicher Vertreter aus diesem Grund die Anordnung der Gütertrennung verlangen.

2. Örtliche Zuständigkeit

Art 207

Zuständig ist das Gericht am Wohnsitz eines der Ehegatten.

3. Aufhebung des Übergangs zur Gütertrennung

Art 208

Die Ehegatten können jederzeit durch einen neuen Güterrechtsvertrag wieder ihren früheren oder einen anderen Güterstand vereinbaren.

Ist der Grund für die Gütertrennung weggefallen, so kann das Gericht auf Antrag eines Ehegatten die Wiederherstellung des früheren Güterstandes anordnen.

II. In der Zwangsvollstreckung

1. Bei Konkurs

Art 209

Wird über einen Ehegatten, der in Gütergemeinschaft lebt, der Konkurs eröffnet, so tritt von Gesetzes wegen Gütertrennung ein.

2. Bei Pfändung

Art 210

Wird gegen einen Ehegatten, der in Gütergemeinschaft lebt, die Zwangsvollstreckung betrieben, so kann der Gläubiger, wenn ihm in der Zwangsvollstreckung ein Nachteil entsteht, das Gericht um Anordnung der Gütertrennung ersuchen.

Der Antrag richtet sich gegen beide Ehegatten.

Zuständig ist das Gericht am Wohnsitz des Schuldners.

3. Rückkehr zum früheren Güterstand

Art 211

Sind die Gläubiger befriedigt, so kann das Gericht auf Antrag eines Ehegatten die Wiederherstellung der Gütergemeinschaft anordnen.

Die Ehegatten können durch Güterrechtsvertrag die Errungenschaftsbeteiligung vereinbaren.

III. Die Auseinandersetzung des bisherigen Güterstandes

Art 212

Tritt Gütertrennung ein, so gelten für die güterrechtliche Auseinandersetzung die Bestimmungen des bisherigen Güterstandes, sofern das Gesetz nichts anderes bestimmt.

D. Schutz der Gläubiger

Art 213

Durch Begründung oder Änderung des Güterstandes oder durch Auseinandersetzung des bisherigen Güterstandes können Vermögensgegenstände, aus denen bis dahin die Gläubiger eines Ehegatten oder der Gemeinschaft Befriedigung verlangen konnten, dieser Haftung nicht entzogen werden.

Der Ehegatte, auf den solche Vermögensgegenstände übergegangen sind, haftet persönlich für die Verbindlichkeiten; er kann sich von der Haftung insoweit befreien, als er nachweist, dass die empfangenen Vermögensgegenstände zur Begleichung der Schuld nicht ausreichen.

E. Örtliche Zuständigkeit für Klagen auf güterrechtliche Auseinandersetzung

Art 214

Für Klagen über die güterrechtliche Auseinandersetzung unter den Ehegatten oder ihren Erben ist zuständig

1. bei Beendigung des Güterstandes durch Tod das Gericht am letzten Wohnsitz des Verstorbenen,
2. bei Scheidung, Ungültigerklärung der Ehe oder gerichtlicher Gütertrennung das hierfür zuständige Gericht,
3. in den übrigen Fällen das Gericht am Wohnsitz des beklagten Ehegatten.

F. Verwaltung des Vermögens eines Ehegatten durch den anderen

Art 215

Hat ein Ehegatte dem anderen ausdrücklich oder stillschweigend die Verwaltung seines Vermögens überlassen, so gelten die Bestimmungen über den Auftrag, sofern nichts anderes vereinbart ist.

G. Inventar

Art 216

Jeder Ehegatte kann jederzeit vom andern verlangen, dass er die Aufnahme eines Inventars seiner Vermögenswerte in öffentlicher Urkunde herbeiführt.

Ein solches Inventar wird, soweit nicht das Gegenteil erwiesen ist, als richtig vermutet, wenn es binnen eines Jahres seit Einbringen der Vermögenswerte errichtet wurde.

H. Schulden zwischen Ehegatten

Art 217

Der Güterstand verhindert nicht die Fälligkeit von Schulden zwischen den Ehegatten. Bereitet indessen die Zahlung von Geldschulden dem verpflichteten Ehegatten ernstliche Schwierigkeiten, welche die eheliche Gemeinschaft gefährden, so kann er verlangen, dass ihm eine Zahlungsfrist eingeräumt wird. Das Gericht verpflichtet den antragstellenden Ehegatten zur Sicherheitsleistung, wenn es die Umstände erforderlich machen.

2. Unterabschnitt Die Errungenschaftsbeteiligung

A. Eigentum

I. Umfang

Art 218

Der Güterstand der Errungenschaftsbeteiligung umfasst die Errungenschaft und das Eigengut jedes Ehegatten.

II. Errungenschaft

Art 219

Errungenschaft sind die Vermögenswerte, die ein Ehegatte während der Dauer dieses Güterstandes entgeltlich erwirbt.

Die Errungenschaft eines Ehegatten umfasst insbesondere:

1. seine Einkünfte aus Arbeit,
2. die Leistungen von Einrichtungen der sozialen Sicherheit und Fürsorge oder Personalfürsorgeeinrichtungen und dergleichen,
3. die Entschädigungen wegen Arbeitsunfähigkeit,
4. die Erträge seines Eigengutes,
5. Vermögenswerte, die solche der Errungenschaft ersetzen.

III. Eigengut

1. Von Gesetzes wegen

Art 220

Eigengut sind von Gesetzes wegen:

1. die Gegenstände, die einem Ehegatten ausschließlich zum persönlichen Gebrauch dienen,
2. die Vermögenswerte, die einem Ehegatten zu Beginn des Güterstandes gehören oder ihm später durch Erbgang oder sonst wie unentgeltlich zufallen,
3. Schmerzensgeldansprüche,
4. Vermögenswerte, die solche des Eigengutes ersetzen.

2. Aufgrund Vertrages

Art 221[673]

Die Ehegatten können durch Güterrechtsvertrag Vermögenswerte, die aus der Ausübung eines Berufes oder der Führung eines Gewerbebetriebes entstanden sind und die eigentlich zur Errungenschaft gehören, zu Eigengut erklären.

Überdies können die Ehegatten durch Güterrechtsvertrag bestimmen, dass Erträge aus dem Eigengut nicht in die Errungenschaft fallen.

IV. Beweis

Art 222

Wer behauptet, ein bestimmter Vermögenswert gehöre dem einen oder dem anderen Ehegatten, muss dies beweisen.

Kann der Beweis, welchem Ehegatten der Vermögenswert gehört, nicht erbracht werden, so wird Miteigentum beider Ehegatten angenommen.

Alles Vermögen eines Ehegatten gilt bis zum Beweis des Gegenteils als Errungenschaft.

B. Verwaltung, Nutzung und Verfügung

Art 223

Innerhalb der gesetzlichen Schranken verwaltet und nutzt jeder Ehegatte seine Errungenschaft und sein Eigengut und verfügt darüber.

Steht ein Vermögenswert im Miteigentum beider Ehegatten, so kann kein Ehegatte ohne die Zustimmung des andern über seinen Anteil verfügen, sofern nichts anderes vereinbart ist.

C. Haftung gegenüber Dritten

Art 224

Jeder Ehegatte haftet für seine Schulden mit seinem gesamten Vermögen.

D. Beendigung und Auseinandersetzung des Güterstandes

I. Zeitpunkt der Beendigung

Art 225

Der Güterstand wird mit dem Tod eines Ehegatten oder mit der Vereinbarung eines andern Güterstandes beendet.

Bei Beendigung durch Scheidung oder Ungültigerklärung der Ehe oder bei gerichtlicher Anordnung der Gütertrennung wird die Beendigung des Güterstandes im Zeitpunkt der Klageerhebung wirksam.

---

673 Die Übersetzung von Köksal verwendet unzutreffend „Eigentum“ statt „Eigengut“.

II. Rücknahme von Vermögenswerten und Regelung der Verbindlichkeiten

1. Im Allgemeinen

Art 226

Jeder Ehegatte erhält seine Vermögenswerte zurück, die sich im Besitz des andern Ehegatten befinden.

Steht ein Vermögenswert im Miteigentum und weist ein Ehegatte ein überwiegendes Interesse nach, so kann er im Rahmen der Auseinandersetzung neben den übrigen gesetzlichen Maßnahmen verlangen, dass ihm dieser Vermögenswert gegen Auszahlung des Anteils des andern Ehegatten ungeteilt zugewiesen wird.

Die Ehegatten können ihre gegenseitigen Verbindlichkeiten regeln.

2. Mehrwertanteil

Art 227

Hat ein Ehegatte zum Erwerb, zur Verbesserung oder zur Erhaltung eines Vermögensgegenstandes des andern ganz ohne oder ohne angemessene Gegenleistung beigetragen, so erwirbt er eine Forderung in Höhe seines Mehrwertanteils im Zeitpunkt der Auseinandersetzung; diese Forderung wird nach dem Wert des Vermögensgegenstandes im Zeitpunkt der Auseinandersetzung berechnet; ist dagegen ein Minderwert eingetreten, so entspricht die Forderung dem ursprünglichen Beitrag.

Ist ein solcher Vermögensgegenstand vorher veräußert worden, so berechnet das Gericht die Forderung nach Billigkeit.

Die Ehegatten können durch schriftliche Vereinbarung auf den Anspruch auf den Mehrwertanteil verzichten oder das Anteilsverhältnis ändern.

III. Berechnung der Anteile der Ehegatten

1. Trennung von Errungenschaft und Eigengut

Art 228

Errungenschaft und Eigengut jedes Ehegatten werden nach ihrem Bestand im Zeitpunkt der Beendigung des Güterstandes voneinander getrennt.

Die Kapitalleistung oder Abfindung, die ein Ehegatte von einer Einrichtung der Sozialversorgung oder -hilfe oder wegen Arbeitsunfähigkeit erhalten hat, wird im Betrag des Kapitalwertes der Rente, die dem Ehegatten bei Beendigung des Güterstandes zustünde, wenn die Kapitalleistung nach den Vorschriften der leistenden Einrichtung als Rente ausgezahlt worden wäre, dem Eigengut zugerechnet.

2. Hinzuzurechnende Werte

Art 229

Zur Errungenschaft hinzugerechnet werden:

1. über gewöhnliche Geschenke hinausgehende unentgeltliche Zuwendungen, die ein Ehegatte während des letzten Jahres vor Beendigung des Güterstandes ohne Zustimmung des andern Ehegatten gemacht hat;

2. Vermögensübertragungen, die ein Ehegatte während der Dauer des Güterstandes in der Absicht vorgenommen hat, den Beteiligungsanspruch des andern zu schmälern.
Bei Streitigkeiten über solche Zuwendungen oder Übertragungen kann das Urteil dem begünstigten Dritten entgegengehalten werden, wenn ihm der Streit verkündet worden ist.
3. Ausgleich zwischen Errungenschaft und Eigengut
Art 230
Sind Schulden der Errungenschaft aus dem Eigengut oder Schulden des Eigengutes aus der Errungenschaft eines Ehegatten bezahlt worden, so kann bei der güterrechtlichen Auseinandersetzung ein Ausgleich gefordert werden.
Eine Schuld belastet die Vermögensmasse, mit welcher sie sachlich zusammenhängt. Ist die Zuordnung zu einem Vermögensteil nicht möglich, gilt die Errungenschaft als belastet.
Haben Mittel des einen Vermögensteils zum Erwerb, zur Verbesserung oder zur Erhaltung von Vermögensgegenständen des anderen beigetragen und ist ein Mehr- oder ein Minderwert eingetreten, so entspricht die Ausgleichsforderung dem Anteil des Beitrages und wird nach dem Wert der Vermögensgegenstände im Zeitpunkt der Auseinandersetzung oder im Falle der vorherigen Veräußerung nach Billigkeit berechnet.
4. Wertzuwachs
Art 231
Was vom Gesamtwert der Errungenschaft jedes Ehegatten, einschließlich der hinzugerechneten Vermögenswerte und der Ausgleichsforderungen, nach Abzug der auf ihr lastenden Schulden verbleibt, bildet den Wertzuwachs.
Eine Minderung des Werts wird nicht berücksichtigt.
IV. Wertbestimmung
1. Verkehrswert
Art 232
Bei der güterrechtlichen Auseinandersetzung sind die Vermögensgegenstände zu ihren Verkehrswerten anzurechnen.
2. Ertragswert
a. Im Allgemeinen
Art 233
Ist für einen landwirtschaftlichen Betrieb, den ein Ehegatte als Eigentümer selber weiter bewirtschaftet oder für das der überlebende Ehegatte oder ein Nachkomme einen Anspruch auf ungeteilte Zuweisung hat, der Mehrwertanteil und die Beteiligungsforderung zu errechnen, so geschieht dies unter Verwendung der Ertragswerte.

Der Eigentümer des landwirtschaftlichen Betriebes oder seine Erben können gegenüber dem andern Ehegatten als Mehrwertanteil oder als Beteiligungsforderung nur denjenigen Betrag geltend machen, den sie bei Anrechnung des Betriebes zum Verkehrswert erhalten würden.
Die erbrechtlichen Bestimmungen über die Bewertung und über den Anteil der Miterben am Gewinn sind entsprechend anwendbar.

b. Besondere Umstände

Art 234

Der Anrechnungswert kann angemessen erhöht werden, wenn besondere Umstände es erfordern.
Als besondere Umstände gelten insbesondere die Unterhaltsbedürfnisse des überlebenden Ehegatten, der Ankaufswert des landwirtschaftlichen Betriebes, die Investitionen oder Vermögensverhältnisse des Ehegatten, dem der landwirtschaftliche Betrieb gehört.

3. Maßgebender Zeitpunkt für die Bewertung

Art 235

Maßgebend für den Wert der bei der Beendigung des Güterstandes vorhandenen Errungenschaft ist der Zeitpunkt der Auseinandersetzung.
Für die Bewertung der Vermögenswerte, die zur Errungenschaft hinzugerechnet werden, ist der Zeitpunkt maßgebend, in dem sie veräußert worden sind.

V. Beteiligung am Wertzuwachs

1. Nach Gesetz

Art 236

Jedem Ehegatten oder seinen Erben steht die Hälfte des Wertzuwachses des andern zu. Die Forderungen werden verrechnet.
Sofern die Ehe wegen Ehebruchs oder Angriffs auf das Leben geschieden wurde, entscheidet das Gericht nach Billigkeit über die Minderung oder Aufhebung des Anteils des schuldigen Ehegatten am Wertzuwachs.

2. Nach Vertrag

a. Im Allgemeinen

Art 237

Durch Güterrechtsvertrag kann ein anderer Beteiligungsmaßstab am Wertzuwachs vereinbart werden.
Die Pflichtteilsansprüche der nichtgemeinsamen Kinder und die von deren Nachkommen bleiben von solchen Vereinbarungen unberührt.

b. Bei Scheidung, Ungültigerklärung der Ehe oder gerichtlicher Gütertrennung

Art 238

Bei gerichtlicher Beendigung des Güterstandes durch Scheidung, Ungültigerklärung der Ehe oder bei gerichtlicher Anordnung der Gütertrennung gelten die

Vereinbarungen über die Änderung der gesetzlichen Beteiligung am Wertzuwachs nur, wenn der Güterrechtsvertrag dies ausdrücklich vorsieht.

VI. Bezahlung der Beteiligungsforderung und des Anteils des Mehrwertanteils

1. Zahlung und Zahlungsaufschub

Art 239

Die Beteiligungsforderung und der Mehrwertanteil können in Sachen oder in Geld geleistet werden. Für Sachleistungen wird der Verkehrswert zugrunde gelegt; die wirtschaftliche Einheit von Einheiten, die der Berufsausübung dienen, und von Betrieben wird berücksichtigt.

Bringt die sofortige Bezahlung der Beteiligungsforderung und des Mehrwertanteils den verpflichteten Ehegatten in ernstliche Schwierigkeiten, so kann er verlangen, dass ihm angemessene Zahlungsfristen eingeräumt werden.

Die Beteiligungsforderung und der Mehrwertanteil sind, soweit die Parteien nichts anderes vereinbaren, vom Abschluss der Auseinandersetzung an zu verzinsen; wenn es die Umstände erfordern, kann Sicherheitsleistung gefordert werden.

2. Wohnung und Hausrat

Art 240

Damit der überlebende Ehegatte seine bisherige Lebensweise beibehalten kann, wird ihm auf sein Verlangen am Haus oder an der Wohnung, worin die Ehegatten gelebt haben und die dem verstorbenen Ehegatten gehört hat, ein Nutzungs- oder Wohnrecht unter Anrechnung auf die Beteiligungsforderung zugeteilt; eine anderweitige Regelung durch Güterrechtsvertrag ist vorbehalten.

Unter den gleichen Voraussetzungen kann der überlebende Ehegatte die Zuteilung des Eigentums am Hausrat verlangen.

Bei Vorliegen wichtiger Gründe kann auf Antrag des überlebenden Ehegatten oder der gesetzlichen Erben des Verstorbenen statt des Nutzungs- oder Wohnrechts das Eigentum am Haus oder an der Wohnung eingeräumt werden.

An Räumlichkeiten, in denen der Erblasser einen Beruf ausübte oder ein Gewerbe betrieb, und die ein Nachkomme zu dessen gleichartiger Weiterführung benötigt, kann der überlebende Ehegatte diese Rechte nicht beanspruchen. Die Vorschriften des bäuerlichen Erbrechts bleiben vorbehalten.

3. Klage gegen Dritte

Art 241

Deckt das Vermögen des verpflichteten Ehegatten oder seine Erbschaft bei der güterrechtlichen Auseinandersetzung die Beteiligungsforderung nicht, so können der berechtigte Ehegatte oder seine Erben unentgeltliche Zuwendungen, die der Errungenschaft hinzuzurechnen sind, bis zur Höhe des Fehlbetrages bei den begünstigten Dritten einfordern.

Das Klagerecht erlischt ein Jahr, nachdem der Ehegatte oder seine Erben von der Verletzung ihrer Rechte Kenntnis erhalten haben, in jedem Fall aber fünf Jahre nach der Beendigung des Güterstandes.

Im Übrigen gelten sinngemäß die Bestimmungen über die erbrechtliche Herabsetzungsklage, ausgenommen diejenigen über den Gerichtsstand.

Art 242.

Innerhalb der gesetzlichen Schranken verwaltet und nutzt jeder Ehegatte im Güterstand der Gütertrennung sein Vermögen und verfügt darüber.

B. Sonstige Regelungen

Art 243.

Bezüglich der Beweisführung, der Haftung für Verbindlichkeiten und der Zuweisung von Miteigentum gelten die Bestimmungen über Gütertrennung mit Aufteilgut.

4. Unterabschnitt: Gütertrennung mit Aufteilgut

A. Verwaltung, Nutzung und Verfügung

I. Allgemein

Art 244.

Jeder Ehegatte behält in den Grenzen der Gesetze das Recht, sein Vermögen zu verwalten, zu nutzen und hierüber zu verfügen.

II. Beweis

Art 245.

Wer behauptet, ein Gut gehöre einem Ehegatten allein, trägt die Beweislast. Güter, die nicht erweislich einem Ehegatten gehören, gelten als im Miteigentum beider Ehegatten stehend.

B. Haftung für Schulden

Art 246.

Jeder Ehegatte haftet für seine Schulden mit seinem ganzen Vermögen.

C. Beendigung des Güterstandes und Auflösung

I. Zeitpunkt der Beendigung

Art 247.

Der Güterstand wird mit dem Tod eines Ehegatten oder mit der Vereinbarung eines anderen Güterstandes beendet.

Bei Beendigung durch Scheidung oder Ungültigerklärung der Ehe oder bei gerichtlicher Anordnung der Gütertrennung wird die Beendigung des Güterstandes mit dem Antragszeitpunkt wirksam.

II. Rückforderung von Gütern und Herausgabe von aufteilbarem Gut

1. Allgemein

Art 248.
Jeder Ehegatte erhält seine Vermögenswerte zurück, die sich im Besitz des anderen Ehegatten befinden.
Weist ein Ehegatte ein überwiegendes Interesse nach, so kann er bei Beendigung des Güterstandes der Gütertrennung mit Aufteilgut neben den übrigen Maßnahmen verlangen, dass ihm ein in Gemeinschaftseigentum zu Bruchteilen stehender Gegenstand zugewiesen wird, wenn er dem anderen Ehegatten den zum Zeitpunkt der Zahlung bestehenden Gegenwert von dessen Anteil bezahlt.
2. Recht aus einem Beitrag
Art 249.
Hat ein Ehegatte zum Erwerb, zur Verbesserung oder zur Erhaltung eines außerhalb des aufteilbaren Gutes verbleibenden Vermögensgegenstandes des andern ganz ohne oder ohne angemessene Gegenleistung beigetragen, so kann er bei Beendigung des Güterstandes im Verhältnis seines Beitrags nach den Grundsätzen der Billigkeit einen Ausgleich in Geld verlangen.
Die Forderung gilt auch für die Werte, die an die Stelle dieses außerhalb des aufteilbaren Guts verbleibenden Vermögensgegenstandes getreten sind.
III. Der Familie zugewiesene Güter
1. Grundsatz
Art 250.
Die Güter, die ein Ehegatte nach Beginn des Güterstandes der Gütertrennung mit Aufteilgut angeschafft und dem Gebrauch und der gemeinsamen Nutzung durch die Familie zugewiesen hat, sowie die Investitionen zur Zukunftssicherung der Familie oder die an deren Stelle tretenden Werte werden bei Beendigung des Güterstandes unter den Ehegatten zu gleichen Teilen aufgeteilt. Die Aufteilung berücksichtigt die wirtschaftliche Einheit von Betrieben.
Diese Bestimmung findet keine Anwendung auf Schmerzensgeldansprüche, Ererbtes und, soweit sich aus dem erkennbaren Willen des Zuwendenden nichts anderes ergibt, auf unentgeltlich unter Lebenden oder von Todes wegen zugewendete Güter.
2. Auf Behinderung der Aufteilung angelegtes Verhalten
Art 251.
Hat ein Ehegatte einen Vermögensgegenstand vor der Aufteilung in der Absicht, den Anteil des anderen Ehegatten zu schmälern, unentgeltlich veräußert, bestimmt das Gericht einen dem anderen Ehegatten zu zahlenden und der Billigkeit entsprechenden Ausgleichsbetrag.
Bei unentgeltlichen Zuwendungen eines Ehegatten ohne Zustimmung des anderen Ehegatten innerhalb des letzten Jahres vor Beendigung des Güterstandes, die über die gewöhnlichen Geschenke hinausgehen, wird angenommen, dass

sie in der Absicht vorgenommen wurden, den Anteil des anderen Ehegatten zu schmälern.

Das Urteil aus einer Streitigkeit über solche Zuwendungen kann dem begünstigten Dritten entgegengehalten werden, wenn ihm der Streit verkündet worden ist.

3. Ablehnung des Antrags auf Aufteilung

Art 252.

Wurde die Ehe wegen Ehebruchs oder Angriffs auf das Leben geschieden, entscheidet das Gericht nach Billigkeit über die Minderung oder Aufhebung des Anteils des schuldigen Ehegatten.

4. Methode der Aufteilung

Art 253.

Die Aufteilung erfolgt grundsätzlich als Realteilung. Wenn dies nicht möglich ist, werden die Anteile durch ergänzende Zahlungen ausgeglichen. Die Ausgleichszahlung eines Ehegatten an den anderen wird nach dem Verkehrswert der Güter zum Zeitpunkt der Auflösung des Güterstandes berechnet. Bei der Berechnung werden die Verbindlichkeiten angerechnet, die mit der Anschaffung der Güter entstanden sind.

Der zur Zahlung verpflichtete Ehegatte kann die Stundung der Zahlung für eine angemessene Frist verlangen, wenn die sofortige Ausgleichszahlung für ihn zu ernstlichen Schwierigkeiten führen würde.

Soweit keine Vereinbarung entgegensteht, wird die Ausgleichszahlung von der Beendigung der Auflösung an verzinst; wenn die Umstände es erfordern, kann vom Ausgleichspflichtigen Sicherheitsleistung verlangt werden.

IV. Ehewohnung und Hausrat

1. Im Falle von Aufhebung und Scheidung

Art 254.

Die Eheleute können sich im Falle eines Aufhebungs- oder Scheidungsurteils darüber einigen, wer in der Ehewohnung, die dem gemeinsamen Gebrauch der Familie gewidmet ist und zu gleichen Teilen unter den Ehegatten aufgeteilt werden soll, verbleibt und wer den Hausrat weiter nutzen darf. Der Ehegatte, der das Recht zum Verbleib in der Wohnung erhält, kann die Eintragung dieses Rechts in das Grundbuch fordern.

Können sich die Eheleute nicht darüber einigen, wer in der Ehewohnung verbleibt und wer den Hausrat nutzen darf, entscheidet das Gericht, wenn es die Billigkeit erfordert, mit dem Aufhebungs- oder Scheidungsurteil von Amts wegen, wem das Recht zusteht; dabei berücksichtigt es die Besonderheiten des Einzelfalls, die wirtschaftliche und soziale Situation der Ehegatten und das Wohl der gegebenenfalls vorhandenen Kinder; es bestimmt die Dauer des Wohn- und Nutzungsrechts und teilt es zur Eintragung dem Grundbuchamt mit.

Soweit das Gericht nichts anderes entschieden hat, endet das Recht von selbst mit Ende der bestimmten Zeit. Wenn aber auf Seiten des Begünstigten eine Änderung der Verhältnisse eintritt, kann der andere Ehegatte das Gericht um Überprüfung der Entscheidung ersuchen.
Wohnen die Eheleute zur Miete, kann das Gericht erforderlichenfalls anordnen, dass der Ehegatte, der nicht Mieter ist, in der Ehewohnung verbleibt. In diesem Fall trifft das Gericht von Amts wegen zusammen mit dem Urteil auf Aufhebung oder Scheidung der Ehe eine Regelung zur Sicherung der Rechte des Vermieters aus dem Mietvertrag.
2. Im Falle des Todes
Art 255.
Befinden sich im Falle des Todes eines Ehegatten bei den aufzuteilenden Gütern die von den Ehegatten bewohnte Wohnung oder Hausrat, so kann der überlebende Ehegatte verlangen, dass ihm unter Verrechnung mit Erbteil und Aufteilungsforderung und, falls dies nicht ausreicht, gegen Ausgleichszahlung das Eigentum daran zugewiesen wird.
Wo wichtige Gründe es rechtfertigen, kann auf Verlangen des überlebenden Ehegatten oder der anderen gesetzlichen Erben des Verstorbenen statt des Eigentums ein Nutzungs- oder Wohnrecht am Haus oder an der Wohnung eingeräumt werden.
An Räumlichkeiten, in denen der Erblasser einen Beruf ausgeübt oder ein Gewerbe betrieben hat, und die ein Nachkomme zu dessen gleichartiger Weiterführung benötigt, kann der überlebende Ehegatte diese Rechte nicht beanspruchen. Die Vorschriften des bäuerlichen Erbrechts bleiben vorbehalten.

III. Schweizerisches Zivilgesetzbuch (ZGB) (Auszug)[674]

vom 10. Dezember 1907 (Stand am 1. April 2016)
Sechster Titel:
Das Güterrecht der Ehegatten
Erster Abschnitt: Allgemeine Vorschriften
Art. 181
Die Ehegatten unterstehen den Vorschriften über die Errungenschaftsbeteiligung, sofern sie nicht durch Ehevertrag etwas anderes vereinbaren oder der ausserordentliche Güterstand eingetreten ist.

674 https://www.admin.ch/opc/de/classified-compilation/19070042/201604010000/210.pdf (28.11.2016)

Art. 182

1 Ein Ehevertrag kann vor oder nach der Heirat geschlossen werden.

2 Die Brautleute oder Ehegatten können ihren Güterstand nur innerhalb der gesetzlichen Schranken wählen, aufheben oder ändern.

Art. 183

1 Wer einen Ehevertrag schliessen will, muss urteilsfähig sein.

2 Minderjährige sowie volljährige Personen unter einer Beistandschaft, die den Abschluss eines Ehevertrags umfasst, bedürfen der Zustimmung ihres gesetzlichen Vertreters.

Art. 184

Der Ehevertrag muss öffentlich beurkundet und von den vertragschliessenden Personen sowie gegebenenfalls vom gesetzlichen Vertreterunterzeichnet werden.

Art. 185

1 Die Gütertrennung wird auf Begehren eines Ehegatten vom Gericht angeordnet, wenn ein wichtiger Grund dafür vorliegt.

2 Ein wichtiger Grund liegt namentlich vor:

1. wenn der andere Ehegatte überschuldet ist oder sein Anteil am Gesamtgut gepfändet wird;
2. wenn der andere Ehegatte die Interessen des Gesuchstellers oder der Gemeinschaft gefährdet;
3. wenn der andere Ehegatte in ungerechtfertigter Weise die erforderliche Zustimmung zu einer Verfügung über das Gesamtgut verweigert;
4. wenn der andere Ehegatte dem Gesuchsteller die Auskunft über sein Einkommen, sein Vermögen und seine Schulden oder über das Gesamtgut verweigert;
5. wenn der andere Ehegatte dauernd urteilsunfähig ist.

3 Ist ein Ehegatte dauernd urteilsunfähig, so kann sein gesetzlicher Vertreter auch aus diesem Grund die Anordnung der Gütertrennung verlangen.

Art. 186

Art. 187

1 Die Ehegatten können jederzeit durch Ehevertrag wieder ihren früheren oder einen andern Güterstand vereinbaren.

2 Ist der Grund der Gütertrennung weggefallen, so kann das Gericht auf Begehren eines Ehegatten die Wiederherstellung des früheren Güterstandes anordnen.

Art. 188

Wird über einen Ehegatten, der in Gütergemeinschaft lebt, der Konkurs eröffnet, so tritt von Gesetzes wegen Gütertrennung ein.

Art. 189

Ist ein Ehegatte, der in Gütergemeinschaft lebt, für eine Eigenschuld betrieben und sein Anteil am Gesamtgut gepfändet worden, so kann die Aufsichtsbehörde in Betreibungssachen beim Gericht die Anordnung der Gütertrennung verlangen.

Art. 190

1 Das Begehren richtet sich gegen beide Ehegatten.

2

Art. 191

1 Sind die Gläubiger befriedigt, so kann das Gericht auf Begehren eines Ehegatten die Wiederherstellung der Gütergemeinschaft anordnen.

2 Die Ehegatten können durch Ehevertrag Errungenschaftsbeteiligung vereinbaren.

Art. 192

Tritt Gütertrennung ein, so gelten für die güterrechtliche Auseinandersetzung die Bestimmungen des bisherigen Güterstandes, sofern das Gesetz nichts anderes bestimmt.

Art. 193

1 Durch Begründung oder Änderung des Güterstandes oder durch güterrechtliche Auseinandersetzungen kann ein Vermögen, aus dem bis anhin die Gläubiger eines Ehegatten oder der Gemeinschaft Befriedigung verlangen konnten, dieser Haftung nicht entzogen werden.

2 Ist ein solches Vermögen auf einen Ehegatten übergegangen, so hat er die Schulden zu bezahlen, kann sich aber von dieser Haftung so weit befreien, als er nachweist, dass das empfangene Vermögen hierzu nicht ausreicht.

Art. 194

Art. 195

1 Hat ein Ehegatte dem andern ausdrücklich oder stillschweigend die Verwaltung seines Vermögens überlassen, so gelten die Bestimmungen über den Auftrag, sofern nichts anderes vereinbart ist.

2 Die Bestimmungen über die Tilgung von Schulden zwischen Ehegatten bleiben vorbehalten.

Art. 195a

1 Jeder Ehegatte kann jederzeit vom andern verlangen, dass er bei der Aufnahme eines Inventars ihrer Vermögenswerte mit öffentlicher Urkunde mitwirkt.

2 Ein solches Inventar wird als richtig vermutet, wenn es binnen eines Jahres seit Einbringen der Vermögenswerte errichtet wurde.

Zweiter Abschnitt:

Der ordentliche Güterstand der Errungenschaftsbeteiligung

Art. 196

Der Güterstand der Errungenschaftsbeteiligung umfasst die Errungenschaft und das Eigengut jedes Ehegatten.

Art. 197

1 Errungenschaft sind die Vermögenswerte, die ein Ehegatte während der Dauer des Güterstandes entgeltlich erwirbt.

2 Die Errungenschaft eines Ehegatten umfasst insbesondere:

1. seinen Arbeitserwerb;
2. die Leistungen von Personalfürsorgeeinrichtungen, Sozialversicherungen und Sozialfürsorgeeinrichtungen;
3. die Entschädigungen wegen Arbeitsunfähigkeit;
4. die Erträge seines Eigengutes;
5. Ersatzanschaffungen für Errungenschaft.

Art. 198

Eigengut sind von Gesetzes wegen:

1. die Gegenstände, die einem Ehegatten ausschliesslich zum persönlichen Gebrauch dienen;
2. die Vermögenswerte, die einem Ehegatten zu Beginn des Güterstandes gehören oder ihm später durch Erbgang oder sonst-wie unentgeltlich zufallen;
3. Genugtuungsansprüche;
4. Ersatzanschaffungen für Eigengut.

Art. 199

1 Die Ehegatten können durch Ehevertrag Vermögenswerte der Errungenschaft, die für die Ausübung eines Berufes oder den Betrieb eines Gewerbes bestimmt sind, zu Eigengut erklären.

2 Überdies können die Ehegatten durch Ehevertrag vereinbaren, dass Erträge aus dem Eigengut nicht in die Errungenschaft fallen.

Art. 200

1 Wer behauptet, ein bestimmter Vermögenswert sei Eigentum des einen oder andern Ehegatten, muss dies beweisen.

2 Kann dieser Beweis nicht erbracht werden, so wird Miteigentum beider Ehegatten angenommen.

3 Alles Vermögen eines Ehegatten gilt bis zum Beweis des Gegenteils als Errungenschaft.

Art. 201

1 Innerhalb der gesetzlichen Schranken verwaltet und nutzt jeder Ehegatte seine Errungenschaft und sein Eigengut und verfügt darüber.

2 Steht ein Vermögenswert im Miteigentum beider Ehegatten, so kann kein Ehegatte ohne Zustimmung des andern über seinen Anteil verfügen, sofern nichts anderes vereinbart ist.

Art. 202

Jeder Ehegatte haftet für seine Schulden mit seinem gesamten Vermögen.

Art. 203
1 Der Güterstand hat keinen Einfluss auf die Fälligkeit von Schulden zwischen Ehegatten.
2 Bereitet indessen die Zahlung von Geldschulden oder die Erstattung geschuldeter Sachen dem verpflichteten Ehegatten ernstliche Schwierigkeiten, welche die eheliche Gemeinschaft gefährden, so kann er verlangen, dass ihm Fristen eingeräumt werden; die Forderung ist sicherzustellen, wenn es die Umstände rechtfertigen.
Art. 204
1 Der Güterstand wird mit dem Tod eines Ehegatten oder mit der Vereinbarung eines andern Güterstandes aufgelöst.
2 Bei Scheidung, Trennung, Ungültigerklärung der Ehe oder gerichtlicher Anordnung der Gütertrennung wird die Auflösung des Güterstandes auf den Tag zurückbezogen, an dem das Begehren eingereicht worden ist.
Art. 205
1 Jeder Ehegatte nimmt seine Vermögenswerte zurück, die sich im Besitz des andern Ehegatten befinden.
2 Steht ein Vermögenswert im Miteigentum und weist ein Ehegatte ein überwiegendes Interesse nach, so kann er neben den übrigen gesetzlichen Massnahmen verlangen, dass ihm dieser Vermögenswert gegen Entschädigung des andern Ehegatten ungeteilt zugewiesen wird.
3 Die Ehegatten regeln ihre gegenseitigen Schulden.
Art. 206
1 Hat ein Ehegatte zum Erwerb, zur Verbesserung oder zur Erhaltung von Vermögensgegenständen des andern ohne entsprechende Gegen-leistung beigetragen und besteht im Zeitpunkt der Auseinandersetzung ein Mehrwert, so entspricht seine Forderung dem Anteil seines Beitrages und wird nach dem gegenwärtigen Wert der Vermögensgegenstände berechnet; ist dagegen ein Minderwert eingetreten, so entspricht die Forderung dem ursprünglichen Beitrag.
2 Ist einer dieser Vermögensgegenstände vorher veräussert worden, so berechnet sich die Forderung nach dem bei der Veräusserung erzielten Erlös und wird sofort fällig.
3 Die Ehegatten können durch schriftliche Vereinbarung den Mehrwertanteil ausschliessen oder ändern.
Art. 207
1 Errungenschaft und Eigengut jedes Ehegatten werden nach ihrem Bestand im Zeitpunkt der Auflösung des Güterstandes ausgeschieden.
2 Die Kapitalleistung, die ein Ehegatte von einer Vorsorgeeinrichtung oder wegen Arbeitsunfähigkeit erhalten hat, wird im Betrag des Kapitalwertes der

Rente, die dem Ehegatten bei Auflösung des Güterstandes zustünde, dem Eigengut zugerechnet.

Art. 208

1 Zur Errungenschaft hinzugerechnet werden:

1. unentgeltliche Zuwendungen, die ein Ehegatte während der letzten fünf Jahre vor Auflösung des Güterstandes ohne Zustimmung des andern Ehegatten gemacht hat, ausgenommen die üblichen Gelegenheitsgeschenke;

2. Vermögensentäusserungen, die ein Ehegatte während der Dauer des Güterstandes vorgenommen hat, um den Beteiligungsanspruch des andern zu schmälern.

2

Art. 209

1 Sind Schulden der Errungenschaft aus dem Eigengut oder Schulden des Eigengutes aus der Errungenschaft eines Ehegatten bezahlt worden, so besteht bei der güterrechtlichen Auseinandersetzung eine Ersatzforderung.

2 Eine Schuld belastet die Vermögensmasse, mit welcher sie sachlich zusammenhängt, im Zweifel aber die Errungenschaft.

3 Haben Mittel der einen Vermögensmasse zum Erwerb, zur Verbesserung oder zur Erhaltung von Vermögensgegenständen der andern beigetragen und ist ein Mehr- oder ein Minderwert eingetreten, so entspricht die Ersatzforderung dem Anteil des Beitrages und wird nach dem Wert der Vermögensgegenstände im Zeitpunkt der Auseinandersetzung oder der Veräusserung berechnet.

Art. 210

1 Was vom Gesamtwert der Errungenschaft, einschliesslich der hinzugerechneten Vermögenswerte und der Ersatzforderungen, nach Abzug der auf ihr lastenden Schulden verbleibt, bildet den Vorschlag.

2 Ein Rückschlag wird nicht berücksichtigt.

Art. 211

Bei der güterrechtlichen Auseinandersetzung sind die Vermögensgegenstände zu ihrem Verkehrswert einzusetzen.

Art. 212

1 Ein landwirtschaftliches Gewerbe, das ein Ehegatte als Eigentümer selber weiterbewirtschaftet oder für das der überlebende Ehegatte oder ein Nachkomme begründet Anspruch auf ungeteilte Zuweisung erhebt, ist bei Berechnung des Mehrwertanteils und der Beteiligungsforderung zum Ertragswert einzusetzen.

2 Der Eigentümer des landwirtschaftlichen Gewerbes oder seine Erben können gegenüber dem andern Ehegatten als Mehrwertanteil oder als Beteiligungsforderung nur den Betrag geltend machen, den sie bei Anrechnung des Gewerbes zum Verkehrswert erhielten.

3 Die erbrechtlichen Bestimmungen über die Bewertung und über den Anteil der Miterben am Gewinn gelten sinngemäss.
Art. 213
1 Der Anrechnungswert kann angemessen erhöht werden, wenn besondere Umstände es rechtfertigen.
2 Als besondere Umstände gelten insbesondere die Unterhaltsbedürfnisse des überlebenden Ehegatten, der Ankaufspreis des landwirtschaftlichen Gewerbes einschliesslich der Investitionen oder die Vermögensverhältnisse des Ehegatten, dem das landwirtschaftliche Gewerbe gehört.
Art. 214
1 Massgebend für den Wert der bei der Auflösung des Güterstandes vorhandenen Errungenschaft ist der Zeitpunkt der Auseinandersetzung.
2 Für Vermögenswerte, die zur Errungenschaft hinzugerechnet werden, ist der Zeitpunkt massgebend, in dem sie veräussert worden sind.
Art. 215
1 Jedem Ehegatten oder seinen Erben steht die Hälfte des Vorschlages des andern zu.
2 Die Forderungen werden verrechnet.
Art. 216
1 Durch Ehevertrag kann eine andere Beteiligung am Vorschlag vereinbart werden.
2 Solche Vereinbarungen dürfen die Pflichtteilsansprüche der nicht-gemeinsamen Kinder und deren Nachkommen nicht beeinträchtigen.
Art. 217
Bei Scheidung, Trennung, Ungültigerklärung der Ehe oder gerichtlicher Anordnung der Gütertrennung gelten Vereinbarungen über die Änderung der gesetzlichen Beteiligung am Vorschlag nur, wenn der Ehevertrag dies ausdrücklich vorsieht.
Art. 218
1 Bringt die sofortige Bezahlung der Beteiligungsforderung und des Mehrwertanteils den verpflichteten Ehegatten in ernstliche Schwierigkeiten, so kann er verlangen, dass ihm Zahlungsfristen eingeräumt werden.
2 Die Beteiligungsforderung und der Mehrwertanteil sind, soweit die Parteien nichts anderes vereinbaren, vom Abschluss der Auseinandersetzung an zu verzinsen und, wenn es die Umstände rechtfertigen, sicherzustellen.
Art. 219
1 Damit der überlebende Ehegatte seine bisherige Lebensweise beibehalten kann, wird ihm auf sein Verlangen am Haus oder an der Wohnung, worin die Ehegatten gelebt haben und die dem verstorbenen Ehegatten gehört hat, die

Nutzniessung oder ein Wohnrecht auf Anrechnung zugeteilt; vorbehalten bleibt eine andere ehevertragliche Regelung.
2 Unter den gleichen Voraussetzungen kann er die Zuteilung des Eigentums am Hausrat verlangen.
3 Wo die Umstände es rechtfertigen, kann auf Verlangen des überlebenden Ehegatten oder der andern gesetzlichen Erben des Verstorbenen statt der Nutzniessung oder des Wohnrechts das Eigentum am Haus oder an der Wohnung eingeräumt werden.
4 An Räumlichkeiten, in denen der Erblasser einen Beruf ausübte oder ein Gewerbe betrieb und die ein Nachkomme zu dessen Weiterführung benötigt, kann der überlebende Ehegatte diese Rechte nicht beanspruchen; die Vorschriften des bäuerlichen Erbrechts bleiben vorbehalten.
Art. 220
1 Deckt das Vermögen des verpflichteten Ehegatten oder seine Erbschaft bei der güterrechtlichen Auseinandersetzung die Beteiligungsforderung nicht, so können der berechtigte Ehegatte oder seine Erben Zuwendungen, die der Errungenschaft hinzuzurechnen sind, bis zur Höhe des Fehlbetrages bei den begünstigten Dritten einfordern.
2 Das Klagerecht erlischt ein Jahr nachdem der Ehegatte oder seine Erben von der Verletzung ihrer Rechte Kenntnis erhalten haben, in jedem Fall aber zehn Jahre nach der Auflösung des Güterstandes.
3 Im Übrigen gelten die Bestimmungen über die erbrechtliche Herabsetzungsklage sinngemäss.

IV. Einführungsgesetz zum türkischen Zivilgesetzbuch, Gesetz Nr. 4722 v 3.12.2001 (Auszug)[675]

1. Teil Allgemeine Vorschriften
A. Ausschluss der Rückwirkung

Art 1
Auf die Rechtsfolgen von Ereignissen, die vor dem Inkrafttreten des Türkischen Zivilgesetzbuches aufgetreten sind, ist grundsätzlich dasjenige Gesetz anzuwenden, das sich im Zeitpunkt des Ereignisses in Kraft befunden hat.

---

675 R.g. Nr. 24607 v. 08.12.2001, Übersetzung aus Rumpf/Odendahl, in: Bergmann/Ferid/Henrich, Internationales Ehe- und Kindschaftsrecht mit Staatsangehörigkeitsrecht, S. 114, Abdruck mit freundlicher Genehmigung des Verlags.

Auf die rechtliche Bindungswirkung und Rechtsfolgen von Rechtsgeschäften, die vor dem Inkrafttreten des Türkischen Zivilgesetzbuches getätigt worden sind, ist das im Zeitpunkt der Tätigung des Rechtsgeschäfts geltende Gesetz auch dann anzuwenden, wenn Bindungswirkung und Rechtsfolgen nach dem Zeitpunkt des Inkrafttretens des Türkischen Zivilgesetzbuches eingetreten sind.
Auf die nach dem Inkrafttreten des Türkischen Zivilgesetzbuches eingetretenen Ereignisse sind, vorbehaltlich der im Gesetz vorgesehenen Ausnahmen, die Bestimmungen des Türkischen Zivilgesetzbuches anzuwenden.

B. Rückwirkung

I. Ordre public und allgemeine Sitten
Art 2
Die Bestimmungen des Türkischen Zivilgesetzbuches, die den ordre public und die allgemeinen Sitten angehen, werden vorbehaltlich anders lautender Bestimmungen auf alle Ereignisse angewendet. Bestimmungen des alten Rechts, die insoweit den Bestimmungen des Türkischen Zivilgesetzbuches in Ansehung des ordre public und der allgemeinen Sitten entgegenstehen, sind in keiner Weise mehr anzuwenden.
II. Rechtsbeziehungen mit gesetzlicher Inhaltsbestimmung
Art 3
Auf Rechtsbeziehungen, deren Inhalt ohne Ansehung des Willens der Beteiligten durch Gesetz bestimmt wird, ist das Türkische Zivilgesetzbuch auch dann anwendbar, wenn diese vor seinem Inkrafttreten entstanden sind.
III. Vertrauensschutz
Art 4
Auf Ereignisse, die während der Geltung alten Rechts eingetreten sind, jedoch im Zeitpunkt des Inkrafttretens des Türkischen Zivilgesetzbuches keinerlei Rechte erzeugt haben, sind die Bestimmungen dieses Gesetzes anzuwenden.

B. Güterstände

Art 10
Zwischen den Eheleuten, die vor dem Inkrafttreten des Türkischen Zivilgesetzbuches die Ehe geschlossen haben, gilt der bis zu diesem Zeitpunkt geltende Güterstand fort. Wählen die Eheleute innerhalb von einem Jahr seit dem Zeitpunkt des Inkrafttretens des Gesetzes keinen anderen Güterstand, gilt von diesem Zeitpunkt an der gesetzliche Güterstand als vereinbart.
Bis zum Abschluss der vor dem Inkrafttreten des Türkischen Zivilgesetzbuches erhobenen Scheidungs- oder Aufhebungsklagen gilt der bisherige Güterstand fort. Wird das Verfahren mit der Scheidung oder Aufhebung der Ehe

abgeschlossen, werden die für die Beendigung dieses Güterstandes geltenden Bestimmungen angewandt. Wird die Klage abgewiesen und haben die Parteien nicht innerhalb von einem Jahr nach Rechtskraft des Urteils einen anderen Güterstand gewählt, gilt vom Zeitpunkt des Inkrafttretens des Gesetzes an der gesetzliche Güterstand als vereinbart

Die Eheleute können innerhalb der in den vorstehenden Absätzen genannten Jahresfrist durch Güterrechtsvertrag vereinbaren, dass der gesetzliche Güterstand vom Zeitpunkt der Eheschließung an gelten soll.

Wandelt sich nach vorstehenden Bestimmungen die Güterverbindung oder Gütergemeinschaft in den gesetzlichen Güterstand, sind die Bestimmungen des alten Türkischen Zivilgesetzbuches für die Beendigung des Güterstandes anzuwenden.

V. Gesetz über das internationale Privat- und Zivilverfahrensrecht, Gesetz Nr. 5718 v 27.11.2007 (Auszug)[676]

1. Teil Internationales Privatrecht

1. Abschnitt Allgemeine Bestimmungen

Art 1

(1) Das auf privatrechtliche Geschäfte und Beziehungen mit Auslandsberührung anzuwendende Recht, die internationale Zuständigkeit der türkischen Gerichte sowie die Anerkennung und Vollstreckung ausländischer Entscheidungen werden durch dieses Gesetz geregelt.

(2) Die Bestimmungen internationaler Verträge, bei denen die Republik Türkei Vertragspartner ist, bleiben unberührt.

Art 2

(1) Das Gericht wendet die Regeln des türkischen Kollisionsrechts und das nach dessen Regeln maßgebende ausländische Recht von Amts wegen an. Das Gericht kann bei der Feststellung des zur Anwendung berufenen Rechts die Hilfe der Parteien in Anspruch nehmen.

(2) Wenn trotz aller Bemühungen die betreffenden Regeln des auf den Fall anzuwendenden ausländischen Rechts nicht ermittelt werden können, wird türkisches Recht angewandt.

---

676 R.g. Nr. 26728 v 12.12.2007, Übersetzung aus Rumpf/Odendahl, in: Bergmann/Ferid/Henrich, Internationales Ehe- und Kindschaftsrecht mit Staatsangehörigkeitsrecht, Länderbericht Türkei, S. 51–59, Abdruck mit freundlicher Genehmigung des Verlags.

(3) Verweisen die Kollisionsregeln des ausländischen Rechts auf ein anderes Recht, so wird dies nur bei personen- oder familienrechtlichen Konflikten beachtet und werden die Sachnormen dieses Rechts angewendet.
(4) Soweit Rechtswahl möglich ist, werden die Sachnormen des gewählten Rechts angewendet, falls die Parteien nicht ausdrücklich etwas anderes vereinbart haben.
(5) Besteht der Staat, dessen Recht anzuwenden ist, aus zwei oder mehr regionalen Einheiten mit unterschiedlichen Rechtsordnungen, so richtet sich die Anwendbarkeit des regionalen Rechts nach den Bestimmungen des Rechts dieses Staates. Enthält das Recht dieses Staates keine Bestimmung, wird im Falle eines Konflikts dasjenige regionale Recht angewendet, zu welchem die engste Verbindung besteht.

2. Abschnitt Kollisionsregeln

Art. 15
(1) Die Ehegatten können hinsichtlich ihres ehelichen Vermögens ausdrücklich das Recht ihres Aufenthaltes oder eines ihrer im Zeitpunkt der Eheschließung geltenden Heimatrechte wählen; ist eine solche Wahl nicht getroffen worden, findet das im Zeitpunkt der Eheschließung geltende gemeinsame Heimatrecht, wenn ein solches nicht gegeben ist, das im Zeitpunkt der Eheschließung am gemeinsamen Aufenthaltsort geltende Recht oder, falls auch ein solcher nicht vorhanden ist, das türkische Recht Anwendung.
(2) Bei der güterrechtlichen Auseinandersetzung findet bei unbeweglichem Vermögen das Recht des Ortes der Belegenheit Anwendung.
(3) Ehegatten, für die sich nach der Eheschließung ein gemeinsames Recht ergibt, können sich unter Vorbehalt der Rechte Dritter diesem neuen Recht unterstellen.

VI. Verzeichnis der Literatur in türkischer Sprache

Acabey, Mehmet Beşir, Evliliğin Genel Hükümleri ve Yasal Mal Rejimi, Yeni Medeni Kanuna Göre Yasal Mal Rejimi, in: 4721 Sayılı Türk Medeni Kanunun Hukuk Yapısındaki Yenilikleri, Hsg.: Muğla Barosu, Muğla 2002 (zit: Acabey 2002)

Acabey, Mehmet Beşir, Edinilmiş Mallara Katılma Rejiminde Mal Grupları, İspat Kuralları ve Eşlerin Paylı Mülkiyet Altındaki Mallara İlişkin Düzenlemeler, in: DEÜ Hukuk Fakültesi Dergisi Bd. 7, 2007 Sonderheft, S. 491–534 http://hukuk.deu.edu.tr/dosyalar/dergiler/dergimiz9ozel/bacabey.pdf (2.12.2016) (zit: Acabey 2007)

Acar, Faruk, Aile Konutu, Mal Rejimleri, Eşin Yasal Miras Payı, 5. Aufl., Ankara 2016

Akçin, Fahri, Eşler Arasındaki Mal Rejiminin Tasfiyesi Davalarında Uygulamalar, in: Medeni Kanun'un ve Borçlar Kanunu'nun 90. Yılı Uluslararası Sempozyumu, Bd. 1, Ankara 2017, S. 187–202 (zit: Akçin 2016)

Akçin, Fahri, Mal Rejiminin Tasfiye Davalarında Yargıtay Uygulamaları, EÜHF Sempozyum Dergisi, Özel Hukukun Güncel Meseleleri Sempozyumu I, Türk Medeni Hukukunda Evlilik Birliğinde Mal Rejimleri, C.1, S. 1, 2019, S. 155–162 (zit: Akçin 2019)

Akdeniz, Ayşe Ledün,, Edinilmiş Mallara Katılma Rejiminin Tasfiyesinde Edinilmiş Malları ile Kişisel Malların Denkleştirilmesi, Professor Hasan Ermana Armağan, Istanbul 2015, S. 2–20

Akıncı, Ziya/ Demir Gökyayla, Cemile, Milletlerarası Aile Hukuku, Istanbul 2010

Akıntürk, Turgut/Ateş, Derya, Türk Medenî Hukuku, İkinci Cilt, Aile Hukuku, 19. Aufl., Istanbul 2016

Aldemir, İpek Betül, Edinilmiş Mallara Katılms Rejiminde Taraf İradelerinin Etkisi, Istanbul 2018

Ateş, Turan, Edinilmiş (Kazanılmış) Mallara Katılma Rejimi, 3. Aufl., Ankara 2013

Başöz, Lütfü / Çakmacı, Ramazan, Türk Medenî Kanunu, 2. Aufl. Istanbul 2001

Başpınar, Veysel, Türk Medeni Kanununda Aile Hukukunda Yapılan Değişiklikler ve Bu Konuda Bazı Önerilerimiz, AUHFD 2003, 79–101

Büyüktanır, Tahir, Eşler Arasında Mal Rejimi, Ankara ABD, 1998/2, S. 49 (zit: Büyüktanır 1998)

Büyüktanır, Tahir, Eşler Arasında Yasal Mal Rejimi, ABD 2002/1, S. 103 (zit: Büyüktanır 2002)

Can, Hacı/Toker, Ali Gümrah, Milletlerarası Özel Hukuk, 3. Aufl. Ankara 2018 (zit.: Can/Toker)

Çelebi, Ali Ergin, Şirketlerde Ortaklık Payı Kazanılmasının Edinilmiş Mallara Katılma Rejiminde Eşlerin Malvarlığına Etkisi, TBBD Nr. 133, 2017, S. 423–448

Çelikel/Erdem, Milletlerarası Özel Hukuk, 14. Aufl., Istanbul 2016

Demir, Mehmet, Türk Medeni Kanunu'na Göre Edinilmiş Mallara Katılma Rejiminde Değer Artış Payı ve Denkleştirme Alacağı, TBBD Nr. 61, 2005, S. 292–303

Demir, Şamil, Edinilmiş Mallara Katılma Rejiminde Artık Değerin Hesaplanması ve Paylaştırılması, ABD 2014, 246–269 http://www.ankarabarosu.org.tr/siteler/ankarabarosu/tekmakale/2014-1/7.pdf

Dural, Mustafa/ Öğüz, Tufan/ Gümüş, Alper, Türk Özel Hukuku, Bd. III, Aile Hukuku, 13. Aufl., Istanbul 2018

Ekşi, Nuray, 5718 Sayılı Milletlerarası Özel Hukuk ve Usul Hukuku Hakkında Kanun'a İlişkin Yargıtay Kararları, Istanbul 2010

Erdönmez, Güray, Belgelerin İbrazı Mecburiyeti, Istanbul 2014

Ertaş, Şeref, Eski Medeni Kanun Zamanında Evlenen Kişilerin Mal Rejimi Tasfiyesinde Bazı Hukuki Sorunlar, DEÜHFD Bd. 15, Sonderheft 2013, S. 915–932 http://hukuk.deu.edu.tr/dosyalar/dergiler/dergimiz-15-ozel/2-ozel/1-serefertas.pdf

Ersen Perçin, Gizem, Milletlerarası Özel Hukuk Bakımından Mal Rejimleri, Istanbul 2014

Gençcan, Ömer Uğur, Mal Rejimleri, Ankara 2002 (zit: Gençcan 2002)

Gençcan, Ömer Uğur, Olağanüstü Mal Rejimi ve Artık Değer, in: Edinilmiş Mallara Katılma Rejimi ve Uygulama Sorunları, İstanbul Ticaret Üniversitesi, Istanbul 2007, S. 84–91 (zit: Gençcan 2006)

Gençcan, Ömer Uğur, Mal Rejimleri Hukuku, 5. Aufl., Ankara 2018 (zit: Gençcan 2018)

Gençcan, Ömer Uğur, Mal Rejimleri Hukuku, 6. Aufl., Ankara 2019 (zit: Gençcan 2019)

Gümüş, Mustafa Alper, Evliliğin Genel Hükümleri ve Mal Rejimleri (TMK m 185–281), Istanbul 2008 (zit: Gümüş 2008)

Gümüş, Mustafa Alper, Edinilmiş Mallara Katılma Rejiminin Tasfiyesinde Kaç Tanı Artık Değer Doğar, YÜHFD Bd. VI, Nr. 1, 2009, S. 91 (zit: Gümüş 2009)

Günarslan, Banu Fatma, Edinilmiş Mallara Katılma Rejiminde Değer Artış Payı Alacağı, Istanbul 2017

Hausheer, Heinz, Türk-İsviçre Hukuk Topluluğunda Özellikle Aile Hukuku Alanında İlişkin Müşterek Çalışmalara Yönelik Görüşler ve İstekler, Übers.: Bilge Öztan, TBBD Sayı 76, 2008, S. 201–216 (zit: Hausheer/Öztan)

İnal, Nihat, Bosanma, Nafaka, Esya, Ankara1998

Kabadayı Tatar, Elif, Edinilmiş Mallara Katılma Rejiminde Artık Değer Hesabı ve Artık Değere Katılma, Yüksek-Lisans-Arbeit an Universität Ankara, Ankara 2015 http://elifkabadayitatar.com/makale/makale12.pdf (2.12.2016)

Kaçak, Nazif, Boşanmada Mal ve Paraların Paylaşımı, 3. Auflage, Ankara 2012

Karaca, Hilâl,, Edinilmiş Mallara Katılma Rejimi Çerçevesinde Kişisel Mallar, http://www.turkhukuksitesi.com/makale_608.htm, https://www.jurix.com.tr/article/7704 (18.1.2018)

Karamercan, Fatih, Katkı- Değer Artış Payı & Katılma Alacağı Davaları, 4. Aufl., Ankara 2018 (zit: Karamercan 2018)

Karamercan, Fatih, Katkı- Değer Artış Payı & Katılma Alacağı Davaları, 5. Aufl., Istanbul 2019 (zit. Karamercan 2019)

Kayış, Ferhat, Eşlerden Birinin Ölümünün Boşanma Davasına, Edinilmiş Mallara Katılma Rejiminin Tasfiyesine ve Miras Hakkına Etkisi, Terazi Hukuk Dergisi, Nr. 67, März 2012, S. 14–28, zit. n. www.jurix.com.tr/article/1532 (18.1.2018)

Kılıçoğlu, Ahmet M., Türk Medeni Kanunumuzun Getirdiği Yenilikler, 3. Aufl., Ankara 2014 (zit: Kılıçoğlu 2014)

Kılıçoğlu, Ahmet M., Katkı-Katılma Alacağı, 6. Aufl., Ankara 2016, (zit: Kılıçoğlu 2016)

Kılıçoğlu, Ahmet M., Aile Hukuku, 3. Aufl., Ankara 2017 (zit: Kılıçoğlu 2017)

Kılıçoğlu Yılmaz, Kumru, Paylaşmalı Mal Ayrılığı, Terazı Hukuk Dergisi, Nr. 99, November 2014, S. 31–40, zit. n. www.jurix.com.tr/article/2505 (18.1.2018)

Kırmızı, Mustafa, Edinilmiş Mallara Katılma Rejimi ve Aile Konutu, Istanbul 2012 (zit: Kırmızı 2012)

Kırmızı, Mustafa,, Edinilmiş Mallara Katılma Rejimi ve Aile Konutu, 2. Aufl., Istanbul 2018 (zit: Kırmızı)

Kural, Jale, Yasal Mal Rejimi, Ankara Barosu Hukuk Gündemi Dergisi, 2005 Heft 2, S. 24–29

Midyat, Nuri Aziz, Edinilmiş Mallara Katılma Rejiminde Değer Artış Payı, Istanbul 2017 (zit: Midyat 2017)

Midyat, Nuri Aziz, Katkı Pay, Katılma Alacağı ve Değer Artış Pay Alacağına İlişkin Yargıtay Kararlarının Değerlendirilmesi, in: Baki İlkay Engin (Hsg.),

Medeni Hukuk Alanındaki Güncel Yargıtay Kararlarının Değerlendirilmesi Sempozyumları, Cilt II Aile Hukuku 20 Nisan 2017, Istanbul 2019 (zit: Midyat 2019)

Moroğlu, Nazan, Yargıtay Kararları Işığında Eşlerarası Mal Rejimi, in: Tuzcuoğlu/Cihan (Hsg.), Yargıtay Kararları Işığında Güncel Medeni Hukuk Problemleri Sempozyonu Bildirileri, Istanbul 2019 (zit: Moroğlu Yargıtay)

Moroğlu, Nazan, Mal Rejimlerinin Uygulama Sürecinde Gelişmeler, in: Türk Hukukçu Kadınlar Derneğinin 50. Kuruluş Yıldönümü Sempozyum Kitabı, Istanbul 2019 (zit: Moroğlu Kadınlar)

Mortaş, Süleyman, Yargısal Anlayışlar Işığında Eşler Arasında Mal Rejimleri, Ankara 2015

Nomer, Ergin, Devletler Hususî Hukuku, 21. Aufl., Istanbul 2015

Odendahl, Hanswerner, Türk Medeni Kanunu'nun Yeni Mal Rejimleri Hükümleri, Eksiklikleri ve Sorunları üzerine bir Karşılaştırma, in: Festschrift für Gözübüyük, Ankara 2005, S. 475–496 (zit: Odendahl 2005)

Odendahl, Hanswerner, Edinilmis Mallara Katılma Rejiminin Alman Yasal Mal Rejimi ile Karşılaştırması, in: Uygulamalı Aile Hukuku Sertifika Programi III, Istanbul Ticaret Üniversitesi Yayınları, Istanbul 2007, S. 113–121 (zit: Odendahl 2006)

Odendahl, Hanswerner, Aile Hukukunda Yeni MÖHUK'nun Etkileri, Festschrift für Fırat Öztan, Ankara 2010, S. 1497 (zit: Odendahl 2010)

Özdamar, Demet/ Kayış, Ferhat/ Yağcıoğlu, Burcu/ Akgün, Aliye, Yasal Mal Rejimi ve Tasfiyesi, 5. Aufl., Ankara 2019 (zit: Özdamar/Kayış)

Özdoğan, Ayça, Yasal Mal Rejiminin Tasfiyesinde Yargıtay Uygulamaları, in: EÜHF Sempozyum Dergisi, Özel Hukukun Güncel Meseleleri Sempozyumu I, Türk Medeni Hukukunda Evlilik Birliğinde Mal Rejimleri, C.1, S. 1, 2019, S. 163–191

Özer Deniz, Miray, Edinilmiş Mallara katılma Rejiminin Sona Ermesi ve Tasfiyesi, Istanbul 2016

Özkan, Hasan, Türk Medeni Yasası ve Uygulaması II, Aile Hukuku, Istanbul 2017

Öztan, Bilge, Aile Hukuku, Ankara 2015 (zit: Öztan 2015)

Öztekin Gelgel, Günseli/ Erdem, B. Bahadır, Milletlerarası Özel Hukuk ve Usul Hukuku Hakkında Kanun, Istanbul 2016

Özuğur, Ali Ihsan, Mal Rejimleri, 8. Aufl., Ankara 2015

Pehlivan, Metin, Edinilmiş Mallara Katılma Rejiminin Sona Erme Sebepleri ve Sona Erme Anının Önemi, KÜİİBFD 2017 Cilt 6, Sayı 2, S. 67–83

Sarı, Suat, Edinilmiş Mallara Katılma Rejimi, Istanbul 2007

Sonsuzoğlu, Elif, Mal Rejimi Düzenlemeleri ve Vergi Hukukundaki Etkileri, Istanbul 2006

Şanlı, Cemal/ Esen, Emre/ Ataman-Figanmeşe, İnci., Milletlerarası Özel Hukuk, 7. Aufl. Istanbul 2019

Şenocak, Zarife, Edinilmiş Mallara Katılma Rejiminde Artık Değere Katılma ilgili Mal Rejimi Sözleşmeleri ve Tenkisi, in: AUHF 2009, 377–413

Şensöz, Ebru, 27.11.2007 Tarih ve 5718 Sayılı MÖHUK Uyarınca Yabancılık Unsuru Taşıyan Evlilik Mallarına İlişkin İhtilaflarda Uygulanacak Hukuk, İTÜSBD Jg.1 Nr. 16 Güz 2009, S. 200

Şimşek, Mustafa, Uygulamada Mal Rejimi Davaları, TBBD, 2012, S. 381–401

Şıpka, Şükran, Tasfiye ve Katılma Alacağını Talep Hakkında İlişkin Zamanaşımı Süreleri, in: Festschrift für Bilge Öztan, Ankara 2008, S. 839–849, (zit: Şıpka 2008)

Şıpka, Şükran, Edinilmiş Mallara Katılma Rejimi ve Uygulamaya İlişkin Sorunlar, Istanbul 2011 (zit: Şıpka 2011)

Şıpka, Şükran,, Edinilmiş Mallara Katılma Rejiminin Yasalaşma Süreci ile Yürürlüğe İlişkin Sorunlar, in: Edinilmiş Mallara Katılma Rejimi ve Uygulama Sorunları, İstanbul Ticaret Üniversitesi, Istanbul 2007, S. 5–18 (zit: Şıpka 2006)

Şıpka, Şükran (Hg.), Aile Hukuku Derneği Mal Rejimleri Çalıştayı 26–27 Nisan 2019, Istanbul 2019

Şıpka, Şükran/Özdoğan, Ayca, Eşler arasındaki Malvarlığı Davaları, Istanbul 2015 (zit: Şıpka/Özdoğan 2015)

Şıpka, Şükran/Özdoğan, Ayca, Eşler arasındaki Malvarlığı Davaları, 2. Aufl., Istanbul 2017 (zit: Şıpka/Özdoğan 2017)

Tekinalp, Gülören, Milletlerarası Özel Hukuk- Bağlama Kuralları, 11. Aufl., Istanbul 2011

Tekinalp, Gülören/ Uyanık, Ayfer, Milletlerarası Özel Hukuk – Bağlama Kuralları, 12. Aufl., Istanbul 2016

Toker, Ali Gümrah/Ruhi, Ahmet Cemal, Milletlerarası Özel Hukuk ve Usul Hukuku Hakkında Kanun, Istanbul 2019 (zit: Toker/Ruhi)

Tutumlu, Mehmet Akif, Teorik ve Pratik Boşanma Yargılama Hukuku, Ankara 2005

Ünlütepe, Mustafa, Evlilik Birliğinin Temelinden Sarsılması Sebebine Dayalı Boşanma, Ankara 2019

Uğur, Ahmet, Mal Ayrılığı ve Edinilmiş Mallara Katılma Rjiminde, Katkı ve Katılım Alacağı Hesabı, IBD 2015, S. 52–64

Uluç, Yusuf, Mal Rejimleri ve Tasfiyesi, Ankara 2014

Uyar, Talih/ Uyar, Alper/ Uyar, Cüneyt, Türk Medeni Kanunu, Aile Hukuku, Ankara 2016 (zit: Uyar)

Uysal, Cüneyt, Yargıtay Karaları Işığında Boşanma Hukukunda Sözleşme Özgürlüğünün Sınırları, Terazi Hukuk Dergisi Nr. 101, Januar 2015, S. 141–154, zit. n. www.jurix.com.tr./article/2590 (18.1.2018)

Uzun, Neşe, Edinimiş Mallara Katılma Rejiminin Diğer Rejimleriyle ile Karşılaştırması, Yüksek-Lisans-Arbeit an der Bahçeşehir-Universität, Istanbul 2009 http://www.mutlugiluzun.com/AllFiles/files/NeseMutlugil-Tez.pdf (2.12.2016)

Yavuz, Nihat, Nafaka, Nişan, ve Eşlerin Katkı Payı ile İlgili Davalar, Ankara 2008

Zevkliler, Aydın, 4721 sayılı Türk Medeni Kanunu Tasarısında Yer Alan Mal Rejimleri ile İlgili Hükümlerin Kabulü Sırasında Komisyonda yapılan Görüşmeler, in: Medeni Kanun'un ve Borçlar Kanunu'nun 90. Yılı Uluslararası Sempozyumu, Bd. 1, Ankara 2017, S. 99–106

Zeytin, Zafer, Edinilmiş Mallara Katılma Rejimi ve Tasfiyesi, 3. Aufl. Ankara 20017 (zit: Zeytin 2017)

VII. Verzeichnis der Literatur in deutscher Sprache

Bandak, Hülya, Die Rezeption des schweizerischen Zivilgesetzbuches in der Türkei, Bielefeld 2008

Basler Kommentar, Zivilgesetzbuch I, Art. 1–456, 5. Aufl. Basel 2014, (zit: BK-Hausheer/Aebi-Müller)

Bauer, Robert, Die Neuerungen im ehelichen Güterrecht, Frankfurt 2013

Bergschneider, Ludwig (Hsg.), Familienvermögensrecht, 3. Aufl. Bielefeld 2016 (zit: Bergschneider-Bearbeiter/in)

Büchler, Andrea/Vetterli, Rolf, Ehe Partnerschaft Kinder, 3. Aufl. Basel 2018

Çataltepe, Gülay, Türkisches Eherecht, Wien 2014

Dannemann, Gerhard, Die ungewollte Diskriminierung in der internationalen Rechtsanwendung, Tübingen 2004

Dauner-Lieb, Barbara, Anforderungen an ein Konzept für einen Güterstand der Errungenschaftsgemeinschaft in Deutschland – Thesen und offene Fragen, in: Brudermüller/Dauner-Lieb/Meder (Hg.), Wer hat Angst vor der Errungenschaftsgemeinschaft?, Göttingen 2013, S. 47–66 (zit: Dauner-Lieb Errungenschaftsgemeinschaft)

Dauner-Lieb, Barbara, Unternehmensbezogene Verträge in der Familie. Aufgaben des Privatrechts, in: Röthel (Hg.), Verträge in der Unternehmerfamilie, Tübingen 2014, S. 181–196 (zit: Dauner-Lieb Eheverträge)

Dauner-Lieb, Barbara, Die höchstrichterliche Rechtsprechung zur Ehegatteninnengesellschaft, FuR 2009, 361–371 (zit: Dauner-Lieb Ehegatteninnengesellschaft)

Dehm, Helga, Der deutsche und der schweizerische gesetzliche Güterstand im Vergleich, Frankfurt 1999

Demirel, Özkan, Der Geschiedenenunterhalt und das nacheheliche Güterrecht in der Türkei im Rechtsvergleich mit Österreich, Diplomarbeit, Innsbruck 2012

Erman (Hsg.), Kommentar zum BGB, 15. Aufl., Köln 2017 (zit: Erman-Bearbeiter)

Emmerling de Oliveira, Nicole/ Heggen, Marc, Türkische Mandanten im Notariat, Notar 2011, 39

Hausheer, Heinz, Schuldrechtliche Rechtsgeschäfte und Familienrechtliche Leistungen unter Ehegatten insbesondere unbenannte Zuwendungen und ehebezogene Arbeitsleistungen in rechtsvergleichender Sicht, in: Festschrift für

Dieter Henrich zum 70. Geburtstag, Bielefeld 2000, S. 219–239 (zit: Hausheer Rechtsvergleich)

Hausheer, Heinz, Bemerkungen und Desiderata betreffend die Zusammenarbeit in der türkisch-schweizerischen „Rechtsgemeinschaft“ insbesondere im Bereich des gemeinsamen Familienrechts, in: Kieser/Meier/Stoffel (Hsg.), Revolution islamischen Rechts, Zürich 2008, S. 209–222 (zit: Hausheer Revolution)

Hausheer, Heinz/ Geiser, Thomas/Aebi-Müller, Regina, Das Familienrecht des Schweizerischen Zivilgesetzbuches, 6. Aufl., Bern 2018

Hoppenz, Rainer, Ehegatteninnengesellschaft, Kooperationsvereinbarung, Zuwendung, in: Neunzehnter Deutscher Familiengerichtstag vom 14. Bis 17. September 2011 in Brühl, Bielefeld 2012, S. 57–75

Hegnauer, Cyril, Das neue schweizerische Eherecht, FamRZ 1986, 317–322

Henrich, Dieter, Das internationale Eherecht nach der Reform, FamRZ 1986, 841

Herr, Thomas, Nebengüterrecht, München 2013

Hirsch, Ernst E., Rezeption als sozialer Prozess, Berlin 1981

Giambrone, Filippo Luigi, Einige Aspekte zu den Begriffen Errungenschaft und Eigengut im türkischen gesetzlichen Güterstand der Errungenschaftsbeteiligung, in: Annales de la Faculté de Droit d’Istanbul, Bd. 46, Ausg. 63, 2014, S. 285–305

Köksal, Mehmet, Türkisches Zivilgesetzbuch, Istanbul 2016

Langenfeld, Gerrit, Zur Fallgruppenbildung in der Kautelarjurisprudenz, FamRZ 1987, 9

Malkoç, Sertan/ Han, Gülay, Das neue türkische Zivilgesetzbuch- der gesetzliche Güterstand der Errungenschaftsbeteiligung, FuR 2003, 347–353

Mordasini, Claudia M./ Sutter-Somm, Thomas, Güterrechtliche Behandlung des Konzerns im Eigentum eines Ehegatten, FamPra 2018, 277–296

Münchener Kommentar, BGB, 7. Aufl. München 2018 (zit: MüKo-Bearbeiter)

Näf-Hofmann, Marlies/ Näf-Hofmann, Heinz, Schweizerisches Ehe- und Erbrecht, Zürich 1998

Naumann, Hanno, Grundzüge des neuen türkischen Ehegüter- und Erbrechts, Rheinische Notarzeitschrift 2003, 343

Odendahl, Hanswerner, Die Zerrüttungsscheidung nach Art. 134 des türkischen ZGB und die deutschen Familiengerichte, FamRZ 2000, 462 (zit: Odendahl 2000)

Odendahl, Hanswerner, Das neue türkische Ehegüterrecht, FamRZ 2003, 648 (türkisch in der Festschrift für Gözübüyük, Ankara 2005, S. 475–496) (zit: Odendahl 2003)

Odendahl, Hanswerner, Auswirkungen des neuen türkischen IPR-Gesetzes, FamRZ 2009, 567–572 (zit: Odendahl 2009)

Odendahl, Hanswerner, Die Bedeutung neuer internationaler IPR-Normen im Familien- und Erbrecht für Fälle mit Türkeibezug, IPRax 2018, S. 450–455 (zit: Odendahl 2018)

Odendahl, Hanswerner/Kortak, Tijen, Ehegattenerbrecht zwischen Deutschland und der Türkei, FamRBInt 2010, 12

Özen, Kasım/ Odendahl, Hanswerner, Der Bedürftigkeitsunterhalt nach Art. 175 TZGB, Teil I, FamRBInt 2010, 33–41

Öztan, Bilge, Der gesetzliche Güterstand in der Türkei, in: Henrich/Schwag (Hrsg.), Eheliche Gemeinschaft, Partnerschaft und Vermögen im europäischen Vergleich, Bielefeld 1999, S. 311–335 (zit: Öztan 1999)

Öztan, Bilge, Entwicklungen im türkischen Eherecht, in: Breitschmid/Ansay (Hrsg.) 100 Jahre Schweizerisches ZGB- 80 Jahre Türkisches ZGB, Berlin 2008, S. 47–60 (zit: Öztan 2008)

Rieck, Jürgen, Islamische Eheverträge, Bundesverwaltungsamt 2011, https://www.bva.bund.de/SharedDocs/Downloads/DE/BVA/BuergerVerbaende/Auswanderung/Publikationen/Islamische_Ehevertr%C3%A4ge_Download.pdf?__blob=publicationFile&v=1 (18.5.2018)

Rumpf, Christian/ Odendahl, Hanswerner, Länderbericht Türkei in: Bergmann/Ferid/Henrich, Internationales Ehe- und Kindschaftsrecht, 221. Lfg. Frankfurt 2017 (zit: Rumpf/Odendahl)

Rumpf, Christian, Gutachten f. AG Ludwigsburg Az. 2 F 1131/13 vom 19.12.2014 (http://www.tuerkei-recht.de/downloads/Gutachten_AG_Ludwigsburg_15_II_IPRG.pdf) (30.1.2017)

Rumpf, Christian, Gutachten f. AG Rottweil v. 6.9.2016, Az. 4 F 333/14, www.tuerkei-recht.de/downloads/AG%20Rottweil_Gutachten_2016-09-06.pdf (12.11.2019)

Saltaş-Özcan, Figen, Die Scheidungsfolgen nach türkischem materiellen Recht, Frankfurt 2002

Schaal, Daniel, Verfügungsbeschränkungen bei Verfügungen über in Deutschland belegenen Grundbesitz durch verheiratete türkische oder ehemals türkische Staatsangehörige, BWNotZ 2009, 172–180

Staudinger (Hsg.), Kommentar zum BGB, Familienrecht, Berlin 2017; Einleitung zum IPR Berlin 2019; Internationales Eherecht, Berlin 2011; Internationales Unterhaltsrecht, Berlin 2016; Internationales Erbrecht, Berlin 2007; Internationales Sachenrecht, Berlin 2015 (zit: Staudinger-Bearbeiter)

Sturm, Fritz, Das neue Schweizer Ehegüterrecht, FamRZ 1993, 755–761

Süß/Ring (Hsg.), Eherecht in Europa, 3. Aufl. Bonn 2017

Şeker, Muzaffer, Der türkische und der schweizerische gesetzliche Güterstand im Vergleich, Freiburg 2006 (zit: Şeker 2006)

Şeker, Muzaffer, Der revidierte gesetzliche Güterstand der Errungenschaftsbeteiligung in der Türkei, FamRZ 07, 1779 (zit: Şeker 2007)

Şeker, Muzaffer, Die im Laufe der Zeit, begründet auf gesellschaftliche und kulturelle Besonderheit, entstanden und noch entstehenden unterschiedlichen Interpretationen zwischen der schweizerischen und türkischen Lehre in Bezug auf den gesetzlichen Güterstand der Errungenschaftsbeteiligung, Annales Jur. Fak. Istanbul Bd. 39, 2007, 347 (zit: Şeker Interpretationen)

Şıpka, Şükran, Die neuen Familiengerichte in der Türkei, FamRZ 2004, 855 (zit: Şıpka 2004)

Şıpka, Şükran, Die Auseinandersetzung der Errungenschaftsbeteiligung im Lichte der Entscheidungen des Kassationshofs, in: Dönmez/Dönmez/Martini [Hsg.], Türkisch-Deutscher Familienrechtskongress 23.-25. Mai 2013, Saarbrücken 2014, S. 110–121 (zit: Şıpka 2013)

Tarman, Zeynep Derya, Die eherechtlichen Kollisionsnormen im türkischen Recht, StAZ 2013, 206

Wever, Reinhardt, Ehebezogene Zuwendung, Ehegatteninnengesellschaft und Kooperationsvertrag: Handlungsbedarf für den Gesetzgeber, FamRZ 2019, 1289–1296

Yarayan, Ali, Das Ehegüterrecht nach türkischem Recht in der deutschen Rechtspraxis, NZFam 2016, 1147

Zeytin, Zafer, Fünfzehn Jahre Türkisches Zivilgesetzbuch, NZFam 2016, S. 450–454 (zit: Zeytin 2016)

STUDIEN ZUM VERGLEICHENDEN UND INTERNATIONALEN RECHT

Herausgeber: Bernd von Hoffmann (†), Erik Jayme, Heinz-Peter Mansel, Christine Budzikiewicz, Michael Stürner, Karsten Thorn und Marc-Philippe Weller

Band 1 Ferdinand Henke: Die Datenschutzkonvention des Europarates. 1986.

Band 2 Peter Czermak: Der express trust im internationalen Privatrecht. 1986.

Band 3 Peter Kindler: Der Ausgleichsanspruch des Handelsvertreters im deutsch-italienischen Warenverkehr. Eine rechtsvergleichende und kollisionsrechtliche Untersuchung. 1987.

Band 4 Wilhelm Denzer: Stellung und Bedeutung des Engineers in den FIDIC-Bauvertragsbedingungen. 1988.

Band 5 Marijan-Maximilian Lederer: Die internationale Enteignung von Mitgliedschaftsrechten unter besonderer Berücksichtigung der französischen Enteignungen 1982. 1989.

Band 6 Rainer Esser: Klagen gegen ausländische Staaten. 1990.

Band 7 Chang Jae-Ok: Auf dem Weg zu einer Materialisierung des Immateriellen? Personen-, Persönlichkeitsschutz und Geldersatz des immateriellen Schadens in rechtsvergleichender Hinsicht am Beispiel des koreanischen und japanischen Zivilrechts unter besonderer Berücksichtigung des deutschen Rechts. 1990.

Band 8 Paul-Frank Weise: Lex mercatoria. Materielles Recht vor der internationalen Handelsschiedsgerichtbarkeit.1990.

Band 9 Werner Born: Der Auftrittsvertrag für Musikgruppen im Bereich der Rock- und Popmusik. 1990.

Band 10 Ralf Erich Jürgens: IPR und Verfassung in Italien und in der Bundesrepublik Deutschland. 1990.

Band 11 Rainer Gildeggen: Internationale Schieds- und Schiedsverfahrensvereinbarungen in Allgemeinen Geschäftsbedingungen vor deutschen Gerichten. 1991.

Band 12 Klaus Grabinski: Die kollisionsrechtliche Behandlung des Durchgriffs bei rechtlich verselbständigten Unternehmen in privater oder öffentlicher Hand. 1991.

Band 13 Dieter Stummel: Konkurs und Integration. Konventionsrechtliche Wege zur Bewältigung grenzüberschreitender Insolvenzverfahren. 1991.

Band 14 Joachim Güntzer: Die Rechtsstellung des Geschäftsführers im spanischen Aktienrecht. Die Neuregelung des spanischen Aktienrechts nach dem Beitritt Spaniens zur EG. 1991.

Band 15 Sabine Isenburg-Epple: Die Berücksichtigung ausländischer Rechtshängigkeit nach dem Europäischen Gerichtsstands- und Vollstreckungsübereinkommen vom 27.9.1968. Untersuchungen zum Anwendungsbereich von Art. 21 EuGVÜ unter schwerpunktmäßiger Behandlung der Frage nach der Bestimmung eines europäischen Streitgegenstandsbegriffs. 1992.

Band 16 Ulrich Nickl: Die Qualifikation der culpa in contrahendo im Internationalen Privatrecht. 1992.

Band 17 Theo Rauh: Leistungserschwerungen im Schuldvertrag. Eine rechtsvergleichende Untersuchung des englischen, US-amerikanischen, französischen und deutschen Rechts unter besonderer Berücksichtigung der gerichtlichen Praxis. 1992.

Band 18 Bernadette Chaussade-Klein: Vorvertragliche "obligation de renseignements" im französischen Recht. 1992.

Band 19 Josef Sievers: Verbraucherschutz gegen unlautere Vertragsbedingungen im französischen Recht. Vom Code civil zum "Code de la consommation" – die Entstehung eines Sonderprivatrechts für Verbraucher. 1993.

Band 20 Achim Schäfer: Grenzüberschreitende Kreditsicherung an Grundstücken, unter besonderer Berücksichtigung des deutschen und italienischen Rechts. 1993.

Band 21 Eugenio Hernández-Breton: Internationale Gerichtsstandsklauseln in Allgemeinen Geschäftsbedingungen. Unter besonderer Berücksichtigung des deutsch-südamerikanischen Rechtsverkehrs (dargestellt am Beispiel Argentinien, Brasilien und Venezuela). 1993.

Band 22 Ingo Reng: Unterhaltsansprüche aufgrund nichtehelicher Lebensgemeinschaft – Internationales Privatrecht und ausländisches materielles Recht. 1994.

Band 23 Stefanie Roloff: Die Geltendmachung ausländischer öffentlicher Ansprüche im Inland. 1994.

Band 24 Katharina Ludwig: Der Vertragsschluß nach UN-Kaufrecht im Spannungsverhältnis von Common Law und Civil Law. Dargestellt auf der Grundlage der Rechtsordnungen Englands und Deutschlands. 1994.

Band 25 Malte Diesselhorst: Mehrparteienschiedsverfahren. Internationale Schiedsverfahren unter Beteiligung von mehr als zwei Parteien. 1994.

Band 26 Manfred Kost: Konsensprobleme im internationalen Schuldvertragsrecht. 1995.

Band 27 Wolff-Heinrich Fleischer: Das italienische Wettbewerbsrecht und die Probleme des selektiven Parfümvertriebs unter Berücksichtigung der Rechtslage in Frankreich und Deutschland. 1995.

Band 28 Angelika Fuchs: Lateinamerikanische Devisenkontrollen in der internationalen Schuldenkrise und Art. VIII Abschn. 2 b) IWF-Abkommen. 1995.

Band 29 Jacques Matthias Aull: Der Geltungsanspruch des EuGVÜ: "Binnensachverhalte" und Internationales Zivilverfahrensrecht in der Europäischen Union. Zur Auslegung von Art. 17 Abs. 1 S. 1 EuGVÜ. 1996.

Band 30 Hartmut Ost: EVÜ und fact doctrine. Konflikte zwischen europäischer IPR-Vereinheitlichung und der Stellung ausländischen Rechts im angelsächsischen Zivilprozeß. 1996.

Band 31 Stefan Wagner: Die Testierfähigkeit im Internationalen Privatrecht. 1996.

Band 32 Wolfgang Jakob Hau: Positive Kompetenzkonflikte im Internationalen Zivilprozeßrecht. Überlegungen zur Bewältigung von *multi-fora disputes*. 1996.

Band 33 Markus Schütz: UN-Kaufrecht und *Culpa in contrahendo*. 1996.

Band 34 Volker Geyrhalter: Das Lösungsrecht des gutgläubigen Erwerbers. Ein "vergessener" Kompromiß und die Auswirkungen auf das heutige deutsche Recht unter besonderer Berücksichtigung des internationalen Sachenrechts. 1996.

Band 35 Andreas Kramer: Abwicklungsstörungen bei Kaufverträgen. Die Lieferung vertragswidriger Sachen im deutschen und italienischen Recht. 1996.

Band 36 Petra Krings: Erfüllungsmodalitäten im internationalen Schuldvertragsrecht. 1997.

Band 37 Tonja Gaibler: Der rechtsgeschäftliche Irrtum im französischen Recht. 1997.

Band 38 Dirk Otto: Rechtsspaltung im indischen Erbrecht. Bedeutung und Auswirkungen auf deutsch-indische Nachlaßfälle. 1997.

Band 39 Gregor W. Decku: Zwischen Vertrag und Delikt. Grenzfälle vertraglicher und deliktischer Haftung dargestellt am Beispiel der Berufs- und Expertenhaftung zum Schutze des Vermögens Dritter im deutschen und englischen Recht. 1997.

Band 40 Gregor W. Decku: Zwischen Vertrag und Delikt. Grenzfälle vertraglicher und deliktischer Haftung dargestellt am Beispiel der Berufs- und Expertenhaftung zum Schutze des Vermögens Dritter im deutschen und englischen Recht. 1997.

Band 41 Ulrike Höpping: Auswirkungen der Warenverkehrsfreiheit auf das IPR unter besonderer Berücksichtigung des Internationalen Produkthaftungsrechts und des Internationalen Vertragsrechts. 1997.

Band 42 Helene Boriths Müller: Die Umsetzung der europäischen Übereinkommen von Rom und Brüssel in das Recht der Mitgliedstaaten. Dargestellt am Beispiel Deutschlands und Dänemarks. 1997.

Band 43 Bernd von Hoffmann / Myong-Chang Hwang (eds.): The Public Concept of Land Ownership. Reports and Discussions of a German-Korean Symposium held in Seoul on October 7-9, 1996. 1997.

Band 44 Oliver Heeder: Fraus legis. Eine rechtsvergleichende Untersuchung über den Vorbehalt der Gesetzesumgehung in Deutschland, Österreich, der Schweiz, Frankreich und Belgien unter besonderer Berücksichtigung des Internationalen Privatrechts. 1998.

Band 45 Heinrich Schütt: Deliktstyp und Internationales Privatrecht. Dargestellt an grenzüberschreitenden Problemen der Arzthaftung. 1998.

Band 46 Axel Steiner: Die stillschweigende Rechtswahl im Prozeß im System der subjektiven Anknüpfungen im deutschen Internationalen Privatrecht. 1998.

Band 47 Martina Schulz: Der Eigentumsvorbehalt in europäischen Rechtsordnungen. Rechtsvergleichende Untersuchung des deutschen, englischen und französischen Rechts unter besonderer Berücksichtigung von Erweiterungen und Verlängerungen. 1998.

Band 48 Karin Dreher: Die Rechtswahl im internationalen Erbrecht. Unter besonderer Berücksichtigung des italienischen IPR-Reformgesetzes N. 218 vom 31. Mai 1995. 1999.

Band 49 Giuliano Gabrielli: Das Verhältnis zwischen der Anfechtung wegen Eigenschaftsirrtums und den Gewährleistungsansprüchen im deutschen, österreichischen und italienischen Recht. 1999.

Band 50 Bernd von Hoffmann / Myong-Chan Hwang (eds.): Developments in Land Law. Reports and Discussions of a German-Korean Symposium held in Berlin and Trier on July 21-24, 1997. 1999.

Band 51 Volker Heidbüchel: Das UNCITRAL-Übereinkommen über unabhängige Garantien und Standby Letters of Credit. Vergleiche mit den Richtlinien der Internationalen Handelskammer, dem deutschen, englischen und US-amerikanischen Recht. 1999.

Band 52 Jan Christoph Nordmeyer: Pflichtteilsansprüche und Wiedervereinigung. Eine systematische Analyse der Ausgleichsansprüche nach BGB-Pflichtteilsrecht unter besonderer Berücksichtigung der durch den Wiedervereinigungsprozeß eingetretenen Wertveränderungen. 1999.

Band 53 Bettina Linder: Vertragsabschluß beim grenzüberschreitenden Verbraucherleasing. 1999.

Band 54 Almontasser Fetih: Die zivilrechtliche Haftung bei Vertragsverhandlungen. Eine rechtsvergleichende Studie zum deutschen, französischen, ägyptischen und islamischen Recht. 2000.

Band 55 Sona Rajani: Die Geltung und Anwendung des Gemeinschaftsrechts im Vereinigten Königreich von Großbritannien und Nordirland. Der Grundsatz der Parlamentssouveränität im Wandel. 2000.

Band 56 Joachim Kayser: Gegenmaßnahmen im Außenwirtschaftsrecht und das System des europäischen Kollisionsrechts. Eine Analyse der EU-Abwehrverordnung gegen die Auswirkungen extraterritorialer Rechtserstreckung eines Drittlandes. 2001.

Band 57 Albrecht Conrad: Qualifikationsfragen des Trust im Europäischen Zivilprozeßrecht. 2001.

Band 58 Bernd Borgmann: Die Entsendung von Arbeitnehmern in der Europäischen Gemeinschaft. Wechselwirkungen zwischen Kollisionsrecht, Grundfreiheiten und Spezialgesetzen. 2001.

Band 59 Aleksandar Jaksic: Arbitration and Human Rights. 2002.

Band 60 Islamisches und arabisches Recht als Problem der Rechtsanwendung. Symposium zu Ehren von Professor Emeritus Dr. iur. Omaia Elwan. Veranstaltet vom Institut für ausländisches und internationales Privat- und Wirtschaftsrecht der Universität Heidelberg und der Gesellschaft für Arabisches und Islamisches Recht e.V. Herausgegeben von Herbert Kronke, Gert Reinhart und Nika Witteborg. 2001.

Band 61 Patrick Fiedler: Stabilisierungsklauseln und materielle Verweisung im internationalen Vertragsrecht. 2001.

Band 62 Werner Mangold: Die Abtretung im Europäischen Kollisionsrecht. Unter besonderer Berücksichtigung des spanischen Rechts. 2001.

Band 63 Eike Dirk Eschenfelder: Beweiserhebung im Ausland und ihre Verwertung im inländischen Zivilprozess. Zur Bedeutung des US-amerikanischen discovery-Verfahrens für das deutsche Erkenntnisverfahren. 2002.

Band 64 Bernd Ehle: Wege zu einer Kohärenz der Rechtsquellen im Europäischen Kollisionsrecht der Verbraucherverträge. 2002.

Band 65 Heiko Lehmkuhl: Das Nacherfüllungsrecht des Verkäufers im UN-Kaufrecht. 2002.

Band 66 Jochen Nikolaus Schlotter: Erbrechtliche Probleme in der Société Privée Européenne. IPR-Harmonisierung im einheitlichen Europäischen Rechtsraum. 2002.

Band 67 Konrad Ost: Doppelrelevante Tatsachen im Internationalen Zivilverfahrensrecht. Zur Prüfung der internationalen Zuständigkeit bei den Gerichtsständen des Erfüllungsortes und der unerlaubten Handlung. 2002.

Band 68 Tobias Bosch: Die Durchbrechungen des Gesamtstatuts im internationalen Ehegüterrecht. Unter besonderer Berücksichtigung deutsch-französischer Rechtsfälle. 2002.

Band 69 Ursula Philipp: Form im amerikanischen Erbrecht. Zwischen Formalismus und harmless error. 2002.

Band 70 Christian Stefan Wolf: Der Begriff der wesentlich engeren Verbindung im Internationalen Sachenrecht. 2002.

Band 71 André Fomferek: Der Schutz des Vermögens Minderjähriger. Ein Vergleich des deutschen und des englischen Rechts unter Berücksichtigung des schottischen und irischen Rechts. 2002.

Band 72 nicht erschienen

Band 73 Markus Dreißigacker: Sprachenfreiheit im Verbrauchervertragsrecht. Der Verbraucher im Spannungsfeld zwischen kultureller Identität und Privatautonomie. 2002.

Band 74 Vassiliki Myller-Igknay: Auskunftsansprüche im griechischen Zivilrecht. Auswirkungen im deutsch-griechischen Rechtsverkehr sowie im deutschen internationalen Privat- und Verfahrensrecht. 2003.

Band 75 Stefan Bruinier: Der Einfluss der Grundfreiheiten auf das Internationale Privatrecht. 2003.

Band 76 Nika Witteborg: Das gemeinsame Sorgerecht nichtverheirateter Eltern. Eine Untersuchung im soziologischen, rechtsgeschichtlichen, verfassungsrechtlichen, rechtsvergleichenden und internationalen Kontext. 2003.

Band 77 Peter Stankewitsch: Entscheidungsnormen im IPR als Wirksamkeitsvoraussetzungen der Rechtswahl. 2003.

Band 78 Jan Wilhelm Ritter: Euro-Einführung und IPR unter besonderer Berücksichtigung nachehelicher Unterhaltsverträge. Eine Untersuchung mit Blick auf das deutsche, französische und schweizerische Recht. 2003.

Band 79 Wolf Richard Herkner: Die Grenzen der Rechtswahl im internationalen Deliktsrecht. 2003.

Band 80 Ira Ditandy: Internationale Zuständigkeit. Neuregelung durch die LOPJ 1985. Vergleich mit dem europäischen Vorbild und Auswirkungen auf das spanische internationale Zivilverfahrensrecht. 2003.

Band 81 Andrea Verena Schefold: Werbung im Internet und das deutsche Internationale Privatrecht. 2004.

Band 82 Klaus Herkenrath: Die Umsetzung der Richtlinie 93/13/EWG über missbräuliche Klauseln in Verbraucherverträgen in Deutschland, dem Vereinigten Königreich, Frankreich und Italien. Auswirkungen nationaler Umsetzungstechniken auf dem Harmonisierungserfolg. 2003.

Band 83 Alexander Thünken: Das kollisionsrechtliche Herkunftslandprinzip. 2003.

Band 84 Barbara v. Daumiller: Die Rechtswahl im italienischen internationalen Erbrecht: und ihre Auswirkungen im deutsch-italienischen Rechtsverkehr. 2003.

Band 85 Robert Mödl: Macht, Verantwortlichkeit und Zurechnung im Konzern. Eine rechtsvergleichende Untersuchung auf der Grundlage des deutschen, spanischen und US-amerikanischen Rechts. 2003.

Band 86 Ursula Kerpen: Das Internationale Privatrecht der Persönlichkeitsrechtsverletzungen. Eine Untersuchung auf rechtsvergleichender Grundlage. 2003.

Band 87 Barbara Ploeckl: Umgangsrechtsstreitigkeiten im deutsch-französischen Rechtsverkehr. Bestehende internationale und nationale Regelungen und der geplante *europäische Besuchstitel*. 2003.

Band 88 Katrin Wannemacher: Die Außenkompetenzen der EG im Bereich des Internationalen Zivilverfahrensrechts. Der räumliche Anwendungsbereich des Art. 65 EGV am Beispiel der EuGVO und der EheVO. 2003.

Band 89 Maren B. Eilinghoff: Das Kollisionsrecht der ungerechtfertigten Bereicherung nach dem IPR-Reformgesetz von 1999. 2004.

Band 90 Patrick Niehr: Die zivilprozessuale Dokumentenvorlegung im deutsch-englischen Rechtshilfeverkehr nach der deutschen und der englischen Prozessrechtsreform. 2004.

Band 91 Anna Christina Gördes: Internationale Zuständigkeit, Anerkennung und Vollstreckung von Entscheidungen über die elterliche Verantwortung. Die VO(EG) Nr. 1347/2000, ihre geplanten Änderungen und das Verhältnis beider zum Minderjährigen- und Kinderschutzabkommen. 2004.

Band 92 Martin Rädler: Rechtsbehelfe des Käufers eines Unternehmens oder einer unternehmerischen Beteiligung gegen den Verkäufer im deutschen und französischen Recht. 2004.

Band 93 Marc-Yngve Dietrich: Rechtsstellung und Beteiligung der Gläubiger im französischen Insolvenzverfahren. 2004.

Band 94 Katia Niemann: Die rechtsgeschäftliche und organschaftliche Stellvertretung und deren kollisionsrechtliche Einordnung. Deutschland und England im Vergleich. 2004.

Band 95 Daniel Ludwig: Neuregelungen des deutschen Internationalen Insolvenzverfahrensrechts. Eine Untersuchung unter vergleichender Heranziehung der Europäischen Insolvenzver-ordnung. 2004.

Band 96 Cordelia Faulenbach: Der gemeinschaftsrechtliche Vorbehalt im europäischen Wettbewerbsrecht. Die Herkunftslandanknüpfung der E-Commerce-Richtlinie unter dem Einfluss der Grundfreiheiten. 2004.

Band 97 Ulf Dörner: Der Vertragsgerichtsstand nach dem Protokoll von Buenos Aires. 2004.

Band 98 Martin Schmidhuber: Verhaltenskodizes im nationalen und grenzüberschreitenden elektronischen Geschäftsverkehr. Zur Frage der Integration der Selbstregulierung durch Private in die staatliche Rechtsordnung. 2004.

Band 99 Florian Kienle: Die fehlerhafte Banküberweisung im internationalen Rechtsverkehr. Unter besonderer Berücksichtigung des Artikels 4A US Uniform Commercial Code. 2004.

Band 100 Thomas Alexander Brandt: Die Adoption durch eingetragene Lebenspartner im internationalen Privat- und Verfahrensrecht. 2004.

Band 101 Florian Pulkowski: Subunternehmer und Internationales Privatrecht. Der Subunternehmer als Quasi-Verbraucher im Europäischen Kollisionsrecht. 2004.

Band 102 Ulrich Becker: Grundrechtsschutz bei der Anerkennung und Vollstreckbarerklärung im europäischen Zivilverfahrensrecht. Bestimmung der Grenzen für die Einführung eines europäischen Vollstreckungstitels. 2004.

Band 103 Thomas Badelt: Aufrechnung und internationale Zuständigkeit unter besonderer Berücksichtigung des deutsch-spanischen Rechtsverkehrs. 2005.

Band 104 Florian D. Wagner: Vorvertragliche Aufklärungspflichten im internationalen Franchising. Zur Harmonisierung von Delikts- und Vertragsstatut im internationalen Privatrecht unter besonderer Berücksichtigung der Franchise-Gesetzgebung des US-Bundesstaates Kalifornien. 2005.

Band 105 Vera Heine: Die Umsetzung der *EG-Richtlinie über missbräuchliche Klauseln in Verbraucherverträgen* im englischen und deutschen Recht. 2005.

Band 106 Alexander Franz: Überregionale Effektentransaktionen und anwendbares Recht. Eine kollisionsrechtliche Untersuchung unter besonderer Berücksichtigung der Vorschrift des § 17 a DepotG. 2005.

Band 107 Hanna-Maria Uhlenbrock: Gesetzliche Regelungen für nichteheliche Lebensgemeinschaften in Deutschland und Frankreich. Ein Vergleich des Unterhaltsrechts bei der eingetragenen Lebenspartnerschaft und beim Pacte civil de Solidarité. 2005.

Band 108 Katrin Stieß: Anknüpfungen im internationalen Urheberrecht unter Berücksichtigung der neuen Informationstechnologien. 2005.

Band 109 Hendrik Otto: Der gesetzliche Abschlussprüfer im italienischen Recht. Eine rechtsvergleichende Untersuchung unter besonderer Berücksichtigung der zivilrechtlichen Haftung. 2005.

Band 110 Frauke Stuphorn: Bankhaftung für Kreditauskünfte im deutschen und französischen Recht. 2005.

Band 111 Nina Fürer: Die zivilrechtliche Haftung für Raucherschäden. 2005.

Band 112 Giovanni B. Barillà: *Contratto autonomo di garanzia* e *Garantievertrag*. Categorie civilistiche e prassi del commercio. 2005.

Band 113 Timo Torz: Gerichtsstände im Internationalen Insolvenzrecht zur Eröffnung von Partikularinsolvenzverfahren. 2005.

Band 114 Martina Schmid: Die Grenzen der Auslegungskompetenz des EuGH im Vorabentscheidungsverfahren nach Art. 234 EG. Dargestellt am Beispiel der überschießenden Richtlinienumsetzung. 2005.

Band 115 Stephan Lesage-Mathieu: Dispositives Kollisionsrecht im prozessualen Kontext. 2005.

Band 116 Jürgen Görtz: Die subjektiven Grenzen der Rechtskraft US-amerikanischer Urteile. 2005.

Band 117 Vera Hoppe: Die Einbeziehung ausländischer Beteiligter in US-amerikanische class actions. Unter Berücksichtigung des Class Action Fairness Act 2005. 2005.

Band 118 Silke Pütz: Parteiautonomie im internationalen Urhebervertragsrecht – Eine rechtsdogmatische und rechtspolitische Betrachtung der Grenzen freier Rechtswahl im internationalen Urhebervertragsrecht unter besonderer Berücksichtigung des neuen deutschen Urhebervertragsrechts. 2005.

Band 119 Alice Nieroba: Die europäische Rechtshängigkeit nach der EuGVVO (Verordnung (EG) Nr. 44/2001) an der Schnittstelle zum nationalen Zivilprozessrecht. 2006.

Band 120 Jan Kayser: Alternative Formen gerichtlicher und außergerichtlicher Streitbeilegung im deutschen und französischen Zivilprozess. Les modes alternatifs judiciaires et extrajudiciaires de résolution des conflits en procédure civile allemande et française. 2006.

Band 121 Mirko Ehrich: Der internationale Anwendungsbereich des deutschen und französischen Rechts gegen irreführende Werbung. Freie Wahl von Form und Mittel, Rom II und Herkunftslandprinzip. 2006.

Band 122 Daniel Thelen: Die Haftung des Sekundärschädigers für Gewalttaten anderer im US-amerikanischen Deliktsrecht ausgehend von dem Problem rechtsextremistisch motivierter Gewalttaten. 2006.

Band 123 Anne Winterling: Die Entscheidungszuständigkeit in Arbeitssachen im europäischen Zivilverfahrensrecht. 2006.

Band 124 Sarah Gerling: Die Gleichstellung ausländischer mit inländischen Vollstreckungstiteln durch die Verordnung zur Einführung eines Europäischen Vollstreckungstitels für unbestrittene Forderungen. Im Vergleich zum bisherigen Recht und zur Rechtslage in den USA. 2006.

Band 125 Christian Bank: Präventivmaßnahmen börsennotierter Gesellschaften zur Abwehr feindlicher Übernahmeversuche in Deutschland und Großbritannien. Eine rechtsvergleichende Untersuchung des deutschen und britischen Rechts unter Berücksichtigung der Europäischen Übernahmerichtlinie. 2006.

Band 126 Christian Weis: Kaufrechtliche Gewährleistung und Garantievergabe in Deutschland und Spanien. Unter besonderer Berücksichtigung des Unternehmenskaufs. 2006.

Band 127 Emilio Maus Ratz: Der Nacherfüllungsanspruch nach UN-Kaufrecht. Im Lichte der deutschen, spanisch-mexikanischen und US-amerikanischen Rechtswissenschaft. 2006.

Band 128 Constanze Jacobs: Die Sachmängelgewähr im deutschen und belgischen Kaufrecht nach Umsetzung der Verbrauchsgüterkauf-Richtlinie. 2006.

Band 129 Ulrike Teichert: Lückenfüllung im CISG mittels UNIDROIT-Prinzipien – Zugleich ein Beitrag zur Wählbarkeit nichtstaatlichen Rechts. 2007.

Band 130 Sascha Reichardt: Internationale Zuständigkeit im Gerichtsstand der unerlaubten Handlung bei Verletzung europäischer Patente. 2006.

Band 131 Bilgehan Cetiner: Die Sachmängelhaftung des Verkäufers im UN-Kaufrecht und im neuen deutschen Schuldrecht. Eine rechtsvergleichende Studie. 2006.

Band 132 Jan Streer: Die Umsetzung der Verbrauchsgüterkaufrichtlinie im englischen Recht durch die Sale and Supply of Goods to Consumer Regulations 2002. 2007.

Band 133 Kathrin Wannenmacher: Einstweilige Maßnahmen im Anwendungsbereich von Art. 31 EuGVVO in Frankreich und Deutschland: Eine Betrachtung ausgesuchter Verfahren des einstweiligen Rechtsschutzes im internationalen Zivilverfahrensrecht – gerichtliche Zuständigkeit, Anerkennung und Vollstreckung. 2007.

Band 134 Wim Kreytenberg: Die individuelle Schwerpunktbestimmung internationaler Schuldverträge nach der Ausweichklausel des Artikel 4 Absatz 5 Satz 2 EVÜ. Ein Beitrag zur Förderung von Rechtssicherheit und Einzelfallgerechtigkeit im europäischen Kollisionsrecht der Schuldverträge. 2007.

Band 135 Nikolaus Geiben: Der Vorvertrag im Internationalen Privatrecht. Unter besonderer Berücksichtigung des Immobilienerwerbs im portugiesischen und brasilianischen Recht. 2007.

Band 136 Predrag Maksimovic: Der Kapitalschutz im europäischen, serbischen und deutschen Recht der Gesellschaft mit beschränkter Haftung. 2007.

Band 137 Alexander Rathenau: Die Anwendung des EuGVÜ durch portugiesische Gerichte unter Berücksichtigung des autonomen internationalen Zivilverfahrensrechts. 2007.

Band 138 Matthias Creydt: Die Besicherung von Weltraumvermögenswerten. Ein neues einheitliches internationales Sicherungsrecht und dessen Vergleich zum US-amerikanischen Mobiliarsicherungsrecht. 2007.

Band 139 Oliver Borkhardt: Registerpublizität und Kollisionsrecht besitzloser Mobiliarsicherheiten nach dem neuen Art. 9 UCC. 2007.

Band 140 Jens Engelmann-Pilger: Deliktische Haftung für das Fehlverhalten Dritter im Common Law. 2007.

Band 141 Bastian Rotmann: Der Schutz des Dritten in der europäischen Mobiliarzwangsvollstreckung. Eine rechtsvergleichende Untersuchung vor dem Hintergrund der Verordnung (EG) Nr. 805/2004 zur Einführung eines Europäischen Vollstreckungstitels für unbestrittene Forderungen. 2007.

Band 142 Oliver Ratzel: Die Präklusion isolierter Unterhaltsverfahren durch den ausländischen Scheidungsverbund. Zugleich ein Beitrag zur internationalen Verbundszuständigkeit im Lichte der Quellenveränderung. 2007.

Band 143 Bettina Maria Stade: Die Konstitutionalisierung des Zivilprozessrechts in Spanien und Deutschland vor dem Hintergrund der Europäisierung des Zivilprozessrechts. 2007.

Band 144 Julia El-Bitar: Der deutsche und der französische Kulturgüterschutz nach der Umsetzung der Kulturgüterrückgaberichtlinie. Eine materiellrechtliche und kollisionsrechtliche Untersuchung. 2007.

Band 145 Aris Kaschefi: Sachmängelhaftung im französischen Kaufrecht vor und nach Umsetzung der Verbrauchsgüterkaufrichtlinie. Mit rechtsvergleichenden Hinweisen zum deutschen Recht unter besonderer Berücksichtigung von Weiterfressersachverhalten. 2007.

Band 146 Isabel Roth: Die internationale Zuständigkeit deutscher Gerichte bei Persönlichkeitsrechtsverletzungen im Internet. 2007.

Band 147 Theresa Wilhelmi: Das Weltrechtsprinzip im internationalen Privat- und Strafrecht. Zugleich eine Untersuchung zu Parallelitäten, Divergenzen und Interdependenzen von internationalem Privatrecht und internationalem Strafrecht. 2007.

Band 148 Alice Halsdorfer: Privat- und kollisionsrechtliche Folgen der Verletzung von Kulturgüterschutznormen auf der Grundlage des UNESCO-Kulturgutübereinkommens 1970. 2008.

Band 149 Thomas Müller-Froelich: Der Gerichtsstand der Niederlassung im deutsch-amerikanischen Rechtsverkehr. Eine Untersuchung zu Fragen der Entscheidungs- und Anerkennungszuständigkeit. 2008.

Band 150 Christopher Luhn: Privatautonomie und Inhaltskontrolle von Eheverträgen. Ein kritischer Vergleich des deutschen und des australischen Rechts mit Bezügen zum Internationalen Privatrecht. 2008.

Band 151 Kristin Kohler: Die grenzüberschreitende Verbraucherverbandsklage nach dem Unterlassungsklagengesetz im Binnenmarkt. 2008.

Band 152 Dorothee Maria Kaulen: Die Anerkennung von Gesellschaften unter Artikel XXV Abs. 5 S. 2 des deutsch-US-amerikanischen Freundschafts-, Handels- und Schifffahrtsvertrags von 1954. 2008.

Band 153 Birka Vanessa Stroschein: Parteizustellung im Ausland. Eine systemvergleichende Untersuchung des Gemeinschafts- und Staatsvertragsrechts unter Einbeziehung des deutschen, französischen, englischen und US-amerikanischen Zustellungsrechts. 2008.

Band 154 Nancy Gruschinkse: Das europäische Kollisionsrecht der Aufrechnung unter besonderer Beachtung des Insolvenzfalles. 2008.

Band 155 Hans-Christian Frick: Sprachrisiko im Zeitalter des Ethnomarketings. US-amerikanische Erfahrungen und europäische Rechtsentwicklung. 2009.

Band 156 Stephan Mangold: Verbraucherschutz und Kunstkauf im deutschen und europäischen Recht. 2009.

Band 157 Robert Beier: Die gesetzlichen Rechte des überlebenden Ehegatten nach dem deutschen und spanischen Kollisionsrecht. Unter besonderer Berücksichtigung der *viudedad aragonesa*. 2009.

Band 158 Julia-Marie Oppermann: Internationale Handelsschiedsgerichtsbarkeit und Verjährung. 2009.

Band 159 Stephan Boese: Strukturprinzipien im Gläubigerschutz. Eine rechtsvergleichende Untersuchung zur GmbH und zur englischen Limited Company. 2009.

Band 160 Thomas Rosa: Das Kaufrecht nach dem Zivilgesetzbuch der Tschechischen und Slowakischen Republik. Eine rechtsvergleichende Darstellung im Lichte des deutschen Bürgerlichen Gesetzbuches. 2009.

Band 161 Roland Weis: Rechnungslegungspflichten von EU-Scheinauslandsgesellschaften im Land ihrer tatsächlichen wirtschaftlichen Betätigung. Insbesondere im Hinblick auf in Deutschland tätige englische Limiteds. 2009.

Band 162 Henning Frase: "Leoninische Vereinbarungen" und Ergebnisbeteiligungspflicht im deutschen und italienischen Gesellschaftsrecht. Zum *patto leonino* des italienischen Rechts und möglichen Entsprechungen im deutschen Recht. 2010.

Band 163 Christiane Tödter: Europäisches Kindschaftsrecht. Nach der Verordnung (EG) Nr. 2201/ 2003. 2010.

Band 164 Edda Gampp: *Perpetuatio fori internationalis* im Zivilprozeß und im Verfahren der freiwilligen Gerichtsbarkeit. 2010.

Band 165 Mei Wu: Die Reform des chinesischen Beweisrechts vor dem Hintergrund deutscher und US-amerikanischer Regelungsmodelle. 2010.

Band 166 Corina Leimert: Stand und Entwicklung des italienischen Rechts der Unternehmenszusammenschlüsse (gruppi di società / gruppi di imprese). 2010.

Band 167 Kasim Özen: Die Scheidungsgründe im türkischen Zivilgesetzbuch. 2010.

Band 168 Helena Isabel Maier: Marktortanknüpfung im internationalen Kartelldeliktsrecht. Eine internationalzuständigkeits- und kollisionsrechtliche Untersuchung unter Einbeziehung rechts-vergleichender Überlegungen zum englischen Recht. 2011.

Band 169 Thomas Spernat: Die gleichgeschlechtliche Ehe im Internationalen Privatrecht. Unter besonderer Berücksichtigung des Einflusses des EG-Vertrags. 2011.

Band 170 Max Johann Lipsky: Statutenwechsel im italienischen Sachenrecht – Auswirkungen auf den Im- und Export von Mobiliarsicherheiten. Eine Untersuchung der rechtlichen Beständigkeit dinglicher Kreditsicherheiten im deutsch-italienischen Rechtsverkehr. 2011.

Band 171 Silvia Karolina Seilstorfer: Die Umsetzung der Verbrauchsgüterkaufrichtlinie in Portugal mit rechtsvergleichenden Hinweisen zum deutschen Recht. 2011.

Band 172 Stephan Georg Knöchel: Anerkennung französischer Urteile mit Drittbeteiligung. Eine Untersuchung der Anerkennung von Drittbindungswirkungen nach der EuGVVO und autonomem deutschem Recht. 2011.

Band 173 Kristina Menzel: Vollstreckungsschutz zugunsten privater Altersvorsorge. Eine rechtsvergleichende Untersuchung zum deutschen und schweizerischen Recht. 2011.

Band 174 Manuela Krach: Scheidung auf Mexikanisch. Das materielle Recht der Scheidung im Mehrrechtsstaat Mexiko unter Berücksichtigung von Eheschließung und Ehewirkungen. 2011.

Band 175 Vanessa Sofia Wagner: Verkehrsschutz beim redlichen Erwerb von GmbH-Geschäftsanteilen. Ein Vergleich des Rechts für Gesellschaften mit beschränkter Haftung in Deutschland, England und Italien. 2011.

Band 176 Alexander Swienty: Der Statutenwechsel im deutschen und englischen internationalen Sachenrecht unter besonderer Betrachtung der Kreditsicherungsrechte. 2011.

Band 177 Kathrin Süß: Streitbeilegungsmechanismen im Verbraucherrecht. Unter besonderer Berücksichtigung der australischen Rechtsordnung. 2011.

Band 178 Efe Direnisa: Die materielle Rechtskraft im deutschen und türkischen Zivilverfahrensrecht. 2012.

Band 179 Julia Faenger: Leistungsunabhängige Nebenpflichten zum Schutz des Integritätsinteresses im deutschen und französischen Recht. Eine rechtsvergleichende Betrachtung ausgehend von den Rücksichtspflichten des § 241 Abs. 2 BGB. 2012.

Band 180 Dorothea Heine: Das Kollisionsrecht der Forderungsabtretung. UNCITRAL-Abtretungs-konvention und Rom I-Verordnung. 2012.

Band 181 Lisa B. Möll: Kollidierende Rechtswahlklauseln in Allgemeinen Geschäftsbedingungen im internationalen Vertragsrecht. 2012.

Band 182 Jutta Jasmin Uusitalo: Einbeziehung von AGB im unternehmerischen Geschäftsverkehr zwischen Deutschland und Finnland. 2012.

Band 183 Darya Alikhani Chamgardani: Der Allgemeine Teil des iranischen Schuldvertragsrechts. Im Spannungsverhältnis zwischen rezipiertem französischen und traditionellem islamischen Recht. 2013.

Band 184 Volker Anton: Aktuelle Entwicklungen des Bankgeheimnisses im Rechtsvergleich unter besonderer Berücksichtigung seiner exterritorialen Wirkungen. Deutschland, Luxemburg, Österreich, Schweiz und Liechtenstein. 2013.

Band 185 Charlotte Wilhelm: Die Regelung der Geld- und Warenkreditsicherheiten nach dem deutschen Recht im Vergleich zum Draft Common Frame of Reference (DCFR). 2013.

Band 186 Michael Nehmer: Erbunwürdigkeit und Elternunterhalt im Internationalen Privatrecht. Eine historisch-rechtspolitische Betrachtung. 2013.

Band 187 Pınar Şamiloğlu-Riegermann: Türkisches und deutsches Vertragshändlerrecht im Rechtsvergleich. 2014.

Band 188 Elvan Er: Realsicherheiten des türkischen Mobiliarsachenrechts. Eine Darstellung des geltenden türkischen Rechts unter vergleichender Berücksichtigung des deutschen und schweizerischen Kreditsicherungsrechts. 2014.

Band 189 Maya Mandery: Party Autonomy in Contractual and Non-Contractual Obligations. A European and Anglo-Common Law perspective on the freedom of choice of law in the Rome I Regulation on the law applicable to contractual obligations and the Rome II Regulation on the law applicable to non-contractual obligations. 2014.

Band 190 Gregor Nikolas Rutow: Rechtsvergleich über die Zulässigkeit von Haftungsausschlüssen, Haftungsbeschränkungen und pauschaliertem Schadensersatz in einzelnen arabischen Rechtsordnungen. 2014.

Band 191 Christoph Rödter: Das Gesellschaftskollisionsrecht im Spannungsverhältnis zur Rom I- und II-VO. Eine Untersuchung zur Reichweite des Gesellschaftsstatuts in Abgrenzung zu den Kolligionsregeln der Rom I- und II-VO. 2014.

Band 192 Melanie Kaspers: Die gemischten und verbundenen Verträge im Internationalen Privatrecht. 2015.

Band 193 Tong Xue: Parteiautonomie im chinesischen Internationalen Privatrecht. Am Beispiel der Rechtswahl im Internationalen Vertrags-, Delikts-, und Sachenrecht. 2016.

Band 194 Martin Metz: US-Menschenrechtsklagen und Neoterritorialismus. 2017.

Band 195 Matthias A. Sauter: Mitveräußerungspflichten im deutschen und italienischen Recht. 2018.

Band 196 Daniel Brauner: Die Anwendungsbereiche von CISG und PR CESL im Vergleich. 2018.

Band 197 Christina Bohländer. MAC-Klauseln in Unternehmenskaufverträgen nach US-amerikanischem und deutschem Recht. 2018.

Band 198 Steven Leunert. Die Verteidigungsmechanismen des Haftenden im Internationalen Produkthaftungsrecht der Rom II-Verordnung. 2018.

Band 199 Niki Nozari: Applicable Law in International Arbitration – The Experience of ICSID and Iran-United States Claims Tribunal. 2019.

Band 200 Bahar Tuna Kurtoglu: Die unbezifferte Forderungsklage. Analyse, Problemstellungen und Lösungsansätze, bezogen auf das türkische, schweizerische und deutsche Recht. 2019.

Band 201 Valesca Tabea Profehsner: Disposition im Internationalen Erbrecht. Rechtswahl und parteiautonome Zuständigkeitsbestimmung nach der Europäischen Erbrechtsverordnung unter besonderer Berücksichtigung der beteiligten Interessen. 2019.

Band 202 Panagiotis Kabolis: Das griechische Immobilienrecht. Eine rechtsvergleichende Darstellung in Bezug auf das deutsche Recht. 2019

Band 203 Natalia Chor: Deliktische Gehilfenhaftung und Haftung wegen Organisationsverschuldens nach russischem und deutschem Recht im Rechtsvergleich. 2019

Band 204 Samy Sakka: Der Konzern im Kompetenzrecht der EuGVVO. Unternehmensgruppe und internationale Zuständigkeit. 2019

Band 205 Florian Alexander Sippel: Die Anerkennungsfähigkeit von US-amerikanischen punitive damages awards vor dem Hintergrund der Wirkung des Verhältnismäßigkeitsprinzips im Schadensrecht. 2020

Band 206 Henning Grosser: Das internationale Nachlassinsolvenzverfahren. 2020

Band 207 Jana Braksiek: Urteilswirkungen gegenüber Dritten im US-amerikanischen Recht und deren Anerkennung in Deutschland. 2020

Band 208 Bashkim Preteni: Contractual Transfer of Ownership in Immovable Property. A Kosovo Law Perspective on Contract and Property Law Rules and Legal Interaction with other Fields of Civil Law. 2020

Band 209 Hanswerner Odendahl: Die Auseinandersetzung der Errungenschaftsbeteiligung in der Rechtsprechung des türkischen Kassationshofs. 2020

www.peterlang.com

FSC
www.fsc.org
MIX
Papier | Fördert gute Waldnutzung
FSC® C083411

Kolibri 360 GmbH
Ferdinand-Jühlke-Straße 7
99095 Erfurt, Deutschland
produktsicherheit@kolibri360.de

Druck:
CPI Druckdienstleistungen GmbH
im Auftrag der
Kolibri 360 GmbH
Ferdinand-Jühlke-Str. 7
99095 Erfurt